七次改訂

土地価格比準表の手引き

地価調査研究会 編著

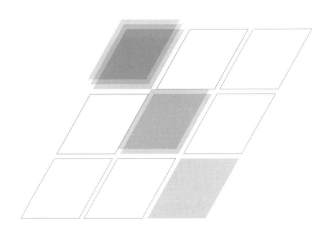

住宅新報社

目　　次

●目　次

総　　論

第1　土地価格の評価 ……………………………………………………… 6

第2　国土利用計画法と土地評価 ………………………………………… 10

第3　土地価格比準表 ……………………………………………………… 13
　　1　土地価格比準表とその役割 ……………………………………… 13
　　2　適用方法 …………………………………………………………… 14

各　　論

第1　住宅地 ………………………………………………………………… 26
　　1　定義及び地域区分 ………………………………………………… 26
　　2　地域要因の比較項目及び格差率 ………………………………… 29
　　3　個別的要因の比較項目及び格差率 ……………………………… 44
　　4　標準住宅地域に属する造成宅地の価格比準の方法 …………… 56
　　5　画地条件格差率の適用方法 ……………………………………… 63

標準住宅地の価格算定例 ………………………………………………… 71
　　1　対象地の確定 ……………………………………………………… 71
　　2　価格比準の基礎となる土地の選定 ……………………………… 72
　　3　比準作業 …………………………………………………………… 74

標準住宅地（造成宅地）の価格算定例 ………………………………… 88
　　1　対象地の確定 ……………………………………………………… 88

目　次

　　　　2　価格比準の基礎となる土地の選定 …………………………… 89
　　　　3　比準作業 ……………………………………………………… 91

第2　商業地 ………………………………………………………………… 107
　　　1　定義及び地域区分 …………………………………………… 107
　　　2　地域の判定にあたっての留意事項 ………………………… 109
　　　3　地域的特性の判定 …………………………………………… 110
　　　4　地域要因の比較項目及び格差率 …………………………… 114
　　　5　個別的要因の比較項目及び格差率 ………………………… 128

　　普通商業地の価格算定例 …………………………………………… 135
　　　　1　対象地の確定 ………………………………………………… 135
　　　　2　価格比準の基礎となる土地の選定 ………………………… 136
　　　　3　比準作業 ……………………………………………………… 137

第3　工業地 ………………………………………………………………… 152
　　　1　定義及び地域区分 …………………………………………… 152
　　　2　地域要因の比較項目及び格差率 …………………………… 153
　　　3　個別的要因の比較項目及び格差率 ………………………… 159

　　中小工場地の価格算定例 …………………………………………… 164
　　　　1　対象地の確定 ………………………………………………… 164
　　　　2　価格比準の基礎となる土地の選定 ………………………… 165
　　　　3　比準作業 ……………………………………………………… 166

第4　宅地見込地 …………………………………………………………… 179
　　　1　定義及び地域区分 …………………………………………… 179
　　　2　地域要因の比較項目及び格差率 …………………………… 180
　　　3　個別的要因の比較項目及び格差率 ………………………… 187

　　中規模開発住宅見込地の価格算定例 ……………………………… 189

目　次

　　1　対象地の確定 …………………………………………………………… 189
　　2　価格比準の基礎となる土地の選定 …………………………………… 190
　　3　比準作業 ………………………………………………………………… 191

第5　林地 ……………………………………………………………………… 199
　　1　定義及び地域区分 ……………………………………………………… 199
　　2　林地価格の比準方法 …………………………………………………… 200
　　3　地域要因の比較項目及び格差率 ……………………………………… 201
　　4　個別的要因の比較項目及び格差率 …………………………………… 205

農村林地の価格算定例 ……………………………………………………… 208
　　1　対象地の確定 …………………………………………………………… 208
　　2　価格比準の基礎となる土地の選定 …………………………………… 209
　　3　比準作業 ………………………………………………………………… 209

第6　農地 ……………………………………………………………………… 218
　　1　定義及び地域区分 ……………………………………………………… 218
　　2　農地価格の比準方法 …………………………………………………… 219
　　3　留意事項 ………………………………………………………………… 221
　　4　地域要因の比較項目及び格差率 ……………………………………… 222
　　5　個別的要因の比較項目及び格差率 …………………………………… 227

田地の価格算定例 …………………………………………………………… 232
　　1　対象地の確定 …………………………………………………………… 232
　　2　価格比準の基礎となる取引事例地の決定 …………………………… 233
　　3　比準作業 ………………………………………………………………… 233

資　料　編

〔1〕国土事務次官通達 ………………………………………………………… 242

目　次

　　国土利用計画法の施行に際し不動産の鑑定評価上
　　　とくに留意すべき事項についての建議について（通達）（昭和49年）……242
　　国土利用計画法の施行に際し不動産の鑑定評価上
　　　とくに留意すべき事項について（建議）（昭和49年）………………243
　　不動産鑑定評価基準の設定について（通知）（平成2年）………………252
　　不動産鑑定評価基準運用上の留意事項………………………………252

〔2〕国土庁土地局長通達……………………………………………………269
　　不動産鑑定評価基準の運用に当たって実務上
　　　留意すべき事項等について（通知）（平成3年）………………………269

〔3〕国土庁土地局地価調査課長通達………………………………………278
　　国土利用計画法の施行に伴う土地価格の評価等について……………278
　　建物評価及び住宅地分譲等の場合における事前確認について………298
　　国土利用計画法における価格審査等について（昭和50年）……………300
　　国土利用計画法における価格審査等について（昭和51年）……………302
　　国土利用計画法における価格審査等について（昭和53年）……………302
　　国土利用計画法に基づく価格審査に係る
　　　時点修正率の的確な設定について（平成3年）……………………305
　　国土利用計画法に基づく価格審査の運用について（平成3年）………306
　　国土利用計画法による価格審査のために徴する鑑定評価書の様式について
　　　　　　　　　　　　　　　　　　　　　　　（昭和51年）………306

〔4〕技術的助言等……………………………………………………………336
　　国土利用計画法関係調査の実施等について（平成12年）………………336

〔5〕国土交通省土地・建設産業局地価調査課事務連絡…………………338
　　「国土利用計画法の施行に伴う土地価格比準表」の見直しについて
　　　　　　　　　　　　　　　　　　　　　　　（平成28年）………338

総　論

総　論

第1　土地価格の評価

　土地の価格は、土地の効用及び相対的稀少性ならびに土地に対する有効需要の三者の相関結合によって生ずる経済価値を基礎にして成立するものであり、また、これらの三者は、例えば、地質、地盤、地形等の諸要因や人口の状態、利用状況、環境等の諸要因によって動かされるように、土地の自然的条件や社会的条件によって規定されているものである。評価上は、これらの三者に影響を与え、土地の価格の形成に作用する諸要因を「価格形成要因」と呼び、土地の価格が多数の価格形成要因の相互作用の結果として形成されるものであることを基礎理論としている。

　したがって、土地価格の評価は、基本的には土地の効用及び相対的稀少性ならびに土地に対する有効需要の三者の相関結合のメカニズムを解明して、その相関結合によって生ずる経済価値を判定することであり、評価技術論的には価格形成要因を把握してこれを分析することにより、その価格に及ぼす作用の程度を解明して適正な価格を判定することであるということができる。

　ところで、土地は、それが有する積載力、生産力などの本来的な力のために、われわれの生活と生産活動とに欠くことのできない一般的な基盤であり、国民全体の限りある資産である。土地に価格が生ずるのはこのように国民にとって土地が有効であること、すなわち有限の資源として活用されることによる価値に基づくものであるからにほかならない。個人の幸福も、社会の成長、発展及び福祉も、土地及びその価格のあり方に大きく依存しているのである。土地をわれわれが、例えば、住宅用地、農用地、道路用地、公園用地等の各般の目的のためにどのように利用しているかという土地への働きかけを主体として土地のあり方（態様）が決定されているとともに、その決定の主体となるわれわれの働きかけもその土地の価格いかんを選択の主要な指標として行われているのである。このような土地と人間との関係の二重性格や非移動性、不変性、用途の多様性、併合及び分割の可能性等他の一般の経済財とは異なった土地の諸特性によって、土地の価格は、一般財の価格とは違ったおよそ次のような特徴を有しているのである。

ア　土地の価値は、一般に、交換の対価である価格として表示されているとともに、その用益の対価である賃料として表示される。そして、この価格と賃料との間には、

第1　土地価格の評価

　いわゆる元本と果実との間に認められる相関関係を認めることができる。
イ　土地の価格は、その土地に関する所有権、賃借権等の権利利益（権利の経済的利益）の価格であり、また、二つ以上の権利利益が同一の土地の上に存する場合（例えば、賃借権の目的となっている宅地の所有権と当該賃借権）には、それぞれの権利利益について、その価格が形成されうる。
ウ　土地の属する地域は固定的なものではなく、常に拡大、縮小、発展、衰退等の変化の過程にあるものであるから、土地のあり方がその地域との関連において最適のものであるかどうか常に吟味されなければならない。
エ　土地の現実の価格は、取引等の際に個別的に形成されるのが通常であり、しかもその価格は個別的な事情に左右されがちなものであって、何人も容易に適正なものとして識別できるような価格を形成する取引市場が存しないのが通常である。
　　したがって、不動産の価格について、その適正なものを求めるためには、鑑定評価の活動に依存せざるをえないこととなる。
　ところで、不動産の価格が前述のように多数からなる要因の相互作用の結果として形成されるものであるから、鑑定評価の活動は、その不動産の価格形成過程を追究し、分析することを本旨とするものであるといえる。したがって、不動産の鑑定評価を行う者には、価格形成要因の相互作用に関する的確な判断力が要請されるのである。しかしながら、鑑定評価が、要因に関する価格判断が中心となるとはいっても、具体の案件についての評価がその案件に係る価格形成要因（例えば、評価対象が土地である場合のその土地の間口、奥行、形状、地積、前面道路の状況、最寄駅までの距離等）のみの分析によって終了するものでもなく、また、可能なものでもないのである。
　土地の評価は、一般に近傍類地の取引事例、賃貸事例及び造成事例を調査し、これらの事例地のそれぞれの位置、地積、環境等の価格形成要因の相異がどのように取引価格や地代等に反映されているかを分析して、その価格に作用する程度の判定基準を作成し、その判定基準を基礎として多数の事例地の取引価格、地代等を価格指標として総合的に比較考量して行われるのである。
　価格の判定は、価格を実際に算出するための何らかの事例価格を手掛かりとして行われるものであって、取引事例比較法、収益還元法及び原価法のいわゆる鑑定評価の三方式が、取引価格等の事例価格を基礎として適用されてはじめて可能となるのである。
　すなわち、取引事例比較法は、近隣地域または同一需給圏内の類似地域に存する土

総　論

地に係る取引の事例に基づき①事例に係る土地が近隣地域にあるときは当該近隣地域の地域要因を考慮したうえ、②事例に係る土地が同一需給圏内の類似地域にあるときは当該類似地域及び近隣地域のそれぞれの地域要因を考慮し、かつ、相互に比較を行ったうえ、対象地及び各事例に係る土地のそれぞれの個別的要因の比較を行い、その比較の結果に従い、各事例に係る土地の取引価格から求められた各価格を相互に比較考慮して対象地の価格（比準価格）を求める方法である。

　収益還元法は、近隣地域または同一需給圏内の類似地域に存する土地に係る賃貸借等の事例に基づき①事例に係る土地が近隣地域にあるときは当該地域の地域要因を考慮したうえ、②事例に係る土地が同一需給圏内にある類似地域にあるときは当該類似地域及び近隣地域のそれぞれの地域要因を考慮し、かつ、相互に比較を行ったうえ、対象地及び各事例に係る土地のそれぞれの個別的要因の比較を行い、その比較の結果に従い、各事例に係る土地の純収益（総収益から総費用を控除して得た額で、その実現が確実であると認められるもの）から求められた各純収益を相互に比較考慮して得た対象地の純収益を還元利回り（最も一般的と認められる投資の利回りを標準とし、その投資の対象及び対象地の投資対象としての流動性、管理の難易、資産としての安全度等を相互に比較考量して決定する。）で元本に還元して対象地の価格（収益価格）を求める方法である。

　原価法は、対象地を価格時点において造成すると仮定した場合において必要とされる適正な費用（造成原価）の額を求め、対象地が当該仮定に係る造成が行われた土地と比較して減価していると認められるときは、その減価した額に相当する額を控除して、対象地の価格（積算価格）を求める方法である。

　これらの方法を図示すれば次のとおりである。

第1 土地価格の評価

(1) 取引事例比較法

取引事例の収集 ⇨ 適切な事例の選択 ⇨ 事情補正 ⇨
　　　　　　　　（価格牽連性の
　　　　　　　　　あるものの
　　　　　　　　　選択）
　　　　　　　　　　　　　　　　（取引に係る異
　　　　　　　　　　　　　　　　　常性を考慮し
　　　　　　　　　　　　　　　　　ての価格修正）

時点修正 ⇨ 地域格差修正 ⇨ 個別格差修正
（取引時と評価時
　との時期の差に
　よる価格修正）
　　　　　（事例地と対象地が所
　　　　　　在する地域の環境、
　　　　　　接近性等の品等比較）
　　　　　　　　　　　　　　（事例地と対象地と
　　　　　　　　　　　　　　　の間口、形状等の
　　　　　　　　　　　　　　　差による品等比較）

⇨　推定価格
　　（比準価格）

(2) 収益還元法

賃貸借等の事例の収集 ⇨ 適切な事例の選択及び事情補正 ⇨

純収益の算定 ⇨ 　時点修正　　　⇨ 対象地の純収益 ⇨
　　　　　　　　　地域格差修正
　　　　　　　　　個別格差修正
（事例地の地
　代等からの
　経費控除）

収益還元 ⇨ 推定価格
　　　　　　（収益価格）
（還元利回りで純
　収益を元本に還
　元（除する））

(3) 原価法

造成の想定 ⇨ 素地価格の算定 ⇨ 造成費の算定 ⇨
（評価時において
　対象地を造成す
　ることを想定）
　　　　　　　（造成の素材と
　　　　　　　　なる土地の価
　　　　　　　　格の算定）
　　　　　　　　　　　　　　（他の造成事例
　　　　　　　　　　　　　　　等を考慮して
　　　　　　　　　　　　　　　適正額を算定）

再調達原価 ⇨ 事情変更による修正 ⇨ 推定価格
（対象地の造
　成完了直後
　の価格）
　　　　　（建物建設の状況、擁
　　　　　　壁の損傷等を考慮し
　　　　　　た増、減価補正）
　　　　　　　　　　　　　　　（積算価格）

総　論

第2　国土利用計画法と土地評価

　土地利用基本計画等の策定と土地取引への直接的な行政介入等を内容とする画期的な土地対策立法としての国土利用計画法が、昭和49年6月25日に公布され、同年12月24日から施行された。
　本法は、土地の投機的取引及び地価の高騰が国民生活に及ぼす弊害を取り除き、また、適正かつ合理的な土地利用を図るため、土地取引についての許可制（法第12条から第22条まで）と届出制（法第23条から第27条の10まで）を創設して、土地取引に行政を直接的に介入させ、価格と利用目的の両面から審査を行い、全国的な土地取引の規制の強化を図ることとしている。とりわけこの規制に関する措置としては、土地価格の規制に大きな役割が果たされている。
　本法の施行により、全国にわたり主として価格面から土地取引の規制が行われることとなるので、土地取引を行う者をはじめ国、地方公共団体等において適正な土地価格の把握が重要な役割を果たすこととなった。
　とくに地方公共団体において、本法による土地取引の規制価格についての迅速かつ公正な評価業務の遂行がその担当者に要請されるとともに不動産鑑定士等にもこれらの要請に合致した評価手法の整備が要請されるに至った。
　このような時代の要請を背景として、昭和49年11月6日に土地鑑定委員会から「国土利用計画法の施行に際し不動産の鑑定評価上とくに留意すべき事項について」の建議がなされたのである。
　この建議において取引事例比較法の適用に関し、合理的かつ統一的な時点修正のための変動率の指標の作成の必要性とともに「住宅地域、商業地域、工業地域及び宅地見込地地域等の用途地域ごとに、街路、交通、環境、行政、画地等の諸条件の比較ができるような統一的、合理的な比準方式を早急に整備確立すべきである。」旨の提言がなされているのである。
　この比準方式の検討は、先にも述べたように、不動産の鑑定評価の本質が、不動産の価格形成過程を追究し、分析することにあることに鑑み、とくにその要因の把握と比較分析に照準を置いて、次の事項について行われたのである。
ア　価格判断の基礎となる用途的地域の種別は、宅地地域、農業地域、林地地域等に

第2　国土利用計画法と土地評価

大分類され、また、住宅地域、商業地域、工業地域、田地地域、畑地地域等に、さらに優良住宅地域、標準住宅地域、混在住宅地域等に細分類することが可能であるが、これらの地域区分の程度とその判断基準をどのように定めるか。

イ　用途的地域の範囲は、道路、河川等地形地物によって物理的に定めるか、または、当該地域内の土地の立地条件の差異による価格差の許容範囲によって価値秤量的に定めるか。

ウ　アの土地価格を基準として他の土地の価格を比較して求める場合、着目すべき地域要因と個別的要因の項目をどのように整理するか。また、駅までの距離等の交通・接近条件に係る要因のように量的に把握できる要因と周囲の環境等の環境条件に係る要因のように量的に把握できない要因とをどのように調整し、把握するか。

エ　地域要因及び個別的要因が価格に作用する程度をどのように秤量化するか、また秤量するための比準表をどのように作成するか。

オ　比準表を適用して評価の基準となる土地価格から対象地の価格を求める方法として直接的に求める方法をとるか、間接的に求める方法をとるか。

カ　価格以外の事例資料（特に果実としての収益）にもこの比準方式が適用できるか否か。

以上6項目について、不動産鑑定士等の鑑定評価の専門家を中心として国土庁が検討を行い、その結果に基づき「土地価格比準表」が作成されこの比準表を中核として比準方式が確立されたのである。

国土利用計画法の価格規制の基礎となる相当な価額（以下「基準価格」という。）の算定方式には、先に述べた取引事例比較法、収益還元法及び原価法を適用するいわゆる「独自評価による方法」のほか、固定資産税評価額倍率方式（都道府県地価調査に係る基準地の標準価格の固定資産税評価額に対する倍率を状況が類似する地域内の許可申請または届出がなされた土地の固定資産税評価額に乗じて基準価格を算定する方法）及び次に述べる標準地比準方式の二つがある。

ところで、本法では、6週間以内に許可、不許可の処分または勧告するか否かについて、都道府県知事（指定都市においては、当該指定都市の長）は各案件ごとに逐一判断をくださなければならないので、その判断の基礎となる基準価格の算定について当然この6週間という期間によって絶対的な制約を受けるとともに、価格審査を担当する職員数を処理すべき案件数との関連において相対的にも厳しい時間的制約を受けることとなっている。したがって、基準価格の算定には、手際よさと迅速さが強く要

総　論

　請されるとともに、当然のことながら審査事務担当者の主観等の混入を防止して評価の客観性と公正性及び相手方に対する説得力とを担保することが要請されているのである。
　この要請に応えるため標準地比準方式が定められ、「土地価格比準表」が作成されたのである。
　標準地比準方式は、許可申請に係る土地等評価の対象となる土地と、これに類似する利用価値を有すると認められる国の地価公示に係る標準地または県の地価調査に係る基準地との位置、地積、環境等の価格形成要因の比較を行い、その結果に基づき、当該標準地の公示価格（時点修正を行うべき場合は時点修正後の価格をいう。以下同じ。）または当該基準地の標準価格（時点修正を行うべき場合は時点修正後の価格をいう。以下同じ。）に比準して価格を求める方法であり、その適用の手順は次のとおりである。

ア　許可申請または届出に係る土地等評価の対象となる土地（対象地）の所在する地域（対象地域）をまず住宅地域、商業地域、工業地域、宅地見込地地域等の用途的地域に区分する。

イ　上記アにおいて区分された用途的地域について、さらにその地域的特性により、例えば、住宅地域を優良（高級）住宅地域、標準（中級）住宅地域、混在（普通）住宅地域、農業集落地域及び別荘地域のように土地価格比準表による細区分を行い、対象地がいかなる利用価値を有するかを判定する。

ウ　対象地に類似する利用価値を有すると認められる国の地価公示に係る標準地、または県の地価調査に係る基準地を選定する。この場合において、これらの価格比準の基礎となる土地（以下「基準地」という。）は、対象地の所在する地域（細分化された用途的地域）及び当該地域の地域区分と同一の地域区分に属する地域で同一需給圏内にあるものから選定することとなる。

エ　基準地が対象地の所在する地域にあるときは基準地及び対象地に係る個別的要因の比較を、基準地が対象地の所在する地域以外の地域にあるときは基準地及び対象地に係る地域要因の相互比較及び個別的要因の比較を土地価格比準表により行い、それぞれの格差率を求める。

オ　公示価格または標準価格に上記エにおいて求められた地域要因格差率及び個別的要因格差率を乗じて、対象地の価格を求める。

第3 土地価格比準表

1 土地価格比準表とその役割

　土地価格比準表は、不動産鑑定評価基準の理論を基礎に、不動産鑑定士等の鑑定評価の専門家の参画を得てその実践面における成果をも十分に採り入れて国土庁が作成した合理的な比準方法を示すものであり、この比準表に定められている諸要因の項目や、その格差率等についても不動産鑑定士等による全国的な実地検証の結果を経て統一化されたものである。

　土地価格比準表は、(1)対象地及び基準地の所在する地域の範囲の判定方法、基準地の選定方法、地域要因の比較及び個別的要因の比較の方法、格差率の運用方法等の適用上の一般的な留意事項、(2)住宅地、商業地、工業地及び宅地見込地の区分ごとに、それらに係る地域の細区分の方法及びその具体的な価格比準の方法に関する個別的な留意事項、(3)優良住宅地域、高度商業地域等に細区分された地域（14地域）ごとの地域要因比準表及び個別的要因比準表によって構成されている。この比準表は、昭和50年1月20日付け50国土地第4号の「国土利用計画法の施行に伴う土地価格の評価等について」の基本通達において定められ、その後、昭和51年6月8日付け51国土地第214号の改正通達により別荘地価格比準、さらに昭和58年3月24日付け58国土地第65号の改正通達により造成宅地の品等検証格差率表に関する部分が追加規定されている。また、「不動産鑑定評価基準の設定に関する答申」（平成2年10月26日2国鑑委第25号）が施行されたことに伴い、平成3年6月6日付け3国土地第174号の改正通達により地積過大による減価の取扱い、地域区分の変更等がなされ、さらに、平成6年3月15日付け6国土地第56号の改正通達により商業地域の中に郊外路線商業地域の比準表等が追加規定された。

　また、この土地価格比準表とは別に昭和51年4月27日付け51国土地第177号の改正通達による借地権価格比準表が、さらに昭和51年6月8日付け51国土地第214号の改正通達による林地価格比準表及び農地価格比準表がそれぞれ追加規定され、基準価格の判定の際の価格比準にこれらの比準表が一体のものとして適用されることとなって

総　論

いる。
　これらの比準表は、前述したように地域要因及び個別的要因の把握ならびに比較等についての合理的、統一的な評価方法を内容とするものであるから、基準価格の算定方法のうち、価格比準を必須の手順とする「標準地比準方式」及び「独自評価による方法」に有効に活用することができるものである。すなわち、標準地の公示価格及び基準地の標準価格から対象地の価格を求める際の地域要因の比較及び個別的要因の比較はもちろんのこと、近傍類地の取引価格から対象地の価格（比準価格）を求める際の地域要因の比較及び個別的要因の比較、近傍類地に係る純収益から対象地の純収益を求める際の地域要因の比較及び個別的要因の比較等にも、これらの比準表を適用することができるのである。

2　適用方法

　土地価格比準表等は前述の標準地比準方式の適用の手順に即して適用されることとなり、この場合の一般的留意事項を示せば次のとおりである。
　なお、土地価格比準表等を用いて比準項目の格差を判定するに当たっては、現地確認のほか、必要に応じて関係機関や専門家への聞き取り等をすることとなる。

(1)　対象地の存する地域の判定
　土地は、地盤、地勢、地質等の自然的条件や河川、道路、鉄道等の人文的条件を共通にすることによって、住宅地域、商業地域、工業地域、農地地域、林地地域等の土地の用途が同質的なまとまりのある地域を構成している。これらの各地域内に存する土地は、地域を同じくする他の土地と利用価値において質的に極めて類似性が高く、代替性に富み、したがって、価格の牽連性も極めて強く、同一の価格水準となる傾向を有している。
　そこで土地価格比準表等の適用にあたっては、まず、比準表の分類にしたがい対象地の存する地域を次の用途的区分により判定しなければならない。
ア　住宅地域は、街区、画地等の規模、整合性や建物の質、居住環境等を判定基準として次の5地域に細区分する。
　　a．優良住宅地域
　　b．標準住宅地域

第3 土地価格比準表

　　c．混在住宅地域
　　d．農家集落地域
　　e．別荘地域
　イ　商業地域は、立地条件、店舗の規模及び集中度、商圏の広さ等を判定基準として、次の5地域に細区分する。
　　a．高度商業地域
　　b．準高度商業地域
　　c．普通商業地域
　　d．近隣商業地域
　　e．郊外路線商業地域
　ウ　工業地域は、工場敷地の規模を判定基準として、次の2地域に細区分する。
　　a．大工場地域
　　b．中小工場地域
　エ　宅地見込地域は、周辺の宅地化率、単独転換の可否等を判定基準として、次の2地域に細区分する。
　　a．大・中規模開発地域
　　b．小規模開発地域
　オ　林地地域は、立地条件、宅地化の影響度、林業への依存度等を判定基準として、次の4地域に細区分する。
　　a．都市近郊林地地域
　　b．農村林地地域
　　c．林業本場林地地域
　　d．山村奥地林地地域
　カ　農地地域は次の2地域に細区分する。
　　a．田地地域
　　b．畑地地域
　なお、上記の地域区分は地域内の土地の用途に主眼が置かれているものであるが、これらの区分される地域が用途的に完全に純化されていることを要件としているのではなく、居住用等のある特定を中心として、用途的にあるまとまりを示していることをもって足りるものであることに留意すべきである。
　また、比準表の適用にあたっては、対象地の存する地域の性格（例えば、準高度商

総　　論

業地域におけるショッピング街、オフィス街、問屋街等）に留意し、当該地域の性格と同一性のある地域を選定しなければならない。

(2) **地域の範囲**
　地域の範囲の判定は、前記(1)の地域の判定と同様に土地の用途の同質性を基準として同時併行的に行われるものであり、その範囲は、地域の種別により、また、同種別の地域であってもそれぞれの地域の実情により異なるものである。
　一般的には、次に掲げるような地形地物に着目して地域の範囲が判定されている。
ア　日照、通風、乾湿等に影響を及ぼし、居住、商業活動等の用に供する等基本的な土地利用形態に影響を及ぼす地勢、地質、地盤等
イ　土地、建物等の連たん性及び交通網の一体性をしゃ断するような河川、水路等
ウ　土地、建物等の連たん性及び交通網の一体性をしゃ断し、日照、通風、乾湿等に影響を及ぼす丘陵等
エ　土地、建物等の連たん性または交通網の一体性をしゃ断する鉄道、公園等
オ　土地、建物等の連たん性をしゃ断するが、一方において歩行者、通行車両等を対象として商業機能を発生させる道路、広場等
カ　画地の形状、規模及び建物の構造、階層、用途等に影響を及ぼす街区
キ　道路その他の公共施設、学校その他の公益的施設の整備、水準、公租公課等の諸負担の差異に基因する土地利用上の利便性等に影響を及ぼす市町村等の行政区画
　土地価格比準表では、実務的な処理方法として、宅地についてこの地域の範囲を当該地域の一般的な価格水準（当該地域において最も標準的と認められる土地の価格水準）からみて、当該地域内のそれぞれの土地の標準的な価格（比準表の個別的要因の比較項目中の画地条件修正を施す必要がない土地を想定した場合の価格）が上下30％以内に分布する地理的範囲を一応の目安として判定することができるものとされている。したがって、用途的に同質と認められる一帯の地域であっても、この範囲を超える部分の地域は、別個の地域（したがって、近隣地域に隣接する類似地域）として取り扱うこととなるので注意する必要がある。特に、商業地域の場合、他の地域に比較してその範囲が狭く、距離的には近くにあっても価格水準には相当の差異が生ずる場合もあるので、相互の価格牽連の程度に十分留意しなければならない。

第3　土地価格比準表

(3) 基準地の選定
　基準地は、対象地の存する地域（近隣地域）及び当該地域の地域区分と同一の地域区分に属する地域（類似地域）で同一需給圏内にあるものから選定することとなる。この場合において、同一需給圏とは、対象地と一般的に代替関係が成立して、その価格の形成について相互に影響を及ぼす関係にある他の土地の存する圏域をいう。この同一需給圏については、特に商業地の場合、大資本を擁する企業が商業収益に着目して広域的に行動するのに対し、比較的小規模の商業資本を擁する個人企業は住宅地と同様に地縁的選好性によって行動範囲が狭められるため、高度商業地域、準高度商業地域、普通商業地域及び近隣商業地域の順に狭くなる傾向がある。

近隣地域及び同一需給圏の範囲

	同一需給圏	
類似地域	類似地域　近隣地域◎対象地　類似地域	類似地域

　基準地をこの同一需給圏内の類似地域から選定する場合、対象地の所在する地域の性格（前述のように、例えば準高度商業地域におけるショッピング街、オフィス街、問屋街等）に留意し、当該地域の性格と同じ性格を有する類似地域から基準地を選定すべきであり、また、対象地の存する地域（近隣地域）の価格水準に比べ類似地域の価格水準が上位50％、及び下位30％の範囲内にある類似地域から基準地を選定しなければならない。
　これは、基準地の選定に当たっても価格水準を考慮すべきであり、価格水準が70％〜150％の範囲内にあるものとしている。例えば、基準地が10万円／m^2とすると上位15万円／m^2までが比較の限界であり、下位は、7万円／m^2となる。即ち、15万円／m^2：10万円／m^2＝10万円／m^2：xとすると、x＝6.666……≒7万円／m^2となる。したがって、上位50％、下位30％の範囲を比較可能範囲としているが、当然のことながら、基準地の選定は事前に把握される対象地域の価格水準及び国土法に基づく届出等の予定対価により判断することとなる。
　比準表に定められている比較項目は、地域要因及び個別的要因ごとに相当精緻なものであり、また、後述するごとく、それらの実態に即した態様に分類して比較することとなるので、選定された基準地と対象地との関連において、用途的に極めて同質的

であり、かつ、価格水準において同一性が極めて強いことが要請されているところである。

なお、住宅地にあっては交通体系における同一性（同一鉄道沿線、同一市区町村等）、商業地にあっては営業の種別、規模における同一性、工業地にあっては規模における同一性、宅地（住宅地）見込地にあっては交通体系における同一性（隣接する駅勢圏）を併せて考慮しなければならない。

(4) **時点修正**

時点修正率は、基準地の存する近隣地域または類似地域の取引事例を時系列的な分析を行い、さらに国民所得の動向、財政事情及び金融情勢、公共投資の動向、建築着工の動向、不動産取引の推移、社会的及び経済的要因の変化、土地利用の規制、税制等の行政的要因の変化等の一般的要因の動向を総合的に勘案して求めるものであるが、実務上は、地価公示及び都道府県地価調査の年間変動率のほか、公示価格と標準価格との最近6ヵ月間における差異等から判別される変動率の推移等を総合的に勘案の上、的確に設定することとなる。

(5) **価格比準の方法**

基準地の価格から対象地の価格を求める場合において、基準地が対象地の存する地域（近隣地域）にあるときは、基準地及び対象地に係る個別的要因の比較を、基準地が対象地の存する地域以外の地域（類似地域）にあるときは基準地及び対象地に係る地域要因の相互比較及び個別的要因の比較を比準表により行い、それぞれの格差率を求める。前者の場合は、基準地と対象地は共に同じ近隣地域に存し、比準表における対象地域の地域要因を共通要因としているのであるから、地域要因の相互比較の必要はなく、基準地の価格に個別的要因の格差率を乗じて対象地の価格を求めることとなるが、後者の場合は、基準地の価格に地域要因の格差率（近隣地域と類似地域に係る地域要因の比較、すなわち、比準表における対象地域と基準地域の地域要因の相互比較によって求める。）と個別的要因の格差率を乗じて対象地の価格を求めることとなる。

要因の比較は、基準地及び対象地に係る地域の地域区分に応ずる比準表を適用し、基準地及び対象地に係るそれぞれの要因について街路、交通、接近、環境等の各条件ごとの細項目の実態に即して、まずそれぞれの態様（優る、普通、劣る等の態様）に

第3　土地価格比準表

分類し、その態様比較によってそれぞれの細項目ごとの格差率を判定して、その結果に基づき行われる。

この場合において、個別的要因に係る態様の判断は、基準地または対象地の存する地域において一般的な標準の使用に供されていると認められる土地との対比において、地域要因に係る態様の判断は、基準地または対象地の存する地域の属する市町村等の圏域、鉄道駅等の駅勢圏内における相対的比較に基礎をおいて行われるものであることに注意する必要がある。

例えば、ここに具体的に標準地比準方式（間接比較）の方法を述べると、この方法は、地域の標準的な土地（標準的画地）を介して比較するため、より分析的に精度が高い比較ができることとなる。

- **地域要因比較**……同一需給圏内の類似地域における標準的な画地と対象地域の標準的な画地との比較を行う（市町村等の圏域内において標準的な地域における標準的なものを介して行う。）。
- **個別的要因比較**……基準地域、対象地域の各々の地域内で、標準的な画地と公示地等の基準地及び対象地とで相互の比較を行う。

即ち手順としては、

(1) 公示地等の基準地が同一需給圏内の類似地域に存する場合においては、対象不動産の存する近隣地域及び公示地等の基準地の存する類似地域について各々標準的な画地を設定する。

(2) 公示地等の基準地の個別的要因と標準的な画地の個別的要因について比準することにより、公示地等の基準地の個別的要因について標準化補正を行う。

(3) 次に類似地域に係る地域要因と近隣地域に係る地域要因の比較を行うことにより、近隣地域における標準的な画地へと比準する。

　さらに、近隣地域の標準的な画地と対象不動産との個別的要因の比較を行い、対象不動産の価格を求める。

(4) 公示地等の基準地が近隣地域に存する場合においては、近隣地域について標準的な画地を設定し、標準化補正を行い、次に標準的な画地と対象不動産との個別的要因の比較を行い、対象不動産の価格を求める。

これらの関係を図示すれば次のとおりである。

ア　基準地が対象地域に存するとき

総　　論

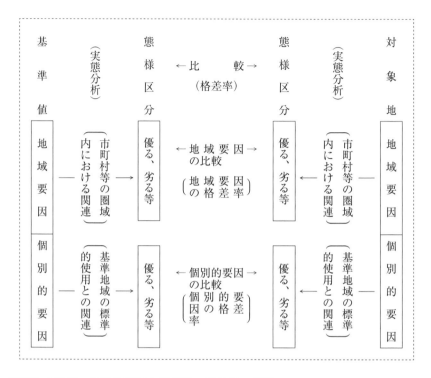

基準地の価格×個別的要因の格差率＝対象地の価格

イ　基準地が対象地域以外の地域に存するとき

基準地の価格×地域要因の格差率×個別的要因の格差率＝対象地の価格

また、地域要因の格差率及び個別的要因の格差率の求め方について、次に若干の説明を加えることとする。

a．地域要因の格差率

地域要因の比準表は、地域要因の比較項目（条件、項目、細項目）、その要因の格差の内訳及び格差の態様の判断基準（備考）からなっているのでこれらを基にして格差率を求めることとなる。例えば、住宅地の比準表における地域要因の格差率は次のようにして算定することとなる。

地域要因格差率の内訳

〔各条件ごとの格差率による修正値の相乗積〕 $\left(\dfrac{100 \pm 格差率}{100} \right)$

第3 土地価格比準表

格差の比較条件項目(格差率)
(1) 街路条件(各細項目ごとの格差率の総和)
(2) 交通・接近条件(各細項目ごとの格差率の総和)
(3) 環境条件(各細項目ごとの格差率の総和)
(4) 行政的条件(各細項目ごとの格差率の総和)
(5) その他(各細項目ごとの格差率の総和)

地域要因の格差率は、地域要因の項目の大分類となっている条件ごとに計算された格差率を相乗して求めることとしている。ただし、同じ条件のもとでの各細項目ごとでの格差率は加算して求めることとしていることに注意する必要がある。

価格形成要因としてのそれぞれの細項目は、各々個別的に独立して価格を形成するというものではなく、大なり小なり有機的に関連し結合し合って価格を形成するものであるから、条件相互間においては相乗して求めることとしている。一方、それぞれの条件における細項目において加算することとしているのは、むしろ計算を簡明にするためである。

b．個別的要因の格差率

土地の個別性を生じさせ、その価格を個別的に形成する要因が個別的要因とよばれるものである。個別的要因の作用の程度は用途的地域ごとにそれぞれ異なるので、それについての判断は用途的地域ごとに行った地域分析の結果により得られた地域的特性を基準として行わなければならない。比準表の個別的要因は、その地域的特性に対応して作成されている。

例えば、住宅地の比準表における個別的要因の格差率は次のようにして算定することとなる。

個別的要因格差率の内訳

$$[各条件ごとの格差率による修正値の相乗積]\left(\frac{100\pm 格差率}{100}\right)$$

格差の比較条件項目(格差率)
(1) 街路条件(各細項目ごとの格差率の総和)
(2) 交通・接近条件(各細項目ごとの格差率の総和)
(3) 環境条件(各細項目ごとの格差率の総和)
(4) 画地条件(各細項目ごとの格差率の相乗積)
(5) 行政的条件(各細項目ごとの格差率の総和)

(6) その他（各細項目ごとの格差率の総和）

　格差率を求める計算手法は、地域要因における場合とほとんど同一であるが、画地条件における各細項目間では、それぞれの格差率を相乗することとなっている点が異なっている。画地条件においては、同一の近隣地域においてもかなり大きな差異が生ずることとなる画地がある場合があり、格差率においても隔たりが生ずる場合が多いからである。

　なお、価格形成要因の各細項目ごとの判断については、比準表の備考欄において格差の態様ごとに判断基準を掲げ、評価の適正を担保することに意を注いでいる。土地評価を迅速かつ公正に行うためには、土地評価についての評価主体の判断要素を最小にして、評価主体の主観の混入を防止し、あらかじめ定められている比準表の数値及びこの備考欄の判断基準を基礎にしてスピーディーに事務処理を行うことが望まれる。備考欄の判断基準においてもなるべく計数化することが要求されるところであるが、価格形成要因は複雑多岐にわたり、また、各地方の地域的特性を考慮した場合、一律に定めることにはおのずから限界が認められる。したがって、判断事項としてゆだねられている部分については、比準表の運用において地域の実情等を十分に考慮し、適正な判断がなされることが期待されている。

(6) **格差率**

　比準表に掲げられている地域要因及び個別的要因に係る細項目の態様ごとの格差率は、上限値または下限値を示すものとして運用されるものである。例えば、標準住宅地域の地域要因の交通・接近条件に係る細項目「最寄駅から都心への接近性」についてみると、基準地域が「普通」であるのに対比し、対象地域が「優る」の場合は5％を上限値とし、「やや優る」の場合は2.5％を上限値として運用され、また、対象地域が「劣る」の場合は－5％を下限値とし、「やや劣る」の場合は－2.5％を下限値として運用されることとなる。したがって、対象地域に係る当該細項目について、前記例のうちの「優る」と一応判定される場合であっても、当該地域要因の実態に照らし、次位の「やや優る」の中間に位置するものと判定されるときは、上限値としての当該格差率「優る」5％と次位の格差率「やや優る」2.5％の範囲内において適宜判断し適用することとなる。

　また、地域要因及び個別的要因は、地方によってその諸要因の作用の仕方に若干の差異があることも考えられるので、前記例の最大格差率10％（「優る」5％と「劣

第3　土地価格比準表

る」-5％の最大開差率）を次位の格差率5％（「やや優る」2.5％と「やや劣る」-2.5％の開差率）を下限値として運用することも可能と考えられる。

　要するに、地域をはじめ市町村、県、地方等のより広域的な圏域の実情を考慮し、基準地及び対象地に係る地域要因及び個別的要因の実態に応じて、格差率に係る数値の範囲内において適宜判断し、評価の適正を期すべきである。

　土地価格比準表では、積雪地域における街路条件の特例及び後述の住宅地の画地条件に係る接面街路の「方位」の取扱いにおいて、格差率の弾力的な運用を強調している。

　積雪地域における街路条件の特例として、幅員、舗装、歩道、勾配等の街路条件に係る細項目の格差率とは別に除雪施設（ロードヒーティング、散水施設等）及びU字溝の有無ならびに道路の幅員の大小が積雪地域における道路の機能を左右する重要な要因であることに鑑み、これらの要因を総合的に考慮するため地域要因比準表及び個別的要因比準表に格差率5％を限度として設けることができるものとしている。なお、この特例は、住宅地のみならず商業地及び工業地についても適用できるものである。

各 論

各　論

第1　住宅地

1　定義及び地域区分

　住宅地とは、住宅地域内の土地をいう。住宅地域は、宅地地域のうち、居住の用に供される建物等の敷地の用に供されることが、自然的、社会的、経済的及び行政的観点からみて合理的と判断される地域である。
　「…の用に供されることが、自然的、社会的、経済的及び行政的観点からみて合理的と判断される地域」とは、住宅地域の判断基準として、あるまとまりのある地域に存する土地の用途性が広く自然的、社会的、経済的及び行政的な観点から客観的に判断されるべきであって、個人個人の主観的な不合理な使用方法にまどわされて、各画地の用途の判断を誤ることを極力排除しようとする評価上の意図によるものである。したがって、各画地の用途の判断は、広い視野から客観的になされなければならない。
　住宅地は、住宅地域内の土地をいうものであるから、必ずしも、現実に居住の用に供される建物等の敷地（いわゆる現況住宅地）に限られるものではなく、現に耕作の用に供されている土地（いわゆる現況農地）や、商業活動の用に供されている建物等の敷地（いわゆる現況商業地）であっても、この土地の存する用途的地域が住宅地域である場合は、その地域に存する土地は住宅地と観念されて、それぞれの価格形成要因の分析が行われることとなる。このように土地の種別は、対象土地を含む地域にあって対象土地の用途と土地の用途が同質と認められるまとまりのある地域の種別によって定まるのである。
　したがって、例えば、都市計画法上の用途地域である住居地域をもって、当然に用途的地域における住宅地域をして取り扱えないことはいうまでもない。都市計画法上の用途地域は用途的地域を構成する自然的、人文的条件のうち、行政的な要因の主要な内容を示すものではあるが、都市計画法上の用途地域における規制は、比較的にゆるやかなものであり、例えば、都市計画法上の用途地域が住居地域に指定されていても、現実の用途地域が商業地域である場合もある等、都市計画法上同一の用途地域内においても用途の同質性においては異なるいくつかの地域を評価上認定することが可

第1 住宅地

能な場合があるからである。

　住宅地域は、その地域的特性により、優良住宅地域、標準住宅地域、混在住宅地域、農家集落地域及び別荘地域に区分することができる。この分類は相対的なものであって、極力細分化された分類において地域をとらえることによって、評価の精度が一段と高められることを狙いとしているものである。したがって、土地価格比準表においても、住宅地域をさらに優良住宅地域、標準住宅地域、混在住宅地域、農家集落地域及び別荘地域の5区分に分類している。

(1) **優良住宅地域**
　優良住宅地域は、市街地的形態を形成している地域において街区及び画地が整然としており、かつ、敷地が広大で、平均的に標準住宅地域における一般住宅よりも多額の建築費を要する住宅が連たんしている地域をいう。また、地域内居住者の生活水準は高く、住宅環境は極めて良好な地域である。具体の地域区分の判定にあたっては、地域の区分の性格から判断して、おおむね次の事項が参考となろう。
　ア　画地の標準的面積がおおむね300m^2以上である地域であること。
　イ　ほとんどすべての土地が一戸建専用住宅の敷地として現に利用されている地域であること。
　ウ　用途地域は第一種低層住居専用地域、第二種低層住居専用地域である場合が多いこと。
　エ　従来から名声のある地域（町名または地域の名称が高級住宅地域の呼称として使用されている場合における当該地域）であること。
　オ　著名人等の住宅が比較的に多い地域であること。
　カ　各々の画地が囲障、門、塀、庭園等で囲まれ、緑樹が多き閑静な地域であること。
　キ　建物等の建築の施工の質が優れている地域であること。
　ク　アパートや店舗等は見当たらない地域であること。
　以上の事項を総合的に検討して優良住宅地域に該当するか否かを判定することとなるが、東京、大阪、名古屋の三大圏において、鉄道沿線別に、三大圏以外の地域においては県都または人口の20万人前後の地方中核都市等の圏域を基礎として判定することとなる。

各　論

(2) 標準住宅地域

　標準住宅地域は、市街地的形態を形成している地域において、優良住宅地域及び混在住宅地域に該当しない住宅地域をいう。地域内の住宅は一般住宅で敷地の規模及び建築の施工の質が標準的な住宅を中心として形成され、住宅環境は中庸の地域である。市街地住宅地域のうちほとんどの住宅地域が標準住宅地域に区分され、通常市町村の圏域を単位として判定される。

(3) 混在住宅地域

　混在住宅地域は市街地的形態を形成している地域において、比較的狭小な一般住宅及び共同住宅が密集する地域、または住宅を主体として、店舗、事務所、小工場等が混在する地域をいう。街区及び画地は雑然として住宅環境も良好とは認められない地域である。具体の地域区分の判定にあたっては、地域区分の性格からおおむね次の事項を参考として、総合的に検討することとなる。

　ア　画地の標準的面積が$100m^2$を超え$200m^2$（三大圏等主要都市では$150m^2$）未満の地域である場合が多いこと。
　イ　アパート、店舗、事務所、小工場等が相当数混在する地域であること。
　ウ　行き止まり路やＴ字路などの街路が目立つ地域であること。
　エ　用途地域は、第二種住居地域、準住居地域、近隣商業地域、準工業地域である場合が多いこと。
　オ　駅、工業地域、商業施設（商店街）または幹線街路の周辺の住宅地域に多いこと。

(4) 農家集落地域

　農家集落地域は、都市の通勤圏の内外にかかわらず、比較的小規模な町村において、在来の農家集落地域及び市街地的形態を形成するに至らない一般住宅地域をいう。この地域は、非市街地における農漁村住宅、一般住宅等の集落地域あるいは市街化調整区域または都市計画区域の定めのない地域にある場合が多い。

(5) 別荘地域

　別荘地域は、高原、湖畔または海浜等において景観、日照、温度、地勢、植生等の自然環境の良好な場所にあって、主として避暑、避寒、保養またはレクリエーション

第1 住宅地

等を目的として、一年のうち夏季、冬季または週末等に利用するために建てられた住宅が存し、または住宅を建てることが予定されている地域をいう。
　通勤、通学等の一般的な住居機能を有する各種の住宅地域とは異なり、別荘地域は日常の通勤等のための機能を有せず、居住機能の一部を果たすにすぎない住宅地域であるが、飲料水、電気等の居住の用に供するために必要な最小限の基盤の整備されている地域である。したがって、これらの最小限の基盤が整備されていない地域は、別荘地域として取り扱うことが出来ないことに注意する必要がある。

　上記の市街地は、一般に主として第2次産業、第3次産業の用に供される場及びこれらに直接、間接に関与する者の居住の用に供される場で、建築物が連たんし、または連たんすることが予想される地域といえる。
　また、市街地住宅地域において区分される優良、標準及び混在の各住宅地域は、現実には、必ずしも完全に純化しているものではく、その地域区分の境界についても、境界線を明確に把握することが困難である場合がある。地域の判定は、地域分析を行う過程において、他の地域との相互関連等を通じておのずと明らかになってくるものであり、また、この場合当該地域の具体的な範囲は、街路や河川等で画されることとなる場合が多いであろう。

2　地域要因の比較項目及び格差率

　住宅地域は居住の用に供される建物の敷地によって構成されている地域であるため、居住の快適性や利便性等が要求され、自然的、社会的の環境が良好であるか否か、通勤に便利であるか否か等が主要な価格形成要因となる。
　これを地域的特性によって細分された地域ごとにみると、優良住宅地域は、環境条件の項目である「居住者の近隣関係等の社会的環境の良否」「変電所・汚水処理場等の危険施設・処理施設等の有無」が居住の快適性に大きな影響を与え、その品位を左右することになるため、きわめて大きな格差率を付している。標準住宅地域及び混在住宅地域においては、交通・接近条件の項目である「都心との距離及び交通施設の状態」及び「商業施設の配置の状態」が居住者の通勤及び生活の利便に直接関係あるものとして大きな格差率を付している。このうち、標準住宅地域は「都心との距離及び交通施設の状態」に、混在住宅地域は「商業施設の配置の状態」に重点をおいている。

　　　　　　　　　各　　論

　一方、農家集落地域は「居住者の移動及び家族構成等の状態」という特有の項目を設けている。これは、当該地域において過疎化現象が生じているか否かがその地域の価格形成に大きな影響を与えることとなるからである。
　また、別荘地域は、「都心との距離及び交通施設の状態」「景観の良否」「傾斜等の地勢の状態」「樹木等自然環境の良否」「地域の名声・知名度等」が利便性、快適性及び品位に大きな影響を与えることになるため、きわめて大きな格差率を付すとともに、「観光資源の配置の状態」「利便施設・レクリエーション施設の配置の状態」「温泉」「管理体制の整備の状態」という特有の項目を設けている。

(1) 街路条件
　街路条件は、街路が住宅地に及ぼす交通上の利用価値に着目した条件であり、住宅地の価値は、街路の幅員や構造等の状態によって変化するものである。
　街路条件における項目は「街路の幅員・構造等の状態」、細項目は「幅員」「舗装」「配置」及び「系統及び連続性」に区分されており、その具体の運用にあたっては、下記の点に留意する必要がある。ただし、別荘地域にあっては「幅員、構造等」及び「系統及び連続性」の細項目に区分されているが、これについても下記の取り扱いに準じて適用することとなる。

ア　街路の幅員・構造等の状態
　住宅地域の道路網を構成する街路の幅員、舗装、配置、系統等の状態は、不動産の効用に大きな影響を及ぼす。これらの街路の状態が良好な場合には、地域内及び地域外の交通機能を高め、住宅地域としての利便に著しい影響を与えるものである。

(ア)　幅員
　街路の幅員の広いことは、交通の円滑化のプラス要因となり得るが、住宅地域における広い幅員は車両の幅輳を招来し、騒音、振動等の発生源としてマイナスとなる場合があることに留意しなければならない。
　街路の幅員が優るか劣るかの判断は、対象地域における街路の幅員が同一需給圏内の類似地域の地域内における標準的な街路の幅員に比べて、対象地域の街路の幅員が快適性及び利便性から総合考量して、優っているか劣っているかということである。
　したがって、その判断は、それぞれの地域の実情によって異なり、このことは、地域要因の項目の全般についていえることでもある。この具体的運用にあたって

第1　住宅地

は、地域区分において述べた圏域の単位、例えば、市町村を単位として考えることが必要であるが、一般的には、市街地住宅地の標準的な街路の幅員としては4mから7mが多くみられ、そのうち、優良住宅地域の標準的な幅員は6mから7m、標準、混在住宅地域の標準的な幅員は4mから5mが平均的といえる。また、街路の幅員が広くなるにつれて、格差率が大きくなるということにはならない。

　街路の幅員について、対象地域と基準地域を比較する場合は次のようにして行うこととなる。

　まず、対象地域の標準的な街路の幅員を把握する。標準的というのは、最もありふれた意味であり、対象地域を踏査して判定することになる。この場合、対象地の接面街路の幅員が、対象地域の標準的な街路の幅員と同じであるとは限らない。例えば、対象地の接面街路の幅員が3mであるのに、対象地域の標準的な街路の幅員が5mである場合も存する。

　同様に基準地域の標準的な街路の幅員を把握する。

　この場合、基準地は、地価公示法第2条第1項の標準地または国土利用計画法施行令第9条の基準地であるため、基準地は一般に当該地域を代表し、さらに当該地域の中庸のものとなっているため、基準地の接面街路の幅員は、多くの場合、基準地域の標準的な街路の幅員と一致することとなろう。かりに、基準地の接面街路の幅員が4.5mであって、基準地域の標準的な街路の幅員も4.5mであるとする。これらの街路の幅員が、優る、普通、劣るのいずれに該当するかは、対象地域及び基準地域をともに包含した同一需給圏内の街路の幅員を基礎として判定することとなる。そして、この同一需給圏内の標準的な街路の幅員が5mであるとするならば、対象地域及び基準地域は、比準表の格差の内訳及び備考欄の各態様に即して適用すると、いずれも「普通」であり、「街路の幅員」に関しては、両地域間に差異は生じないこととなる。なお、街路の幅員が広くなるほど優ることとはならないものであることはすでに述べたところである。

(イ)　舗装

　舗装については、舗装の種別、舗装率及び維持補修の程度等を総合的に考量して比較を行うこととなる。舗装の種別は、例えば、防じん舗装、アスファルトコンクリート舗装及びセメントコンクリート舗装等であり、舗装率は対象地域の全街路の路面面積に対する舗装面積の割合が大であるか小であるかであり、維持補

　　　　　　　　各　　論

修の程度は路面の一部が破損しているか、補修されているかどうか等である。これらを総合して判定することとなる。
　なお、この細項目において未舗装の街路、例えば、砂利道の地域も比較の対象となる場合があることはいうまでもない。
㈦　配置
　街路の配置は、いわゆる街路網の静態的な位置関係を示すものであり、それが整然と均衡がとれているか、行き止まり路やT字路が多くあって雑多となっているか等であり、これらは住宅地として効用に影響を及ぼすこととなる。
　街路の配置の状態は環境条件の細項目である画地の配置の状態と密接に関連している。例えば、土地区画整理事業等が行われた地域は、街路の配置または各画地の配置が整合性を保って整然としており、反対に行き止まり路やT字路の多い地域は、画地の配置も不規則、不均衡である場合が多い。
　なお、街路の修景、勾配及び曲線等は、街路の配置の項目において、勘案して考量することとなる。
㈣　系統及び連続性
　街路の系統のいかんとは、すなわち街路が都心、主要駅等へ連絡する幹線街路であるか、区画街路であるかということであり、これはその街路による利便に差異を生じさせる。連続性は交通量の多少、一方通行、車両制限等により、都心、主要駅等への連絡が円滑であるかどうかによる区分である。市街地にとって、街路の役割は大きいことはいうまでもなく、特に都市間の連繋、都心駅等への連絡等の機能を有する街路は重要でその重要性は強まるばかりである。このような機能を有する街路は、国道とか県道とかの路線系統がよく、時間経済性等にすぐれている連続性のよい幹線街路である。したがって、幹線街路が対象地域に存するか、または対象地域から容易にそれを利用しうるかはその地域に住む人の生活と活動とに影響を与えるものである。このような、街路の系統及び連続性の良否が住宅地域としての利便性または将来の発展を予測する場合に非常に大きなウエートを占めるものと考えられる。街路は、幹線街路、局地交通を負担する街路、区画街路、行き止まり路等いくつかに分類することが出来るが、幹線街路とは都市間の連繋、都心等への連絡等の他の市町村の区域にわたる交通量が主たる交通量を占める等交通上重要な働きをしている街路であり、この連続がいかにあるかということが重要視される。

第1 住宅地

この系統及び連続性の比較は、幹線街路の有無及び接近性ならびにその利用面における経済性（交通時間距離）について、その優劣を判断することとなる。

(2) 交通・接近条件

住宅地域の居住者は、通常その生計を都心部の事務所等における経済活動等に依存しており、都心との距離及び交通施設の状態が価格形成上大きな影響をもつこととなる。

また、駅等の交通施設、商業施設、学校、公園等の公益施設との接近の状態が宅地の価格に影響を及ぼし、それらの影響力は、施設の種類と距離によって変化するものである。

都心との距離及び交通施設の状態は交通条件として、別個の条件とすることも検討されたが、都心等への接近性に係る項目とも考えられるので、接近条件とともに同一条件として取り扱うこととされている。

交通・接近条件における項目には「都心との距離及び交通施設の状態」「商業施設の配置の状態」及び「学校・公園・病院等の配置の状態」の3項目があり、「都心との距離及び交通施設の状態」は「最寄駅への接近性」と「最寄駅から都心への接近性」の細項目、「商業施設の配置の状態」は「最寄商業施設への接近性」と「最寄商業施設の性格」の細項目に区分されており、その具体の運用にあたっては下記の点に留意する必要がある。

なお、別荘地については、保養、レクリエーション等を主目的として使用されるものであって、需要者が居住する地域の中心から当該別荘地域に至るまでの鉄道、道路等の交通条件の良否が重要な要因となるものであり、また、名所、旧跡等の観光資源ならびに購買施設、ゴルフ場、テニスコート等のレクリエーション施設の配置の状態も価格形成に大きく影響するものであるので、項目として、「都心との距離及び交通施設の状態」「観光資源の配置の状態」及び「利便施設・レクリエーション施設の配置の状態」に区分され、さらに「都心との距離及び交通施設の状態」は「交通施設との関係位置」及び「都心への接近性」の細項目に区分される。

ア 都心との距離及び交通施設の状態

住宅地域の居住者は、一般に都心部に立地する事務所、商店、工場等に勤務することによってその必要な収入を得るのが通常であり、また、ショッピング、レジャー、文化活動等についても都心部に依存することが多い。したがって、都心と

各　　論

　の距離とそこに至るまでの鉄道、道路、バス等の交通施設の状態の良否は、居住者の生活の利便に直接関係して価格形成上大きな影響をもつこととなる。なお、ここで都心との距離を考える場合には、時間的な距離に重点をおいて考察すべきであろう。

　都心との距離及び交通施設の状態は、最寄駅への距離及び交通施設の状態と、最寄駅から都心への距離及び交通施設の状態の２つに区分することができ、それが細項目の「最寄駅への接近性」と「最寄駅からの都心への接近性」となっている。

(ｱ)　最寄駅への接近性

　社会資本の集積の比較的大きな都市は、鉄道を要として発展するのが通常であり、一般に、地域は最寄駅を中心として同心円的に形成される。したがって、最寄駅への接近性の程度は、対象地域の価格水準を決定する大きな要因となる。通常の場合は、最寄駅に近い地域ほど、土地の価格水準は高いと考えられる。

　最寄駅は、当該地域において、通勤、通学等の日常生活上、通常一般的に利用される距離的時間的に最も近い駅のことである。したがって、距離的時間的に近い駅であっても、利用度の極めて低い駅等で、価格形成上ほとんど影響がないような駅は、最寄駅として取り上げられないこととなる。

　最寄駅への距離は、道路に沿って最短距離により判定するのが通常であるが、交通に障害を与える施設（例えば踏切）等がある場合は、所要時間をも考慮し、態様に応じ適宜判定することとなろう。

　バス利用可能な場合は、バス停留所までの徒歩時間、平均的待ち時間、最寄駅までのバスの所要時間、バスの運行系統及び本数等を総合考量して判定することとなる。この場合において、バスの運行間隔の相当長いものについては、実情により、バス停留所として取り扱わないこととなる場合も生ずるであろう。

　また、バス利用可能な地域におけるバス利用による所要時間とバス利用可能な地域における徒歩による所要時間がほぼ等しい場合にあっては、一般的に後者の方が接近性において優ると考えられる。

　最寄駅への接近性の優劣の判断基準は、地域によって、差異があり、交通機関や施設も発達している東京圏、近畿圏、中部圏の三大圏においては、例えば、「最寄駅に近接する地域」は道路距離で400m程度（5分）、「……にやや近い地域」は800m程度（10分）、「……通常である地域」は1,000m～1,500m程度（15～20分程度）という判断基準を設けることも可能であろうが、その他の圏域にお

第1 住宅地

いては、地方の実情によってかなり変わってくることとなろう。いずれにせよ、その地方における通常の所要時間を基準として適宜判断することとなる。
(イ) 最寄駅から都心への接近性
　最寄駅は、前述の最寄駅であり、都心とは居住者の勤務する事務所、商店、工場等が立地し、ショッピング、レジャー、文化活動等の諸機能が存する地域である。このような諸機能を有する都心の規模及び性格により居住者の所得水準や、近隣関係も定まる傾向にあり、通勤可能な交通圏を中心として同一需給圏が定まることとなる。
　接近性については、通勤時における都心までの所要時間を把握すべきであるが、この場合、最寄駅の性格（特急、急行、快速電車の停車駅、乗換駅、始発駅、運行回数等）をも勘案し、総合的に考量しなければならない。
　都心への接近性の優劣の判断基準としては、前項と同様、地域によって差異があり、地域の経済圏ごとに同一需給圏を基盤におき判断することとなろう。例えば、東京圏では「都心に近接する地域」は30分、「……やや近い地域」は40分内外、「……通常と判断される地域」は60分内外……という大体の判断基準も可能であろう。
　「最寄駅への接近性」及び「最寄駅から都心への接近性」はいずれも鉄道駅を前提としているが、鉄道のない地域のバス停留所については、それぞれ「バス停留所への接近性」及び「バス停留所から（中心都市）への接近性」と読み替え、それぞれの格差率を適用することとなろう。「最寄駅への接近性」及び「最寄駅から都心への接近性」においては、原則として、鉄道駅及び交通手段が鉄道を前提とする地域に即した格差率となっており、交通手段がバスのみの地域となっていないが、バスを鉄道に準じて取り扱うことについては差し支えない。
　「最寄駅から都心への接近性」は農家集落地域においては、都心という概念が実態的でないと考えられる場合が多いので、「最寄駅から中心都市への接近性」となっている。この中心都市については、特に在来農家住宅が一般的であり、勤務地が当該市町村内であるのが普通の地域にあっては、居住者の文化活動等の中心地としての市町村役場の所在地を中心都市とみなすことが適当である場合も考えられる。

イ　商業施設の配置の状態
　日常生活の需要を満たすに足りる商業施設（小規模なスーパー、店舗の集合体で

ある商店街等を含む。）が、対象地域とどのような位置関係に存在しているかによって、対象地域の利便が左右される。商業施設の配置の状態は「最寄商業施設への接近性」と「最寄商業施設の性格」の細項目に区分される。

(ア) 最寄商業施設への接近性

　最寄商業施設は、通常一般的に利用されている日常生活の需要を満たすに足りる最寄りの商業施設であり、最寄商業施設がどこであるかは地域住民の実際の消費行動に基づいて判定すべきである。その接近性については、日中の買物の時間帯における時間距離を基にして判定することとなる。

(イ) 最寄商業施設の性格

　最寄商業施設の店舗数、業種構成、取扱商品、売場面積等、商業施設の規模や質について比較を行うこととなる。

ウ　学校・公園・病院等の配置の状態

　小学校、保育所、児童公園、病院、診療所等公共利便施設がどのように配置され、対象地域といかなる関係位置にあるかは、住民の生活の利便に大きな関わりをもつものである。

　公共利便施設のうち、土地価格に強い影響を与えるものは、日常の一般市民生活の必要性から頻繁に利用される施設及び大きな便益をもたらす施設等の配置の状態又は接近の程度であると考えられ、一般的には、まず、小学校や診療所等がこれに該当することになるであろう。病院、診療所等の施設は総合病院が最良であるが、診療所、医院等は通常の疾病の治療を行いうるか否かを判断要素とすることになる。郵便局、市区町村役場、消防署、公園等について一律に施設の優劣を判定することは困難である。

　なお、これらの公共利便施設の配置の状態又は接近の程度等の比較は、対象地域に即した関係施設について行うこととなるが、各施設の位置、集中の度合い及び日常の利便性等を総合的に考量して行うこととなる。

(3)　環境条件

　環境条件は、住宅地の自然的環境、社会的環境、住宅地として利用される状態、ガス、上下水道施設等の普及の程度等により経済価値を判定する条件である。

　環境条件には「日照・温度・湿度・風向等の気象の状態」の自然的条件、「眺望・景観等の自然的環境の良否」「居住者の近隣関係等の社会的環境の良否」「各画地の面

第1 住宅地

積・配置及び利用の状態」「上下水道・ガス等の供給処理施設の状態」「変電所・汚水処理場等の危険施設・処理施設等の有無」「洪水・地すべり等の災害発生の危険性」及び「騒音・大気汚染等の公害発生の程度」の8項目があり、これとは別に農家集落地域にあっては「居住者の移動及び家族構成等の状態」の項目が、別荘地域にあっては「樹木等自然環境の良否」及び「地域の名声・知名度等」の項目が設けられている。このうち、「各画地の面積・配置及び利用の状態」は「画地の標準的面積」「各画地の配置の状態」「土地の利用度」及び「周辺の利用状態」の細項目、「上下水道・ガス等の供給処理施設の状態」は「上水道」「下水道」及び「都市ガス等」の細項目(別荘地域にあっては「上水道」「下水道」及び「温泉」の細項目)にそれぞれ区分されており、その具体の運用にあたっては下記の点に留意する必要がある。

ア 日照・温度・湿度・風向等の気象の状態

　日照の確保、温度、湿度、風向、通風等の良否等の自然的条件に関する項目であり、これらの自然的条件の良否は、居住者の健康に影響を及ぼし、居住の快適性を大きく左右するものである。

　この項目の格差の態様が最高となる土地の場合は、この項目以外の項目においても、例えば、街路の幅員、配置、眺望・景観等の自然的環境、各画地の配置の状態、周辺の利用状態等の格差の態様は「優る」こととなる場合が多いと考えられる。このように土地価格は多数の要因の相互関連性に基づいて形成されているのでこの点に注意すべきである。

イ 眺望・景観等の自然的環境の良否

　この項目としては、眺望、景観のほかに、さらに地勢、地盤、地質の細項目があげられる。

　眺望が開けていること、景観が優れていること、樹木、草花、野鳥等の自然が身近に存在すること等自然的環境に恵まれていることは、休息の場としての住宅地域の快適性を向上させる大きな要因の一つであり、住宅地としての環境は、山岳、海洋、森林、建物などその地域の風物一般の調和によってつくられるものである。特に別荘地域については、住宅地としての最低限の居住機能の確保とともに、この眺望、景観の良否が大きな比重を占めている。また、居住水準の高い優良住宅地域においても、標準以下の住宅地域と比較して、眺望、景観がより重視されるものと考えられる。

　眺望、景観については、客観的にみて視界を遮る障害物の有無、見通しの良否等

各　論

の快適性について判定することとなる。地勢は、当該土地が丘陵地、台地、低湿地、窪地、平坦地等であるか、傾斜地であればどの方角へ傾斜しているか等の区別を示すものである。地勢は自然的環境で場所的価値を左右する大きな要因の一つである。通常、一般的に地勢が南向に緩い傾斜をしている丘陵地が最高の住宅地とされ、北向傾斜地は地勢条件としては劣る。

　地質は、粘土、砂、礫、岩等を示すものであり、砂礫層、岩盤等に区別される。これらは基礎工事の難易度と経費に影響を与える細項目であり、したがって、当該土地の用途に応じて適当な地質を有しているか、予定される建築物等に対して地盤が十分な強度を有しているかなどを考慮することが必要であり、地域要因における地盤等は、地域の標準的な建築物を築造する場合において、補強の要否等安全性や費用面等から判断することとなる。

ウ　居住者の近隣関係等の社会的環境の良否

　居住者の近隣関係等は社会的環境を形成するものである。これらの社会的環境の良否は、住宅地域の品位を左右することによりその価格に影響を及ぼす。居住者の近隣関係等は、対象地域に居住する住民の相互の連帯意識から生ずる共同性、貢献性とも考えられるものである。

　住宅地域全体の環境をよくするために、各戸の外回りを清潔にするとか、街路、公園等の公共施設に対してもそのように対処しているかどうかということも判断の要因となろう。

　著名ないわゆる高級住宅地については、その地域の知名度、品等などにより地縁的選好性が働き、他の地域との代替性が薄い。そのため、優良住宅地域の場合においては、それに応じて大きな格差率をもたせている。

エ　各画地の面積、配置及び利用の状態

　住宅地域内の各画地の面積がどのようになっているかによって、当該住宅地域の品等はある程度判断することができるものといってもよい。優良住宅地域は、比較的大きな面積をもった画地によって整然と配置されており、混在住宅地域は、比較的小さい面積の画地が狭い道路で区画されている場合が多い。また優良住宅地域では専用住宅が大部分であるが、混在住宅地域はアパートや店舗併用の住宅が混在している場合が多い。

　㈎　画地の標準的面積

　　標準的な面積とは、当該地域における最もありふれた面積のことであり、同じ

第 1 　住 宅 地

　地域区分の中においては、標準的な面積が大きい地域ほど、品等は優ることとなる。通常一般的に、各画地の面積は、優良住宅地域はおおむね300m^{2}以上、標準住宅地域は150m^2～300m^2、混在住宅地域は100m^2～200m^2、そして農家集落地域では300m^{2}以上であると認められ、比準表でも以上のような面積を標準においている。

　しかしながら近年、標準住宅地域、混在住宅地域においては、敷地規模よりも利便性を求める需要者の指向の変化や、中高グレードの狭小住宅の普及などに伴い取引面積が狭小化している傾向にある。したがって、これらの実態を踏まえ、特にその傾向が強いと考えられる三大圏等主要都市の地域においては、標準住宅地域は150m^2～200m^2、混在住宅地域は100m^2～150m^{2}として判断しても差し支えない。

　なお、地域の状況によっては、上記面積が標準的とは認められないことも考えられるため、留意する必要がある。

(イ)　各画地の配置の状態

　各画地の区画、形状等の状態についての比較である。最近は、団地造成された地域や土地区画整理済地域その他新興の住宅地域が多く見受けられるが、これら地域の画地の地積は平均化し、均整のとれた形状の画地が碁盤目状に配列されているものが増える傾向にある。既述したように、各画地の配置の状態は、街路の配置の状態によるところが大きい。

(ウ)　土地の利用度

　対象地域において、現に建物の敷地として利用されている割合、すなわち、建築物の疎密度等の各画地の利用の度合い等は地域の熟成度を示すものであり、価格に影響を及ぼすこととなる。本項目は、画地の有効利用の度合いの判定を主眼としており、その度合いが高いものであるときは住宅環境を高めることとなる。公園、グラウンド等は公共利便施設として宅地の有効利用の一形態であることはいうまでもない。

　なお、優良住宅地域内の画地は、ほとんどが現に建物や、庭園の敷地として利用され、住宅環境は極めて良好であり、古くから住宅地として整備され熟成している地域であるため「土地の利用度」を判断して比較することの意義は少ない。そのため、細項目としては掲げていない。

(エ)　周辺の利用状態

各　論

　これは、対象地域における画地の利用状況のことである。通常一般的な専用住宅を標準にして、優良、標準、混在住宅地域及び農家集落地域のそれぞれの地域の特性に即して、マンション、アパート、工場及び雑種地等の混在の度合いにより優劣の比較を行うこととしている。

オ　上下水道・ガス等の供給処理施設の状態

　上下水道、ガス、電気等の供給、処理施設の整備の度合いは、住生活の便益に基本的な影響を与えるもので、不動産の効用を左右するものである。また、供給、処理施設が未整備の地域で、これらの整備が行われる場合には、効用の増大によって、価格が上昇することは当然である。

　上水道（簡易水道を含む。）施設とは、水道法による水道をいい、知事の確認を受け、給水に当たり届出された専用水道を含むものである。

　ただし、100人以下の給水人口であって上記の水道に当たらない小規模水道等で供給される水の質及び量が上記に準ずるもにあっても、ここにいう上水道施設とみなして差し支えない。

　この場合、渇水期において水量が不足することがある等の質及び量において問題のある上水道については、有の格差率の幅の中で、その程度に応じ適切な格差率を採用するものとする。

　下水道施設とは、下水道法による公共下水道をいい、都市下水路は含まない。つまり、し尿処理を行わないで排水出来る施設である。したがって、団地等で一括処理する場合（共同の自家処理施設がある場合）は、下水道施設として適用して差し支えない。

　下水道施設の状態による格差率について、例えば、混在住宅地域においては〔2.0〕となっており、小さいのではないかという議論がある。しかし、一般的に、この比準表は、適用の前提として比準を行うこととなる基準地域と対象地域が、地域区分及び地域特性の類似している場合に限って適用するものとしているものであるから、下水道施設の状態による格差率がことさらに小さいとはいえない。混在住宅地域においては、住宅環境よりもむしろ交通・接近条件が重視される地域であり、各項目の格差率はこのような地域的特性を考慮して作成されているからである。

　都市ガス施設等とは、ガス事業法による一般ガス事業及び簡易ガス事業によるガス供給施設（都市ガス）と、大団地における集中供給方式（LPガス）も含むものである。

第1　住　宅　地

カ　変電所・汚水処理場等の危険施設・処理施設等の有無

　規模の大きい変電所、ガスタンク等の危険施設または汚水処理場、ゴミ焼却場等の施設は、住民に危険感、あるいは不快感を与えるものであり、周辺の不動産の価値を減殺するものである。

　危険施設または処理施設等の有無は、対象地域に即して判定することとなる。しかし、これらの施設が対象地域になくて、周辺地域に存する場合は、これら施設の配置の状態を調査し、それに基づく危険性あるいは悪影響の度合いを総合して判定することとなる。

　なお、住宅環境が最も重視される優良住宅地域の場合においては、それに応じて大きな格差率をもたせている。

キ　洪水・地すべり等の災害発生の危険性

　洪水、地すべり等の災害がひとたび発生すれば、不動産をき損し、または滅失させるばかりでなく、生命身体に対して危険が及ぶ場合もあるので、このような危険性をもつ地域内の不動産に対する需要は少ない。災害の危険性が大きい地域を住宅地域として判定することは不合理である場合があるので留意する必要がある。また、丘陵地等の急斜面を切り盛りして造成した住宅地域については、崖くずれの危険性について十分検討する必要がある。

　本項目においては、災害の種類（洪水、地すべり、高潮、崖くずれ、溢水、浸水等）、災害発生の回数、災害による損失の広がりとその程度及び災害防止措置など総合的に考量して判定することとなる。

ク　騒音・大気汚染等の公害発生の程度

　自動車、工場等から発生する騒音及びこれらから排出される排気ガス、ばい煙等による大気汚染等の公害は、居住者の生活及び健康に大きな影響を与えるものであり、その程度がはなはだしい場合には、住宅地域の効用を著しく低下させるものである。

　比較を行う場合は、公害の種類、公害発生の頻度、公害の広がりとその程度等とこれらに対して講じられる防止措置等について検討し、総合考量して判定することとなる。

ケ　居住者の移動及び家族構成等の状態

　農家集落地域においては、居住者の移動及び増減、世帯分離の状態ならびに家族構成の老齢化等の現象が、その地域の価格形成に大きな影響を与えるものであり、

各　論

特有の項目として設けている。この細項目は対象地域（ほとんどの場合、1集落が1単位となるであろう。）について判定した後に比較を行うこととなる。

　コ　樹木等自然環境の良否

　別荘地にあっては、主として保養、レクリエーションという目的で利用されるものであり、このため樹木の植生の状態、周辺との適合の状態等の自然環境の良否が別荘地域の価格形成に大きな影響を与えるものであり、「景観の良否」「地域の名声・知名度等」に次いで大きな格差率が設けられている。

　サ　地域の名声・知名度等

　この項目も別荘地域特有のものであり、古くから社会的に別荘地として著名なところであればあるほど、より高い価格水準となっているのが実態である。これは、人間が生活するのに必須である一般的居住機能を有する他の住宅地域と異なり、経済的に余裕のある階層が需要者であることによる嗜好的選択性という特質が、価格形成に大きな影響を与えているからであると考えられる。

(4)　行政的条件

不動産に対して作用する行政的な力の内容は、不動産の利用を規制または制約して、これに一定の方向を与える一方、その利用の増進を図るため必要な助成等を行うことにより、全体として不動産の効用を高めようとするものであって、これらの措置いかんは不動産の価格に大きな影響を及ぼすものであるので、具体の運用にあたっては、下記の点に留意する必要がある。

　ア　土地の利用に関する公法上の規制の程度

　土地の利用に関する公法上の規制としては、各種のものがあるが、都市計画法、建築基準法等はその主要なものであり、それらは不動産の効用に影響するところ大であるとともに、その規制の態様によって住宅地域の利便性及び快適性が左右されるものである。

　　(ア)　用途地域及びその他の地域、地区等

　　用途地域とは、都市計画法第8条第1項第1号に掲げるものをいい、その他の地域、地区等とは、同条同項第2号から第16号までに掲げるそれぞれの地域、地区または街区をいう。

　　住宅地域においては、住宅の環境の保護や、良好な環境づくりのため、用途地域及びその他の地域、地区または街区の指定に基づく土地利用の規制を受けるの

第1　住宅地

が通常である。この土地利用の規制が土地価格に与える影響は一様でなく、その規制の程度が強い場合は、土地価格に対して減価要因となるが、規制の程度によっては良好な環境を保護し、または促進する場合があるので、このような場合には減価要因として取り扱うべきでないことに留意することが必要である。

　このようにして、行政的条件に係る「用途地域及びその他の地域、地区等」に係る項目は、都市計画法第8条第1項に掲げる地域、地区及び街区等の全般にわたる規制を集合して、総体についてその強弱を比較することとしている。これらの規制の程度が同一需給圏における通常の規制の程度と比較して強い場合は、土地の利用がより大きく規制または制約されることとなるので減価要因となる。しかし、規制の程度が通常の規制であって、用途的地域の特性に即応してその価格形成要因を助長しうることとなる場合においては、それを減価要因として把握することとはならない。例えば、緑樹が繁茂する広大な敷地に2階建の優良住宅が整然と連たんしている優良住宅地域について第一種低層住居専用地域（建ぺい率50％：容積率80％）の指定がなされている場合、このような地域は、用途的にもその地域指定に即した利用形態しか考えられない地域であるといえる。したがって、かりにこのような地域と類似の地域が準住居地域（60：200）に指定されていて、両者の規制の程度を比較することとした場合において、一方の地域が第一種低層住居専用地域（50：80）であることのみをもって減価要因として把握することは適切ではないものと判断されるのである。

(5)　その他

　その他は、街路条件、交通・接近条件、環境条件及び行政的条件に係る各項目の動向を総合的に考量して比較を行うこととなる「将来の動向」と、これまでの項目とは別に比較すべき特別の項目があると認められるときは、その項目に応じて適正に格差率を求めるものとする「その他」との2つの細項目（別荘地域にあっては、このほかに「管理体制の整備の状態」の細項目）を設けている。

　「将来の動向」は、これまでの比較項目がいわば静態的な状態の把握を通じて比較を行うものであるのに対し、個々の項目の分析を通じて地域の動向が現象的に把握される場合には、その動向に応じて格差付けを行うこととなる。例えば、地域内において新駅や大規模商業施設の建設が予定されている場合、土地区画整理事業が計画されている場合などには、地域内の価格水準に与える影響を動態的に把握し、その影響を

判定することとなる。

　「その他」は、これまでの各細項目に該当しない特有の比較項目が現出した場合、その細項目の性格に応じて格差率を与え、態様区分を行って比較を行うこととするものである。すでに主要な価格形成要因は網羅されていると考えられるが、時の移りに応じて別の要因が必要となってくる場合が予想されるからである。この格差率は将来あらわれる要因であるために定めていないが、具体の運用に当たっては、それぞれの地域の特性に応じて構成されている比準表の体系をくずさない範囲内で十分検討し、必要がある場合は所要の調整を行って決定することとなろう。

　「その他」はこのような場合に用いるものであるから、現在のある細項目の格差率が小さいため、それを補填する目的で別にその他の細項目に格差率を付して使用してはならないことはいうまでもない。また、例えば、地域の「熟成度」の比較細項目は設けていないが、一般に熟成度は、建物の疎密度か公共利便施設の充実その他の環境条件及び交通・接近条件の各項目における態様がいわば熟成度の判断の内容となっているので、別に「熟成度」を取り上げて比較を行うことの必要性は認められない。

　なお、別荘地域における「管理体制の整備の状態」は、他の住宅地域のように常時居住するところでないため、不在期間等において十分に管理がなされうるか否かが別荘地としての機能の保持という点で価格形成に影響を与えるところから設けられているものである。

3　個別的要因の比較項目及び格差率

　住宅地の比準表における個別的要因の項目には、地域要因において比較項目としてあげられているものがかなりある。これらの価格形成要因は、土地の地域的な価格形成に作用するとともに、個別の土地の価格形成に作用することとなる場合も少なくないからである。これらの項目は、地域要因として地域の価格水準に作用するとともに、個別の土地の価格形成にも作用しているものであり、このような価格形成要因については、多面的に分析する必要がある。

　個別的要因の各項目の格差率の態様は、対象地域における標準的な画地と比較して判断することとなる。

　土地の価格は、その土地の最有効使用を前提として把握される価格を標準として形成される。この場合、個々の土地は、その属する地域の地域特性の制約を受けるとと

第1　住宅地

もに、その固有の個別的要因を所与として当該土地の最有効使用を判断することとなる。この地域特性は、具体的には地域の標準的使用として現れるので、最有効使用の判断はこの標準的使用を有力な目安とする必要がある。したがって、個別的要因においては、標準的使用に供されている画地と比較することにより、対象地の価格を判定することとなる。

　例えば、接面街路の幅員について、地域内の標準的な街路の幅員が3mである地域において、基準地の接面街路の幅員が3mであり、対象地の接面街路の幅員が5mである場合、街路幅員において基準地は地域の標準的な画地であり、格差の内訳は「普通」となるが、対象地の接面街路の幅員の格差がいずれに該当するかは、地域内の標準的な幅員3mと比較して判定することとなる。「優る」とするか「やや優る」とするかは、地域の全般的な検討に基づいて決めることとなるが、「やや優る」と判定する場合は、基準地に対し格差率は「＋（プラス）2.0」となる。

　個別的要因比準表の細項目の備考の欄の分類の態様で「標準的な画地に接面する街路の幅員……」とあるのは、地域内の標準的な街路の幅員という意味であり、したがって、標準的な画地とは、すべての個別的要因が近隣地域において標準的である画地をいうものといえよう。個別的要因の他の細項目において、同じような表現となっている場合は、同様に解釈することとなる。

　また、対象地に係る個別的要因のうち、その隣接地または周囲の土地の利用状況も個別的要因として対象地の価格に影響を及ぼすこととなる。「隣接不動産等周囲の状態」が対象地に対し、特に、環境上問題がなければ、増価または減価する要因にはならないが、工場、倉庫あるいはアパート等によって取り囲まれている場合、または、当該住宅地の南東側をそれらで占められている場合には、かなり悪影響を受けることとなる。かりに、隣接地または周囲に危険施設があれば二重にペナルティを受けることとなろう。

【画地条件】
　画地条件は、画地の地積、形状、方位、高低、角地等区画された土地としての物理的な固有の条件である。画地条件には、「地積・間口・奥行・形状等」「方位・高低・角地その他接面街路との関係」及び「その他」の項目がある。ただし、別荘地域においてはこれとは別個の項目に区分されており、このうち特有のものとして「傾斜の程度」がある。これは地域要因のところで別個に「傾斜等の地勢の状態」の項目を設けているところからしても、傾斜の状態が別荘地にとって大きな価格形成要因となるも

各　　論

のであり、画地は傾斜しているのが普通であるが、個別的な画地条件としてみると、傾斜の程度が大になればなるほど逆に画地の有効利用を阻害し、建物建築費も多額となるので減価すべきであるところから設けられているものである。

ア　地積・間口・奥行・形状等

地積については、その最適の大きさは、対象画地が属する用途的地域ごとにそれぞれ異なり、地積が過大であれば、標準的な画地の地積に分割するために減歩や費用を要したり、地積が過小であればその利用価値が減ずることなどの理由により、単位面積当たりでいえば劣等の評価を受けることになる。

画地の間口等及び奥行は、その土地の利用価値に重要な関係をもつものであるから、地積と同様に、対象地が属する用途的地域のいかんによってその最適のものが定まってくる。標準的な画地の間口、奥行に比べて狭小、過大、短小、長大等の場合にはそれぞれ減価要素となるほか、間口と奥行のバランスがとれているかどうかを考慮することも必要である。

形状については正方形、長方形、三角形、不整形等の区別について考慮する必要がある。

なお、特異な画地条件を有する画地の比準の計算手法については、別項の計算例を参考にされたい。

(ア)　地積

地積過大または過小の程度は、対象地域の標準的な画地の地積と比較して判定することとなる。地積過大地は、地域内の標準的な規模の画地として利用する場合に潰地等が生ずること、及び標準画地に比較して市場性が劣ることにより減価が生ずるものである。地積過小地は対象地域の標準的使用ができない画地であることにより減価が生ずるものである。

なお、地積過大または地積過小である場合は、通常、奥行逓減、奥行長大又は間口狭小、奥行短小等の補正を行うこととなる場合が多い。

第二種中高層住居専用地域、第二種住居地域等において、マンション敷地としての利用が成熟している地域にあっては、一戸建住宅の敷地との比較において広大地と判定される画地であっても、地積過大による減価を行う必要がないことに留意しなければならない。

(イ)　間口

間口は、高低差に関係なく画地が主たる街路に接する部分であって、住宅地の

第1　住　宅　地

　価格は、通常、間口が広いと出入の便、採光、通風等が有利であるので、たとえ間口が広すぎる画地であったとしても減価することはほとんど考えられない。逆に、間口が一定規模より狭いものは、住宅地としての利用価値が劣化するから、このような画地については減価のための補正が必要となる。どの程度の間口が適正であるかは、それぞれの地域の特性に応じて定まってくるものであり、それはそれぞれの地域の標準的な画地の間口として現れている。したがって、標準的な画地の間口と比較して一定規模より狭いもので、それぞれの態様ごとに比準表の備考欄に該当する場合は、それに基づいて適用することとなる。
　㈦　奥行
　奥行は、間口から平均的な垂線によって測定することとなる。その距離いかんによっては、利用面からの補正が必要となり奥行逓減、奥行短小または奥行長大の細項目を適用することになる。奥行が長ければ長いほど価格が逓減する。奥行が極めて短い画地は、街路の接近性が大であってもその画地の奥行が短過ぎるため利用価値は低くなる。また、奥行が間口に比して著しく長い画地は、一般に利用がしにくく、画地の相対的な効用が低下すると考えられるので、奥行逓減のほか重ねて修正する必要がある。
　㈣　不整形地または三角地
　不整形地または三角地は、建物等の敷地としての利用が、整形地に比較して余分の制約を受け、また、画地の全部が住宅地としての効用を十分発揮できないため、これらの価格は低位になるものであり、地域における標準的な整形地に比し、不整形または三角形の程度に応じて補正することとなる。
　不整形地には、多角形のものあるいは凸凹形のもの等種々の形状のものがある。不整形地、三角地の補正にあたっては、画地条件における不整形地補正と三角地補正のいずれかにより行うこととし、重複して補正することのないよう留意する必要がある。
　不整形地補正は、画地のうち、有効利用が阻害される部分に対して必要な補正を行うものであり、三角地補正は、三角地の利用度が最小角の大きさと最小角の位置ならびに面積の広狭によって異なるものであるから、これらの内容を考量して三角地の補正の程度を判定することとなる。
イ　方位・高低・角地・その他接面街路との関係
　画地の価格は、周辺における建築物の有無、建築物の規模による日照、通風等の

各　論

良否のほか、一般的に各画地が接面する街路の面地からの方位により格差があるものと考えられる。

　画地と画地が接している街路との高低差は、出入に不便を生ずるため、特に商業地においては減価の要因とされているが、住宅地の場合に、画地が街路よりある程度高いことは、排水、景観などの面において有利なため高い評価を受けることがある。

　角地その他の街路によって囲まれている画地は、やはり商業地の場合に特に高い評価を受けることもある。

　その他の街路との関連位置としては、袋地、崖地等、無道路地などがあげられる。

　袋地とは、周囲を他の土地に囲まれ、路地状部分（通常2m～4mの道路幅員）のみが公道に面している画地をいい、無道路地とは周囲を他の土地に囲まれ公道に面する部分を持たない画地をいう。ともに標準的な画地に比して利便性、収益性が劣ることにより減価が生じる。また、崖地等とは、平坦宅地部分に比べ有効利用が阻害されている傾斜の部分の土地をいい、平坦な画地に比し、住宅地としての利用効率が劣るために減価が生じるもので、崖地等の傾斜の状況等を考慮して算定することとなる。

　(ア)　接面街路からの方位による格差率は、接面街路の方位による日照、通風等の変化に伴う快適性の優劣に着目して設けられているものであり、南画地等であっても、建築物によって現実に日照等が損なわれている場合には、格差率の範囲内で適宜修正して適用することとなる。また、地域の緯度、気象条件等によって日照、通風等に対する価値尺度が異なるので、地域の実情に即して適切な順序に入れ替え、又は格差率の範囲内で適宜修正して適用すべきである。

　(イ)　接面街路との高低差によって個別的要因の格差を考える場合、各地域の性格により一概にはいえないが、一般的には住宅地においては接面街路よりある程度高い画地の方が、等高な画地より快適性の面で優っていると考えられる。しかし、接面街路面と比べて高ければ高いほど優るとはいえず、対象画地のおかれている地域の性格に応じて、当該地域の標準的な画地の路面からの高さと比較して、利便性及び快適性の両面から考量して、その優劣の程度を判定して格差を決定することとなる。

　(ウ)　住宅地の場合、角地による格差率について、最高の格差率を適用することとなる「特に優る」の場合とは、例えば角地の方位は南東側にあり、かつ、側道は

第1　住　宅　地

正面街路の幅員と同等であって、そのために快適性及び利便性が特に高められている画地がこれに該当することとなろう。

　なお、角地及び準角地の格差率は、いずれも中間画地（一方が街路に接する画地をいう。）を標準にしたものである。角地等の比準を行うにあたっては、基準地及び対象地ともに角地である画地を比準する場合は、角地の細項目の内訳表に基づいて一度に比較が可能であるが、例えば対象地が角地で、基準地が準角地である場合は、それぞれ該当する細項目ごとに比準を行うこととなる。この場合、基準地の価格は準角地の価格として判明しているので、まず、基準地の該当の細項目で、対象地を中間画地としての比較を行い、次に対象地の該当の細項目で基準地を中間画地としての比較を行うこととなる（別項の計算例参照）。

(エ)　二方路または三方路の画地は角地及び準角地と同様に、一方路のみに接する中間画地に比較して一般的に増価要因となると考えられるが、増価率は一様ではない。三方路の場合、住宅地にあっては、地域によってむしろ快適性においては劣ると考えられる場合も多いであろう。したがって、地域の性格に応じて、三方路が中間画地に比較して快適性及び利便性が優る場合で必要があるときは、角地の例に準じて格差率を求めることとしている。

　すなわち、三方路が角地としての性格を重複して持っていることに鑑み、それぞれの道路の角地とみなして角地格差率を求め、両者の和を限度として、実情に応じて補正して格差率を求めることとなる。

　三方路の場合、二方路修正をし、さらに三方路修正をするという二重修正を行うのではなく、直接に、三方路であるという快適性及び利便性が中間画地に比較してどの程度であるかということに着目して、角地の例に準じて1回のみの比準計算を行うこととなる。

　なお、住宅地の場合、四方路の画地はレアケースであるので、細項目は設けられていない。

(オ)　袋地については、袋地が路地状部分と有効宅地部分によって構成されているので、それぞれの部分を評価して得た額を加えて袋地としての価額を求め、これにより袋地であることによる格差率を求めることとなっている（別項の計算例参照）。

　なお、路地状部分の奥行が著しく大きい袋地は、路地状部分について有効宅地部分の敷地延長というよりはむしろいわゆる専用私道的な性格を強く帯びるが、

各　論

　このような場合は、有効宅地部分の評価は当該有効宅地部分の周辺の画地との均衡を考慮して行い、路地状部分の評価は私道の評価方法に準じて、当該路地状部分に隣接する各画地の平均価格に30%～50%の範囲内で間口、奥行等を考慮して求めた減価率を乗じて行うこととすることが適当である。

(カ)　無道路地については、無道路地が道路に接していないことにより住宅地としての一般的な使用が現実に不可能ではあるが、道路開設により使用可能なものとなることに鑑み、住宅地として利用するために最も適した道路に至る取付道路を想定して、袋地の評価方法に準じて評価額を求め、この額から当該取付道路用地の取得原価等の道路開設に要する費用の額を差し引いて無道路地としての価額を求め、これにより無道路地であることによる格差率を求めることとなる。

(キ)　崖地等は、崖地及び法地等平坦宅地部分に比べ有効利用が阻害されている部分を有する画地であるので、評価の対象となる画地に崖地等が含まれている場合は、まず当該崖地等の部分について、利用阻害の程度を考慮して評価を行うこととなる。この場合、その阻害の程度は、当該崖地等部分の傾斜角度、方位、高さ、平坦宅地部分との関係位置及び崖地崩壊の危険性等を総合的に考慮して行うべきである。次に画地全体の価額を画地の総面積と当該崖地等部分との割合を勘案して求め、これにより崖地等による画地全体についての格差率を求めることとなる。

　崖地等部分の格差率について、土地価格比準表では別表第30の「崖地格差率表」を使って求めることとしている。すなわち、まず崖地を傾斜度15度以上の利用不可能な崖地と15度未満の利用可能な崖地に区分し、さらに崖地部分と平坦宅地部分との関係位置（傾斜の状態）、傾斜方位による格差率と崖地の傾斜の状況により格差率をそれぞれ求め、これらの格差率を相乗して崖地格差率を算定することとなっている。通常、崖地は上方の土地所有者が敷地を保持するために下り崖地として所有しているケースが多く、上り崖地として所有しているケースは少ないと考えられるが、このような上り崖地の評価が必要となった場合の減価率は、上方からの土砂災害のリスクの大きさに応じて、下り崖地と同等かまたは大きくなる傾向がある。

　なお、画地に占める崖地部分の位置やその割合が大きいために、画地内に標準的建物の建築が困難である場合には建築に必要な平坦宅地部分の造成に要する費用相当分を考慮して崖地格差率を求める方法をとることが適当な場合もある（別項の計算例参照）。

第1　住宅地

(ク)　私道敷を含む画地は、私道の敷地の用に供されることによって生ずる価値の減少分に照応する減価が発生するので、当該画地の評価は有効宅地部分と私道敷部分とに分けて行うこととなる。この私道敷部分の評価については、道路の敷地の用に供するために生ずる価値の減少分を、共用私道にあっては50％～80％の範囲内で、準公道的私道にあっては80％以上で、当該私道の系統、幅員、建築線の指定の有無等の事情を勘案して判断し、当該私道に接する各画地の価格の平均価格を減価して求めることとなっている。次に私道敷を含めた画地全体の価額を求め、これにより私道敷を含むことによる格差率を算定することとなる。

(ケ)　高圧線下地は、上空に高圧送電線が存在することによる画地の利用の阻害、危険性及び不快感等が減価の要因となる。減価にあたっては、電圧の高さ、線下地部分の面積、高圧線の画地に占める平面的または立面的な位置等を考慮して適正に定めた率をもって行うこととしている。

　高圧線とは、電気設備に関する技術基準を定める省令に規定する電圧の種別のうち、特別高圧（7,000ボルトを超えるもの）の電気を送る架空送電線路をいう。

　特別高圧架空送電線は、住家、事務所、集会場等の建造物と使用電圧が35,000ボルト以下のときは3m、35,000ボルトを超えるときは3mに、35,000ボルトをこえる10,000ボルトまたはその端数ごとに15cmを加えた値の距離を離さなければならず、また、使用電圧が170,000ボルト以上の特別高圧架空送電線は、線路の直下を含む側方3mの範囲内に建造物がある状態にしてはならないとされている。

　なお、高圧線下地は、他の画地条件と異なり、通常地役権その他の用益権の設定契約に基づいた減価要因であるので、土地利用上の阻害の程度は契約により定められることに留意しなければならない。

各　論

住宅地の地域要因

条件	項目	細項目	格差の内訳（最大格差率）						備考
			優良住宅地域	標準住宅地域	混在住宅地域	標準住宅地域（造成宅地）	農家集落地域	別荘地域	
街路条件	街路の幅員・構造等の状態	幅員	8.0	10.0	10.0	9.0	4.0	6.0	
		舗装	2.0	3.0	3.0	5.0	4.0	―	
		配置	5.0	4.0	4.0	3.0	2.0	―	
		系統及び連続性	4.0	4.0	4.0	6.0	2.0	10.0	
交通・接近条件	都心との距離及び交通施設の状態	最寄駅（交通施設）への接近性	4.0	6.0	5.0	6.0	5.0	35.5	
		最寄駅から都心（中心都市）への接近性	10.0	10.0	10.0	10.0	6.0	15.0	
	商業施設の配置の状態	最寄商業施設への接近性	4.0	8.0	10.0	9.0	6.0	―	
		最寄商業施設の性格	3.0	3.0	7.0	3.0	2.0	―	
	観光資源の配置の状態	観光資源の配置の状態	―	―	―	―	―	10.0	
	利便施設・レクリエーション施設の配置の状態	利便施設、レクリエーション施設の配置の状態	―	―	―	―	―	10.0	
	学校・公園・病院等の配置の状態	幼稚園、小学校、公園、病院、官公署等	8.0	6.0	6.0	6.0	8.0	―	
環境条件	日照・温度・湿度・風向等の気象の状態	日照、温度、湿度、風向、通風等	3.0	3.0	3.0	3.0	4.0	10.0	
	眺望・景観等の自然的環境の良否	眺望、景観、地勢、地盤等	3.0	3.0	3.0	3.0	4.0	40.0	
	居住者の移動及び家族構成等の状態	居住者の移動、増減、家族構成等	―	―	―	―	5.0	―	
	居住者の近隣関係等の社会的環境の良否	居住者の近隣関係等の社会的環境の良否	22.0	5.0	3.0	5.0	5.0	―	
	傾斜等の地勢の状態	傾斜等の地勢の状態	―	―	―	―	―	30.0	
	樹木等自然環境の良否	樹木等自然環境の良否	―	―	―	―	―	30.0	

第1 住宅地

条件	項目	細項目	格差の内訳（最大格差率）							備考
			優良住宅地域	標準住宅地域	混在住宅地域	標準住宅地域（造成宅地）	農家集落地域	別荘地域	
環境条件	地域の名声・知名度等	地域の名声、知名度等	──	──	──	──	──	44.5	
	各画地の面積・配置及び利用の状態	画地の標準的面積	5.0	3.0	3.0	3.0	3.0	}6.0	
		各画地の配置の状態	3.0	3.0	3.0	3.0	2.0		
		土地の利用度	──	3.0	3.0	3.0	2.0	──	
		周辺の利用状態	3.0	3.0	3.0	3.0	4.0	10.0	
	上下水道・ガス等の供給処理施設の状態	上　水　道	3.0	3.0	2.0	4.0	4.0	6.0	
		下　水　道	4.0	4.0	2.0	──	──	6.0	
		（処理方式）	──	──	──	7.0	──	──	
		（管理施設）	──	──	──	1.0	──	──	
		都市ガス等	2.0	2.0	2.0	2.0	4.0	──	
		温　泉　A	──	──	──	──	──	10.0	
		B	──	──	──	──	──	25.0	
	変電所・汚水処理場等の危険施設・処理施設等の有無	変電所、ガスタンク、汚水処理場、焼却場等	24.5	5.0	4.0	5.0	4.0	5.0	
	洪水・地すべり等の災害発生の危険性	洪水、地すべり、高潮、崖くずれ等	5.0	5.0	5.0	5.0	4.0	10.0	
	騒音・大気汚染等の公害発生の程度	騒音、振動、大気汚染、じんあい、悪臭等	10.0	10.0	10.0	10.0	8.0	5.0	
行政的条件	土地の利用に関する公法上の規制の程度	用途地域及びその他の地域、地区等	6.0	6.0	6.0	6.0	4.0	──	
		その他の規制	(a″)	(a″)	(a″)	(a″)	(a″)	(a″)	
その他	そ　の　他	管理体制の整備の状況	──	──	──	──	──	15.0	
		将来の動向	10.0	10.0	10.0	10.0	10.0	20.0	
		そ　の　他	(x)	(x)	(x)	(x)	(x)	(x)	

各　論

住宅地の個別的要因

条　件	項　　目	細　項　目	格　差　の　内　訳（最大格差率）					備考
			優良住宅地域	標準住宅地域	混在住宅地域	農家集落地域	別荘地域	
街路条件	接面街路の系統・構造等の状態	系統及び連続性	4.0	4.0	4.0	2.0	4.0	
		幅　　員	8.0	8.0	8.0	4.0	──	
		舗　　装	4.0	4.0	4.0	4.0	──	
交通・接近条件	交通施設との距離	最寄駅（交通施設）への接近性	4.0	5.0	4.0	10.0	6.0	
	商業施設との接近の程度	最寄商業施設への接近性	3.0	8.0	10.0	6.0	──	
	公共施設等との接近の程度	幼稚園、小学校、公園、病院、官公署等への接近性	8.0	6.0	6.0	6.0	──	
	利便施設等との接近の程度	利便施設、レクリエーション施設等への接近性	──	──	──	──	4.0	
環境条件	日照・通風・乾湿等の良否	日照、温度、通風、乾湿等	3.0	3.0	3.0	3.0	4.0	
	地勢・地質・地盤等の良否	地勢、地質、地盤等	3.0	3.0	3.0	4.0	6.0	
	隣接不動産等周囲の状態	隣接地の利用状況	10.0	8.0	6.0	4.0	──	
	供給処理施設の状態	上　水　道	3.0	3.0	2.0	4.0	3.0	
		下　水　道	3.0	3.0	2.0	──	6.0	
		都市ガス等	2.0	2.0	2.0	4.0	──	
		温　　泉	──	──	──	──	10.0	
	変電所・汚水処理場等の危険施設・処理施設等との接近の程度	変電所、ガスタンク、汚水処理場、焼却場等	7.5	7.5	7.5	7.5	5.0	
	災害発生の危険性	洪水、地すべり、高潮、崖くずれ等の災害発生の危険性	──	──	──	──	10.0	
	公害発生の程度	騒音、振動等の公害発生の程度	──	──	──	──	5.0	

第1　住宅地

条　件	項　　目	細　項　目	格差の内訳（最大格差率）					備考
			優良住宅地域	標準住宅地域	混在住宅地域	農家集落地域	別荘地域	
画地条件	傾斜の程度	傾斜の程度	―	―	―	―		
	地積・間口・奥行・形状等	地　　　積						
		間　口　狭　小					―	
		奥　行　逓　減					―	
		奥　行　短　小					―	
		奥　行　長　大					―	
		不　整　形　地					―	
		三　　角　　地					―	
		形　　　状	―	―	―	―		
	方位・高低・角地・その他接面街路との関係	方　　　位					―	
		高　　　低					―	
		角　　　地					―	
		準　角　地					―	
		二　方　路					―	
		三　方　路					―	
		袋　　　地					―	
		無　道　路　地					―	
		崖　地　等					―	
		私　道　減　価					―	
		接面道路との関係	―	―	―	―		
	その他	高圧線下地					―	
行政的条件	公法上の規制の程度	用途地域及びその他の地域、地区等	6.0	6.0	6.0	4.0	a''	
		自然公園法、自然環境保全法等による規制の程度	―	―	―	―	4.0	
その他	その他	その他						

― 55 ―

各　論

4　標準住宅地域に属する造成宅地の価格比準の方法

〔1〕　意義

　造成宅地は、一般に宅地の造成が、計画的かつ統一的に行われ、一団地としての公共公益施設等の整備や各画地の宅地の仕上げにおいても均衡のとれたものになっており、既成市街地との間には、宅地の品等において地域的なまとまりの観点から、また、個別的な面からも違いがみられる場合が多い。

　これらの違いについては、そのほとんどのものが土地価格比準表の地域要因及び個別的要因の比較項目においてとらえられ、各々の格差率により土地価格に織り込まれることとなるが、造成宅地が、計画的・統一的に整備造成されたことによる、住宅地としての質の良さという面においては、どうしてもとらえきれないものがある。したがって、従前の「宅地の品等検証表」は、これら造成宅地の価格を基準地から比準する際に、土地価格比準表の地域要因及び個別的要因の項目比較ではとらえることのできなかった部分を造成に要する費用の面から評価すること等により、その価格に反映させようとする趣旨で作成したものである。

　しかしながら、項目によっては、投下費用で把握できないものもあり、また、品等の良さを量的に計上できないこともあり、活用にあたって極めて高い評価上の熟練度が要請されることは避けられず、実務上難点があったことは、運用上の問題点としてかねてから指摘されていたところである。

　そこで、不動産鑑定評価理論との整合性の観点から各項目（要因）を精通し、現実の造成宅地の取引実例を基礎とする統計的分析及びその成果の反覆的検証を行った結果、判明した格差率を付して「造成宅地の品等検証格差率表」としたものである。

　したがって、これにより本来の改正と併せて新設された「造成宅地の地域要因比準表」をはじめとする「土地価格比準表」との統一的な運用が可能となる。

　造成宅地の品等は、主として造成地が一体的に整備されていることにより生ずる地域的な品等として把握されるので、造成宅地の品等検証格差率表の各項目は地域要因として位置付けられたものである。

　ところで、実務的には土地の価格の算定は、地域要因と個別的要因のそれぞれの格差率の相乗積として求められるものであり、価格形成要因としての算定項目は、上記

第 1 住 宅 地

の二つに大別されることとなる。
　したがって、通常、標準住宅地域と判断される造成宅地の場合にあっても、本来ならば地域要因格差率を一つの算定項目とすることが望ましいが、従来から「宅地の品等検証表」を補完的なものとして作成した経緯から、便宜上、地域要因を二つに分けて取り扱うこととしたものである。
　造成宅地の価格比準の算式中（地域要因×造成宅地の格差率）とカッコでくくって表示してあるのは、このような意味からで、算式中の地域要因は、狭義の地域要因といえ、また、造成宅地の品等検証格差率表の目的は、前述したごとく、造成宅地が計画的・統一的に整備造成されていることにより生ずる住宅地としての質の良さという面において、土地価格比準表の地域要因の比較項目では、とらえることができなかったものを、品等の違いを検証することによって、造成宅地の価格に反映させようとする目的で作成されたものである。以上のことから造成宅地の品等検証格差率表は、造成宅地の地域要因の微調整にほかならない。
　造成宅地の属性は、用途的地域の区分から判断すれば住宅地域に属するものであり、さらに細分化すると、その地域的特性から優良住宅地域や混在住宅地域と判断する根拠に乏しく、通常標準住宅地域としてとらえることが妥当と考えられる。また、造成宅地について新たに地域要因比準表を作成した趣旨は、造成宅地の価格形成要因が、既成の標準住宅地域のそれとは性質を異にしている要因もあり、既存の標準住宅地域と同一の要因項目であっても価格に対する作用はかならずしも同一ではないことが取引の実態分析により解明された。
　既存の標準住宅地域の地域要因と同一であっても価格に対する作用のウエイトが異なるものについては、造成宅地特有のウエイトを採用し、より精度の高いものとするため新たに作成したものである。
　なお、造成宅地の地域要因と既存標準住宅地域の地域要因のうちで、価格に対する異なる働きを示す条件等は次のとおりである。

条　　件	細　　項　　目
街　路　条　件	幅員、舗装、系統及び連続性
交通・接近条件	最寄商業施設への接近性
環　境　条　件	上水道、下水道（処理方式）、下水道（管理施設）、都市ガス等

各　論

〔２〕　造成宅地における地域要因の比較項目及び格差率

　造成宅地と標準住宅地域の地域要因は、土地価格比準表の条件等の項目の取り扱いの内容等において「第１の２の地域要因の比較項目及び格差率」と同じであるが、細項目の街路条件の「幅員」交通・接近条件の「最寄商業施設への接近性」並びに環境条件の「上水道」「下水道（処理方式）、（管理施設）」及び「都市ガス等」は造成宅地特有の取り扱いを設けているため、これらについては、下記に準じて適用するものとする。

(1)　幅員
　街路の幅員については、地域内における標準的な街路の幅員を、車両通行及び歩行者の利便性、安全性から４ｍ以上５ｍ未満のものを標準的な幅員としている。
　街路の幅員が優るか劣るかの判断は、対象地域及び基準地域におけるそれぞれの標準的な街路の幅員を把握することをもって優っているか劣っているかを判断する。
　例えば、対象地域の標準的な街路の幅員が６ｍである場合は「優る」となり、基準地域の標準的な街路の幅員が７ｍである場合は「劣る」となる。

(2)　最寄商業施設への接近性
　最寄商業施設は、通常一般的に利用されている日常生活の需要を満たすに足りる最寄りの商業施設であり、最寄商業施設がどこであるかは地域住民の実際の消費行動に基づいて判定すべきである。その接近性については、団地の中に、最寄商店街があるかどうかによって判定するとともに、日中の買物の時間帯における時間距離を基にして判定することとなる。

(3)　上水道
　上水道施設とは、一般の需要に応じて計画給水人口5,000人を超える水道（水道法による水道をいう。以下同じ。）により水を供給する計画をいい、簡易水道施設とは、計画給水人口5,000人以下である水道により水を供給する施設をいう。
　ただし、100人以下の給水人口であって上記の水道に当たらない共同水道（共同の自家水道）であっても、供給される水の質及び量が上記に準ずるものは、ここにいう簡易水道施設とみなして差し支えない。

第1 住宅地

(4) 下水道（汚水）

「下水道」を処理方式と管理施設の状態の2項目に分けた理由は、標準住宅地域及び優良住宅地域にあっては、交通・接近条件よりもむしろ環境条件が、重視されている地域であるからである。

したがって、標準住宅地域に属する造成宅地であっては、住宅としての環境条件を重視する必要があり、汚水の処理方式及び管理施設の態様の違いによって格差を設けることは、より評価の厳正を図る観点から2項目に分けて比較することに実益がある。

(5) 都市ガス等

都市ガスとは、ガス事業法による一般ガス事業または簡易ガス事業によりガスが供給されている場合をいい、集中プロパンとは、団地内で集中供給方式により、ガスが供給されている場合で都市ガス以外の場合をいう。

〔3〕 造成宅地の品等検証格差率等の適用方法

造成宅地の品等検証格差率表は、対象地が造成宅地である場合に適用するものであり、基準地が造成宅地であるときはもちろんのこと、基準地が既成市街地の中の宅地であるときにあっても対象地との質及び程度の違いが類似しているときは当該基準地を造成宅地であるものと仮定し、基準地と対象地との造成の質及び程度の違いを比較することとなる。

「造成宅地の品等検証格差率表を適用する場合、「上」と「下」の比較が多数となることがないよう基準地の選定にあたっては留意するものとする。」とあるが、その趣旨は、造成宅地の品等検証格差率表における比較項目は、概して定性的要因が多く計量化が困難であるので格差率を算定するにあたって専ら「中」を基準として「上」と「中」及び「中」と「下」の格差率を設けたものである。これは、造成宅地における「上」と「下」間の価格索連性を見出すことが困難であったことに起因するものである。

したがって、「上」と「下」の比較項目が多くなることは、評価結果の信頼度が低くなり、評価の適正を担保することが出来なくなる。

これらの理由から「土地価格比準表の取扱いについて」第2の2の(2)で「標準住宅地域に属する造成宅地の価格比準にあたっては、前項の規定にかかわらず次の算式に

各　論

より行うことができる。」としたものであり、標準住宅地域における造成宅地の評価にあたって、常に造成宅地の品等検証格差率表を適用して比準価格を算定することを予定しているものではない。

それ故に、基準地の選定にあたっては、規模、宅地仕上り等の質等が類似するものを選択すべきであり、その判断にあたっては、開発指導要綱等が有力な資料となる。

適用にあたっては、まず基準地と対象地につき比準表の地域要因及び造成宅地の品等の比較を行い個別的要因の比較を行う。

(1) 検証すべき内容

「造成宅地の品等検証格差率表」において品質の違いをとらえようとする目的は、造成宅地が計画的、統一的に整備造成された宅地としての質の良さが生じている場合にあっては、それを正確に価額に反映させるためである。

これは、個々の画地に着目して把握できるものではなく、造成地が一体的に整備されたことにより生ずる地域的な品等の違いとして把握される場合が多いと考えられる。したがって、宅地の品等検証格差率表において検証すべきものとして掲げている項目も地域要因として把握されるものが多数を占め、宅地仕上げのように個別的要因に近い項目についても一部を除き地域的な要因として比較すべきものと考えられる。

(2) 比較すべき地域の範囲

造成宅地の品等検証格差率表において比較すべき地域の範囲は、基準地が造成宅地の場合は、対象地及び標準地に係る造成団地の全体を、基準地が造成宅地以外の場合は、対象地については造成団地の全体を、基準地については対象地の造成団地の規模を勘案のうえ一定のまとまりをとった周辺地域をそれぞれの範囲とする。

(3) 比較の方法

造成宅地の品等検証格差率表を適用する場合は、対象地及び基準地についてはそれぞれ比較項目（細項目まで）ごとに品等比較により、格差率を求め、「上」に該当する各項目ごとの格差率の総和、「下」に該当する各項目ごとの格差率の総和をそれぞれ加算して対象地及び基準地の格差率を求める。

第1　住宅地

〔4〕　造成宅地の品等検証格差率等における項目ごとの格差の求め方

(1)　街路

　造成宅地内の街路には、幹線街路とそれ以外の区画街路がある。歩道またはガードレールの有無及び街路樹の有無は幹線街路について、その他の項目は街路全体について比較する。

　ア　歩道又はガードレールの有無

　　歩道またはガードレールの有無は、幹線街路について比較する。

　イ　構造

　　(ア)　電柱の位置

　　　電柱の位置の比較は、歩行者の利便性を考慮しての比較である。特に街路幅員の広くない区画街路については、電柱が道路敷内にないということが街路幅員の有効利用につながることから比較するものである。

　　(イ)　角切

　　　角切の有無は、車両通行等の利便性、安全性の面を考慮して比較する。

　ウ　排水施設

　　街路の排水施設の比較は、区画街路に重点を置き道路側溝の構造を見て比較する。

　　排水施設に関しては、造成宅地の品等検証格差率表の中では、その街路の「排水施設」のほか、雨水排水についても比較項目となっている。したがって、細項目の内容に応じて街路の「排水施設」においては、道路の側溝及び街路桝についてのみ比較を行い、街路桝に接続する管渠等がある場合には、ここで比較の対象とはしないものとする。

　エ　街路樹の有無

　　街路樹、花壇等の有無は、歩道またはガードレールの有無と同様である。

　オ　勾配

　　街路の勾配は、交通の安全性、利便性及び路面排水を考慮して細項目の縦断勾配及び横断勾配を比較する。

(2)　雨水排水

　「排水方式」を比較する場合には、雨水の集水施設が街路の「排水施設」の項で比較されていることから、集水施設から放流先までの施設（集水施設を除く。）につい

各　論

て比較する。

　また、排水設備の細項目のうち「宅地内の雨水桝の有無」は、個別的要因としてとらえるのではなく、地域要因としてとらえるものである。

(3)　画地仕上げ

　画地仕上げに関しては、標準住宅地域における造成宅地以外にあっては個別的要因としてとらえているが、造成宅地の品等検証格差率表においては、土質及び駐車施設を除き地域要因として比較することとなっている。したがって、前面道路との関係、擁壁及び地盤に関しては、基準地を対象地と比較する場合に各画地を比較するのではなく地域全体として比較すべきことに特に注意しなければならない。

　また、前面道路との関係と擁壁の項目とは、一体として比較すべきものであることにも注意を要する。

(4)　公園、緑地

　公園、緑地の規模は、開発面積全体（既存住宅地の場合はその周辺地域）に占める公園、緑地の総面積の割合とそれぞれの公園の一つ一つの個別の規模との２つの面から比較する。また、内容は樹木等の緑化施設の整備及び景観配慮の有無について比較する。

(5)　諸施設（予定を含む）

　諸施設については、バス停留所、幼稚園、保育園等は許認可等の関係で時間を要し、また、医療施設、集会所等については、ある程度人口の定着が見込める段階で設置されることが考えられるので、諸施設が設計書、図面、販売計画等により着工時期及び内容が確認でき、さらには、許認可の見通しを点検するとともに、少なくとも諸施設に係る用地の確保が担保できている場合等極めて実現性の高いものについては、予定であっても比較できるものとする。

(6)　団地管理体制

　造成宅地については、造成者が行った団地管理体制の整備の程度を比較する。

第1 住宅地

(7) その他
　立地条件については、基準地と対象地とを比較する場合に各画地を比較するのではなく地域全体として比較すべきである。

5　画地条件格差率の適用方法

　個別的要因のうち、特に個別性の強い画地条件のものを略図で例示し、標準的な格差率適用の方法を記するとともに、数列につき標準住宅地域個別的要因比準表により具体的に格差率算定を試み、参考に供することとする。
　なお、方位については、角地、準角地及び三方路については適用されないが、その他の画地については一律に適用されることとなるので、略図の格差率は省略することとした。

〔1〕　略図による格差率の適用

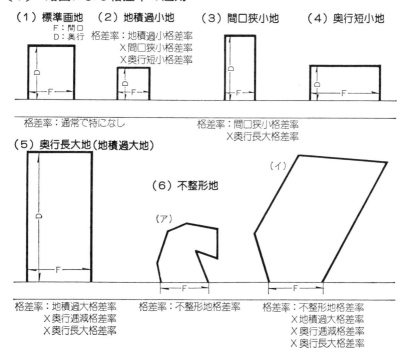

各 論

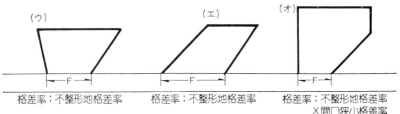

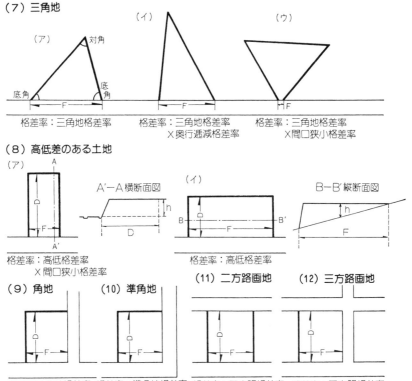

第1　住宅地

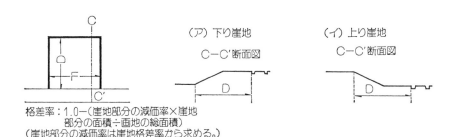

〔2〕 モデルによる算定例

(1) 対象地が地積過小地の例

　地積過小地は、当該地域における標準的使用ができない画地であることにより減価が生ずるものである。

　なお、地積過小地は、通常間口狭小地及び奥行短小地に該当する場合が多く、この場合には、各減価要因の格差率を相乗することにより当該地積過小地の格差率を求めることとなる。

　地域内の標準的な画地の規模が260m^2（間口13.0m×奥行20.0m）であり、対象地が48m^2（間口6.0m×奥行8.0m）の地積過小地とした場合における格差率は次のとおりとなる。

各　論

　　対象地の画地条件による格差率＝

$$\begin{pmatrix} 地\ 積： \\ 劣\ る \end{pmatrix} \times \begin{pmatrix} 間口狭小： \\ 劣\ る \end{pmatrix} \times \begin{pmatrix} 奥行短小： \\ 劣\ る \end{pmatrix}$$
$$0.85 \quad \times \quad 0.88 \quad \times \quad 0.93$$
$$\fallingdotseq 0.6956$$

(2)　**対象地が地積過大地の例**

　地積過大地は、地域内の標準的な規模の画地に画地割りして利用する場合、潰地等が生ずること及び標準的な画地に比較して市場性が劣ることにより減価が生ずるものである。

　地積過大地の奥行が長い場合には、地積過大の格差率に奥行逓減の格差率を乗じ、さらに奥行と間口の比（奥行／間口）が標準的な画地と比較して大きくなるときは奥行長大地として奥行長大の格差率をも乗ずる必要がある。

　地域内の標準的な画地の規模を(1)と同様とし、対象地を3,000m²（間口30.0m×奥行100.0m）の地積過大地（奥行長大地）とした場合における格差率は、次のとおりとなる。

　　対象地の画地条件による格差率＝

$$\begin{pmatrix} 地\ 積： \\ 劣\ る \end{pmatrix} \times \begin{pmatrix} 奥行逓減： \\ 極端に劣る \end{pmatrix} \times \begin{pmatrix} 奥行長大： \\ 劣\ る \end{pmatrix}$$
$$0.85 \quad \times \quad 0.77 \quad \times \quad 0.93$$
$$\fallingdotseq 0.6086$$

(3)　**対象地が三角地の例**

　三角地は、標準的な整形画地に比べ、建物等の敷地としての利用に制約を受け、画地の全部が住宅地としての効用を十分発揮できないため、減価が生ずるものである。

　一般的に三角地の減価の程度は、その最小角の位置及びその大小により左右されるとともに、同じ角度のものであっても面積の大小により異なる。したがって、その格差率は、最小角の角度と画地の規模との両面から実態に応じて決定されることとなる。

　いま、地域の標準的な画地規模を250m²とした場合の格差率としては、次の表のようなものが考えられる。

第1　住　宅　地

角度格差率表

最　小　角	やや劣る (0.93)	劣　　る (0.86)	相当に劣る (0.79)	極端に劣る (0.70)
底　　角	40度以上	40度未満 20度以上	20度未満 7度以上	7度未満
対　　角	45度以上	45度未満 25度以上	25度未満 10度以上	10度未満

面積格差率表

最　小　角	やや劣る (0.93)	劣　　る (0.86)	相当に劣る (0.79)	極端に劣る (0.70)
30度未満	350m²以上	350m²未満 250m²以上	250m²未満 150m²以上	150m²未満
30度以上	300m²以上	300m²未満 200m²以上	200m²未満 100m²以上	100m²未満

　（注）　上記表を適用する場合において三角地の格差率は、角度格差率表または面積格差率表による格差率のうち、いずれか優位なものを適用することとする。
　なお、逆三角地の格差率は、最小角が底角の場合であっても、対角の場合の格差率を適用のうえ、盲地としての格差率を相乗するものとする。
　対象地を最小角が底角で15度であり、面積が260m²の三角地とした場合、この表により格差率を求めると、角度格差率表では0.79（「相当に劣る」）となるが、面積格差率表では0.86（「劣る」）となるので、この格差のうち優位なもの0.86が対象地の格差率となる。

(4)　**対象地が角地で基準地が準角地の例**
　角地及び準角地は、中間画地と比較して一般的に快適性及び利便性が優れていることから増価が生ずると考えられている。
　角地及び準角地の格差率は、いずれも中間画地を標準としたものであり、対象地が角地で基準地が準角地であるときは、直接比較することは困難であり、まず対象地をいったん中間画地と想定して基準地との比較を行い、その結果により求められた格差率にさらに対象地が角地であることによる格差率を相乗して対象地の格差率を求めることとなる。
　図1を例として、対象地の画地条件における格差率を求めると、基準地の比準表に

おける準角地としての態様は「特に優る」であり、これを対象地を中間画地（「普通」）と想定して比較を行うと格差率は0.93となる。次に対象地が角地であることから中間画地と比較すると対象地の比準表における角地としての態様は「特に優る」に該当し、その格差率は1.10となり、両格差率を相乗すると1.02となる。

図1

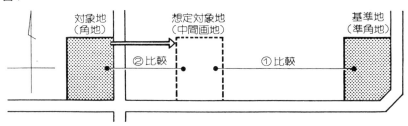

対象地の画地条件による格差率＝
基準地（準角地）と
対象地を中間画地と　　× 中間画地と角地との格差率（1.10）
想定しての格差率（0.93）

＝1.023

(5) 対象地が二方路及び三方路の例

　二方路及び三方路は、一方路のみに接する中間画地と比較して一般的に快適性、利便性に優れ増加要因となると考えられており、二方路の場合は、背面道路の系統、連続性等の程度を前面道路と比較して格差率を求め、三方路の場合は、三方路が角地としての性格を重複して持っていることに鑑み、それぞれの道路の角地とみなして角地格差率を求めて得た格差率の和を限度として決定する。

　なお、地域によっては二方路または三方路であっても快適性、利便性において優れるとは認められない場合も考えられるので、実情に応じて適切に判断する必要がある。

　基準地を中間画地とした場合、対象地の背面道路の系統、連続性が前面道路とほぼ同じ二方路で、これにより快適性、利便性に優るときは「特に優る」に該当し、その格差率は1.05となり、対象地が南東及び北東の角地となり、側道及び背面道路の系統、連続性も前面道路とほぼ同じ三方路のときは、南東の角地は「特に優る」で1.10、北東の角地は「優る」で1.05と考えられるので、三方路の格差率はそれぞれの角地の格差率の和である1.15を限度として快適性、利便性の程度に応じて定めることとなる。

第1　住　宅　地

(6)　対象地が袋地の例

　袋地は、進入路となる路地状部分と建物等の敷地となる有効宅地部分により構成される画地であり、路地状部分は、通常建物等の敷地として利用できないことにより、また、有効宅地部分は一般的に直接道路に接面する標準的な画地より快適性、利便性において劣ることにより減価が生ずるものである。

　袋地の評価の方法は、まず袋地を有効宅地部分と路地状部分とに分け、有効宅地部分の価格は、当該有効宅地部分が路地状部分により接続している道路に直接接面するものとして評価し、その価格（標準価格）に路地状部分の奥行を基準とした減価を行って求め、路地状部分の価格は、有効宅地部分の標準価格に、路地状部分の間口、奥行等を考慮して減価を行って求め、これらの部分の価格にそれぞれの面積を乗じて求めることとなっている。なお、有効宅地部分の減価率を求める場合には、路地状部分の奥行だけではなく、必要に応じて間口も考慮して算定することとなる。

　したがって、袋地の格差率は次の式により求めることとなる。

　1.0－｜（有効宅地部分の減価率×有効宅地部分の面積＋路地状部分の
　　　　減価率×路地状部分の面積）÷画地の総面積｜

図2

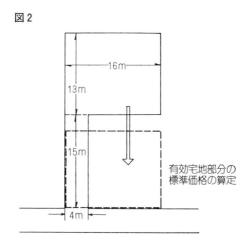

　図2を例として、袋地の格差率を求めると、有効宅地部分の減価率は最高減価率で15％であるが、奥行及び前面道路との関係を考慮して5％とし、路地状部分の減価率は、路地状部分の間口、奥行等を考慮して30％とすると、格差率は0.89となる。

対象地の画地条件による格差率＝
　1.0－｛〔有効宅地部分の減価率（5％）×有効宅地部分の面積（208m²）
　　　　＋路地状部分の減価率（30％）×路地状部分の面積（60m²）〕÷画地の総
　　　　面積（268m²）｝
　　　＝0.894≒0.89

(7) **対象地が崖地の例**

　対象地内に崖地（法地）部分が存在することは、崖地（法地）部分が平坦地に比して有効利用度が劣るため減価を生じる。崖地部分の格差率は、崖地部分と平坦宅地部分との関係位置、方位と崖地の傾斜の状況の相関により求めることとなっている。したがって、崖地部分を含む画地についての格差率を求めるには、崖地部分の格差率から崖地部分の減価率を求め、画地総面積に占める崖地面積の割合に乗じ、画地総面積に対する減価率を求めたうえで格差率を求めることとなる。

　画地総面積を250m²、崖地部分の面積50m²とし、崖地と平坦宅地部分の関係位置は下り崖地、傾斜の方位は南、傾斜度15°とすると画地全体における格差率は0.91となる。

崖地部分の格差率＝

$$\begin{pmatrix}崖地部分と平坦宅地部\\分との関係位置・方位\end{pmatrix}(崖地の傾斜の状況)$$

$$\frac{80 \times 70}{100} = 56$$

対象地の画地条件による格差率＝
（崖地部分の減価率）

$$1 - \left\{\frac{100-56}{100} \times \frac{50m^2}{250m^2}\right\} = 0.912$$

標準住宅地の価格算定例

1 対象地の確定

(1) 価格時点　平成27年10月1日

(2) 対象地の所在等
　　ア　所　　在　　　　○○県○市○町1丁目1番
　　イ　地　　目　　　　宅地
　　ウ　利用状況　　　　木造2階建住宅
　　エ　面　　積　　　　287m²

(3) 対象地の存する市の概況
　当市は、A市及びB市のほぼ中間に位置し、両市を結ぶJR○○線によってほぼ南北に二分されている市で、JRC駅よりA市及びB市への通勤所要時間は、約30分の近距離にあるが、まだ丘陵地や農地部分の割合は高く、自然環境にも恵まれた地域であり、近年、公共団体、住宅・都市整備公団及び民間企業によって積極的に生活環境の整った住宅地の開発がさかんで、A市及びB市のベッドタウンとしての性格を強く持った住宅都市である。
　市の中心であるC駅前一帯の商業地をかなめとして、北部丘陵地域には逐次開発が拡大され、閑静な好条件に恵まれた比較的規模の大きい住宅が多く、また、南部の元農地部分の住宅地域には、中規模の一般住宅やアパート、新興の分譲住宅が多い。いずれも比較的街区が整い道路、交通教育施設その他住宅地域としての施設が整備された地域で、環境は良好である（別図参照）。

(4) 対象地の存する地域の判定
　　ア　地域の判定
　　　対象地は、C駅の北方約2kmに位置し、眺望良好な丘陵地域に存する一般住宅

で、一部に空地が見受けられるほかは、260m²程度の敷地に100m²程度の木造2階建住宅が建てられている住宅地が大部分を占めている閑静な専用住宅地域であり、このような状況に基づき地域区分を標準住宅地域と判定した。

イ　近隣地域の範囲

　対象地の存する近隣地域の範囲は、東約500m（市道を境に既成市街地に接する。）、西約200m（県道を境に新興の分譲住宅地域に接する。）、南約450m（市道を境に既成市街地に接する。）、北約100m（丘陵地域に接する。）であり、対象地から南約300mの近隣地域内に標準地C-6がある。

ウ　地域要因及び個別的要因の調査表の作成

　対象地の存する地域に係る地域要因及び対象地に係る個別的要因を調査し、調査表（表1及び表2）を作成する。

2　価格比準の基礎となる土地の選定

(1)　標準地及び基準地の調査及び選定

　対象地の存する近隣地域または同一需給圏内に、類似地域の対象地の価格比準の基礎となる標準地または基準地が設定されているかどうかを調査することとなるが、本件の場合、対象地の存する地域の地域的特性から、近隣地域には標準地のC-6があり、また同一需給圏内の類似地域には基準地の（県）C-1があり、いずれも規範性が高いと判定できるので、標準地C-6及び基準地（県）C-1を、対象地の価格比準の基礎となる土地として選定した。

標準住宅地の価格算定例

(2) 標準地C-6に係る官報公示事項

標準地番号	標準地の所在及び地番並びに住居表示	標準地の1平方メートル当たりの価格（円）	標準地の地積（m²）	標準地の形状	標準地の利用の現況
C-6		133,500	264	1：1.5	住宅　W2

標準地の周辺の土地の利用の現況	標準地の前面道路の状況	標準地についての水道、ガス供給施設及び下水道の整備の状況	標準地の鉄道その他の主要な交通施設との接近の状況	標準地に係る都市計画法その他法令の制限で主要なもの
丘陵地にある眺望が良好で閑静な住宅地域	東6m市道	水　道、ガ　ス	JR　C駅 1.7km	一　低　専 (50, 80)

(3) 基準地（県）C-1に係る公報掲載事項

基準地番号	基準地の所在地及び地番並びに「住居表示」		基準地の1平方メートル当たりの価格（円）	基準地の地積（m²）	基準地の形状	基準地の利用の現況
	所在及び地番	住居表示				
（県）C-1			132,800	281	長方形 (1：1.5)	住宅(W2)の敷地

基準地の周辺の土地の利用の現況	基準地の前面道路の状況	基準地についての水道、ガス供給施設及び下水道の整備の状況	基準地の鉄道その他の主要な交通施設との接近の状況	基準地に係る都市計画法その他法令の制限で主要なもの
中規模の一般住宅が建ち並ぶ地域	南側約4m舗装市道西側側道	水　道、ガ　ス	JR　C駅 約800m	一　低　専 (50, 100)

(4) 地域要因及び個別的要因の調査表

　対象地と価格比準の基礎となる土地との比較を容易にするために、土地価格比準表の調査及び算定表に基づいて標準地C-6に係る個別的要因（当該標準地が対象地の存する近隣地域にあり、対象地の存する地域要因と同じであるため地域要因に係る調査表は作成する必要はない。）の調査表（表3）並びに基準地（県）C-1に存する地域に係る地域要因及び当該基準地に係る個別的要因の調査表（表4及び表5）を作成する。

各　　論

3　比準作業

(1)　対象地の地域区分

　対象地の住宅地としての各条件、地域の標準的使用等を調査した結果、標準住宅地域と判定し、標準住宅地域の比準表を適用することとする。

(2)　価格比準の基礎となる標準地または基準地が近隣地域に存するための作業

　標準地C-6は、対象地の近隣地域に存するため、標準地及び対象地に係る個別的要因の比較を表2及び表3に基づいて行い、住宅地（標準）調査及び算定表（表6）を作成する。

(3)　価格比準の基礎となる標準地または基準地が同一需給圏内の類似地域に存するための作業

　基準地（県）C-1は、対象地の存する近隣地域以外の地域（同一需給圏内の類似地域）に存するため、基準地と対象地に係る地域要因の比較及び個別的要因の比較を表1及び表4並びに表2及び表5に基づいて行い、住宅地（標準）調査及び算定表（表7その1及びその2）を作成する。

(4)　留意事項

　上記(2)及び(3)の場合において、個別的要因（画地条件を除く。）の比較の結果がそれぞれ30％の範囲内にあり、また地域要因の比較の結果が上位50％、下位30％の範囲内にあることを再確認する必要がある。

(5)　時点修正

　比準表を適用して算定を行う前に、標準地及び基準地の価格を価格時点に修正することとなる。

　本件の場合には、地価公示、都道府県地価調査及び短期地価動向調査を参考とするとともに、直近の取引事例及び一般的、経済的要因等を考慮し、平成27年1月1日から価格時点までの変動率を△0.6％、平成27年7月1日から価格時点までの変動率を△0.2％とそれぞれ判定して時点修正を行う。

(6) **対象地の価格の算定**
以上により対象地の価格はそれぞれ次のとおり算定される。
ア　標準地からの比準価格

標準地の価格　　時点修正　　個別的要因格差率　　比準価格

$$133,500円 \times \frac{99.4}{100} \times \frac{83.9}{100} = 111,334円 \fallingdotseq 111,300円$$

イ　基準地からの比準価格

基準地の価格　　時点修正　　地域要因格差率　　個別的要因格差率　　比準価格

$$132,800円 \times \frac{99.8}{100} \times \frac{103.46}{100} \times \frac{91.62}{100} = 125,629円 \fallingdotseq 125,600円$$

(7) **比準価格の調整**
　比準方式により求められたそれぞれの価格は、あまり開差はみられず、いずれも妥当な価格であると判断されるが、近隣地域に存する標準地から比準して求めた価格がより規範性が高いと判定し、対象地の比準価格を1㎡当たり111,300円と決定した。

各 論

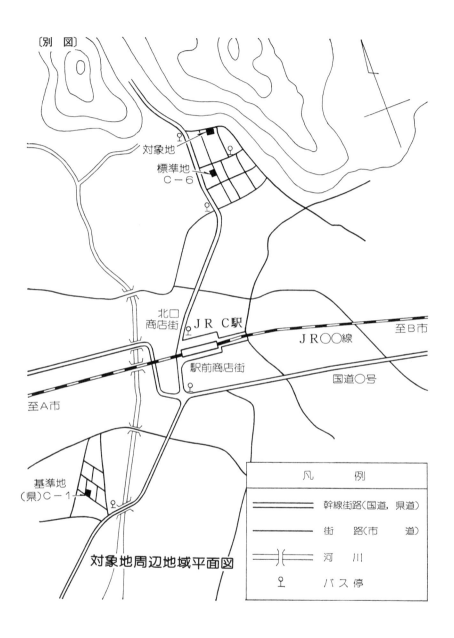

対象地周辺地域平面図

標準住宅地の価格算定例

表1　対象地及び標準地C－6の属する地域の地域要因項目別調査表

条件	項目	細項目	内訳
街路条件	街路の幅員・構造等の状態	幅員	近隣地域における標準的な街路の幅員約4m
		舗装	大部分がアスファルト舗装によって舗装
		配置	比較的均衡がとれている
		系統及び連続性	幹線街路への連続性は優れている
		（除雪施設等）	
交通・接近条件	都心との距離及び交通施設の状態	最寄駅への接近性	C駅へ約1.8km（C市営バス利用可）
		都心への接近性	A市まで約30分
	商業施設の配置の状態	最寄商業施設への接近性	C駅周辺の商業施設へ約1.8km
		最寄商業施設の性格	店舗の数及び連たん性に優れた商業施設、スーパーもあって良好である
	学校・公園・病院等の配置の状態	小学校、公園、病院、官公署等	小学校へ200m、市立病院、市役所までは約500m
環境条件	気象の状態	日照、温度、湿度、通風等	南側斜面の丘陵地で、日照、通風等が優れている
	自然的環境の良否	眺望、景観、地勢、地盤等	丘陵地であるため、眺望、景観は良好
	居住者の移動等の状態	居住者の増減家族構成等	
	社会的環境の良否	社会的環境の良否	普通
	各画地の面積・配置及び利用の状態	画地の標準的面積	260m²
		各画地の配置の状態	各画地の地積、形状等の均衡がとれ、整然としている
		土地の利用度	建物の疎密度80%
		周辺の利用の状態	丘陵地に存する閑静な一般住宅地域
	供給処理施設の状態	上水道	完備
		下水道	無
		都市ガス等	完備
	危険施設・処理施設等の有無	危険施設・処理施設等の有無	無
	災害発生の危険性	洪水、地すべり等	無
	公害発生の程度	騒音、大気汚染等	特になし
行政的条件	土地の利用に関する公法上の規制の程度	用途地域及びその他の地域、地区等	第一種低層住居専用地域、建ぺい率50%、容積率80%
		その他の規制	無
その他	その他	将来の動向	現状で推移するものと考えられる
		その他	

各 論

表2 対象地の個別的要因項目別調査表

条件	項目	細項目	内訳
街路条件	接面街路の系統・構造等の状態	系統及び連続性	接面する街路の系統及び連続性は標準的なものと同程度
		幅員	約2.7m 市道
		舗装	未舗装
		（除雪施設等）	
交通・接近条件	交通施設との距離	最寄駅への接近性	C駅へ約2.0km（C市営バス利用可）
	商業施設との接近の程度	最寄商業施設への接近性	C駅前周辺の商業施設へ約2.0km
	公共施設等との接近の程度	幼稚園、小学校、公園、病院、官公署等	小学校へ約300m、市立病院、市役所へいずれも約800m
環境条件	日照・通風・乾湿等の良否	日照、通風、乾湿等	北側に市道があり、日照、通風、乾湿とも普通
	地勢・地質・地盤等の良否	地勢、地質、地盤等	南側斜面の丘陵地で地勢、地質、地盤ともに普通
	周囲の状態	隣接地の利用状況	いずれも一般住宅の敷地
	供給処理施設の状態	上水道	完備
		下水道	無
		都市ガス等	完備
	危険施設・処理施設等との接近の程度	危険施設、処理施設等の有無	無
画地条件	地積・間口・奥行・形状等	地積	287m^2
		間口	約14.5m
		奥行	約19.8m
		形状	長方形
	方位・高低・角地・その他接面街路との関係	方位	北側
		高低	接面街路より30cm高、隣接地とほぼ等高
		角地　その他	中間画地
		崖地部分	無
		私道負担	無
	その他	高圧線等	無
行政的条件	公法上の規制の程度	用途地域及びその他の地域、地区等	第一種低層住居専用地域、建ぺい率50%、容積率80%
その他	その他	その他	

— 78 —

標準住宅地の価格算定例

表3　標準地C－6の個別的要因項目別調査表

条件	項目	細項目	内訳
街路条件	接面街路の系統・構造等の状態	系統及び連続性	接面する街路の系統及び連続性は標準的なものと同じ程度
		幅員	約6m市道
		舗装	アスファルト舗装で舗装の程度は普通
		（除雪施設等）	
交通・接近条件	交通施設との距離	最寄駅への接近性	C駅へ約1.7km（C市営バス利用可）
	商業施設との接近の程度	最寄商業施設への接近性	C駅前周辺の商業施設へ約1.7km
	公共施設等との接近の程度	幼稚園、小学校、公園、病院、官公署等	小学校へ約300m、市立病院、市役所へいずれも約500m
環境条件	日照・通風・乾湿等の良否	日照、通風、乾湿等	東側に市道があり、日照、通風、乾湿とも普通
	地勢・地質・地盤等の良否	地勢、地質、地盤等	南側斜面の丘陵地で地勢、地質、地盤ともに普通
	周囲の状態	隣接地の利用状況	いずれも一般住宅の敷地
	供給処理施設の状態	上水道	完備
		下水道	無
		都市ガス等	完備
	危険施設・処理施設等との接近の程度	危険施設・処理施設等の有無	無
画地条件	地積・間口・奥行・形状等	地積	264m²
		間口	約13.9m
		奥行	約19.0m
		形状	長方形
	方位・高低・角地・その他接面街路との関係	方位	東側
		高低	接面街路より30cm高、隣接地とほぼ等高
		角地その他	中間画地
		崖地部分	無
		私道負担	無
	その他	高圧線等	無
行政的条件	公法上の規制の程度	用途地域及びその他の地域、地区等	第一種低層住居専用地域、建ぺい率50%、容積率80%
その他	その他	その他	

各　論

表4　基準地（県）C－1の属する地域の地域要因項目別調査表

条件	項目	細項目	内訳
街路条件	街路の幅員・構造等の状態	幅員	近隣地域における標準的な街路の幅員約4m
		舗装	アスファルト舗装によって舗装
		配置	街路の大まかな整備はされているが一部にT字路などの街路がある
		系統及び連続性	幹線街路への連続性は普通
		（除雪施設等）	
交通・接近条件	都心との距離及び交通施設の状態	最寄駅への接近性	C駅へ約800m
		都心への接近性	A市まで約30分
	商業施設の配置の状態	最寄商業施設への接近性	C駅前周辺の商業施設へ約800m
		最寄商業施設の性格	店舗の数及び連たん性に優れた商業施設、スーパーもあって良好である
	学校・公園・病院等の配置の状態	小学校、公園、病院、官公署等	小学校、公園には100m、市立病院、市役所までは約800m
環境条件	気象の状態	日照、温度、湿度、通風等	平坦地で、日照、通風等は普通
	自然的環境の良否	眺望、景観、地勢、地盤等	眺望、景観等は普通
	居住者の移動等の状態	居住者の増減家族構成等	
	社会的環境の良否	社会的環境の良否	普通
	各画地の面積・配置及び利用の状態	画地の標準的面積	280m^2
		各画地の配置の状態	各画地の地積、形状等の均衡がとれ、整然としている
		土地の利用度	建物の疎密度90%
		周辺の利用の状態	中規模の一般住宅が建ち並ぶ一般住宅地域
	供給処理施設の状態	上水道	完備
		下水道	無
		都市ガス等	完備
	危険施設・処理施設等の有無	危険施設・処理施設等の有無	無
	災害発生の危険性	洪水、地すべり等	無
	公害発生の程度	騒音、大気汚染等	特になし
行政的条件	土地の利用に関する公法上の規制の程度	用途地域及びその他の地域、地区等	第一種低層住居専用地域、建ぺい率50%、容積率100%
		その他の規制	無
その他	その他	将来の動向	現状で推移するものと考えられる
		その他	

標準住宅地の価格算定例

表5　基準地（県）C－1の個別的要因項目別調査表

条件	項目	細項目	内訳
街路条件	接面街路の系統・構造等の状態	系統及び連続性	接面する街路の系統及び連続性は標準的なものと同程度
		幅員	約4m市道
		舗装	アスファルト舗装
		（除雪施設等）	
交通・接近条件	交通施設との距離	最寄駅への接近性	C駅へ約800m（C市営バス利用可）
	商業施設との接近の程度	最寄商業施設への接近性	C駅前周辺の商業施設へ約800m
	公共施設等との接近の程度	幼稚園、小学校、公園、病院、官公署等	小学校、公園へ約50m、私立病院、市役所へいずれも約800m
環境条件	日照・通風・乾湿等の良否	日照、通風、乾湿等	南側に市道があり、日照、通風、乾湿とも普通
	地勢・地質・地盤等の良否	地勢、地質、地盤等	眺望、景観等は普通
	周囲の状態	隣接地の利用状況	いずれも一般住宅の敷地
	供給処理施設の状態	上水道	完備
		下水道	無
		都市ガス等	完備
	危険施設・処理施設等との接近の程度	危険施設・処理施設等の有無	無
画地条件	地積・間口・奥行・形状等	地積	281m²
		間口	約14.5m
		奥行	約19.4m
		形状	長方形
	方位・高低・角地・その他接面街路との関係	方位	南側
		高低	接面街路及び隣接地ともにほぼ等高
		角地その他	角地（西側側道幅員約4m市道舗装済）
		崖地部分	無
		私道負担	無
	その他	高圧線等	無
行政的条件	公法上の規制の程度	用途地域及びその他の地域、地区等	第一種低層住居専用地域、建ぺい率50％、容積率100％
その他	その他	その他	

表6　標準地Ｃ－６から比準する場合

住宅地（標準）調査及び算定表　　その3

条件	項目	細項目	個別的要因 基準地番号 標準地Ｃ－６ 所在 基準地 内訳	申請番号 所在 対象地 内訳	格差	計
街路条件	接面街路の系統・構造等の状態	系統及び連続性	優る　やや優る　(普通)　やや劣る　劣る	優る　やや優る　(普通)　やや劣る　劣る	0	
		幅員	接面街路の幅員約（ 6 ）m 優る　(やや優る)　普通　やや劣る　劣る	接面街路の幅員約（ 2.7 ）m 優る　やや優る　普通　やや劣る　(劣る)	-6.0	
		舗装	種別(アスファルト)補修の必要性(有・(無)) 優る　やや優る　(普通)　やや劣る　劣る	種別（ 未舗装 ）補修の必要性((有)・無) 優る　やや優る　普通　やや劣る　(劣る)	-2.0	
		(除雪施設等)				(92)/100
交通・接近条件	交通施設との距離	最寄駅への接近性	基準地から（ Ｃ ）駅まで約(1.7k)m 優る　やや優る　(普通)　やや劣る　劣る	対象地から（ Ｃ ）駅まで約(2.0k)m 優る　やや優る　普通　(やや劣る)　劣る	-1.5	
	商業施設との接近の程度	最寄商業施設への接近性	(Ｃ駅前商店街)まで(バス・(徒歩))約（ 20 ）分 優る　やや優る　(普通)　やや劣る　劣る	(Ｃ駅前商店街)まで(バス・(徒歩))約（ 25 ）分 優る　やや優る　普通　(やや劣る)　劣る	-2.0	
	公共施設等との接近の程度		幼稚園、小学校、公園、病院、官公署等 公共公益施設まで約（ 500 ）m 優る　やや優る　(普通)　やや劣る　劣る	公共公益施設まで約（ 800 ）m 優る　やや優る　普通　(やや劣る)　劣る	-1.5	(95)/100
環境条件	日照・通風・乾湿等の良否	日照、通風、乾湿等	優る　(普通)　劣る	優る　(普通)　劣る	0	
	地勢・地質・地盤等の良否	地勢、地質、地盤等	優る　(普通)　劣る	優る　(普通)　劣る	0	
	周囲の状況	隣接地の利用状況	（　　）方にアパート等がある。(無) (普通)　やや劣る　劣る　相当に劣る　極端に劣る	（　　）方にアパート等がある。(無) (普通)　やや劣る　劣る　相当に劣る　極端に劣る	0	
	供給処理施設の状態	上水道	優る　(普通)　劣る	優る　(普通)　劣る	0	
		下水道	優る　(普通)　劣る	優る　(普通)　劣る	0	
		都市ガス等	優る　(普通)　劣る	優る　(普通)　劣る	0	
	危険施設・処理施設との接近の程度	危険施設、処理施設等の有無	危険施設（　　）処理施設等（　　） 有(小　やや小　通常　やや大　大)(無)	危険施設（　　）処理施設等（　　） 有(小　やや小　通常　やや大　大)(無)	0	(100)/100
画地条件	地積・間口・奥行・形状等	地積	地積（ 264 ）㎡ (普通)　やや劣る　劣る	地積（ 287 ）㎡ (普通)　やや劣る　劣る	1.0	
		間口狭小	間口（ 13.9 ）m (普通)　やや劣る　劣る　相当に劣る　極端に劣る	間口（ 14.5 ）m (普通)　やや劣る　劣る　相当に劣る　極端に劣る	1.0	
		奥行逓減	奥行（ 19.0 ）m (普通)　やや劣る　劣る　相当に劣る　極端に劣る	奥行（ 19.8 ）m (普通)　やや劣る　劣る　相当に劣る　極端に劣る	1.0	
		奥行短小	普通　やや劣る　劣る　相当に劣る　極端に劣る	普通　やや劣る　劣る　相当に劣る　極端に劣る	―	
		奥行長大	奥行/間口＝ 普通　やや劣る　劣る　相当に劣る　極端に劣る	奥行/間口＝ 普通　やや劣る　劣る　相当に劣る　極端に劣る	―	
		不整形地	普通　やや劣る　劣る　相当に劣る　極端に劣る	普通　やや劣る　劣る　相当に劣る　極端に劣る	―	
		三角地	（　）角、最小角（　）度 普通　やや劣る　劣る　相当に劣る　極端に劣る	（　）角、最小角（　）度 普通　やや劣る　劣る　相当に劣る　極端に劣る	―	
	方位・高低・角地・その他接面街路との関係	方位	接面街路の方位 北、西、(東)、南、その他（　　）	接面街路の方位 (北)、西、東、南、その他（　　）	0.96	
		高低	接面街路より約（ 0.3 ）m（ 高 ）い 優る　(やや劣る)　普通　やや劣る　劣る	接面街路より約（ 0.3 ）m（ 高 ）い 優る　(やや劣る)　普通　やや劣る　劣る	1.0	
		角地	角地の方位（接面街路） 北西、　北東、　南西、　南東 普通　やや優る　優る　相当に優る　特に優る	角地の方位（接面街路） 北西、　北東、　南西、　南東 普通　やや優る　優る　相当に優る　特に優る	―	

条件	項　目	細項目	基　準　地 内　　訳	対　象　地 内　　訳	格差	計
画地条件	方位・高低・角地・その他接面街路との関係	準角地	準角地の方位(接面街路) 北西　北東　南西　南東 普通　やや優る　優る　相当に優る　特に優る	準角地の方位(接面街路) 北西　北東　南西　南東 普通　やや優る　優る　相当に優る　特に優る	－	
		二方路	普通　やや優る　優る　特に優る	普通　やや優る　優る　特に優る	－	
		三方路			－	
		袋地			－	
		無道路地			－	
		崖地等			－	
		私道減価			－	
	その他	高圧線下地	高圧線下地積(　)㎡総地積に対し(　)%	高圧線下地積(　)㎡総地積に対し(　)%	－	(96)/100
行政的条件	公法上の規制の程度	用途地域及びその他の地域、地区等	用途地域(一低専)建ぺい率(50)%容積率(80)% その他(　) 弱い　やや弱い　普通　やや強い　強い	用途地域(一低専)建ぺい率(50)%容積率(80)% その他(　) 弱い　やや弱い　普通　やや強い　強い	0	(100)/100
その他	その他	その他	優る　普通　劣る	優る　普通　劣る	－	(－)/100

個別的要因の比較	街路条件	交通・接近条件	環境条件	画地条件	行政的条件	その他	計
	(92)/100	× (95)/100	× (100)/100	× (96)/100	× (100)/100	× (－)/100	= (83.90)/100

表7 基準地（県）C-1から比準する場合

住宅地（標準）調査及び算定表　その1

条件	項目	細項目	地　域　要　因 基準地番号 基準値（県）C-1 所在 基準地の属する地域 内訳	申請番号 所在 対象地の属する地域 内訳	格差	計
街路条件	街路の幅員・構造等の状態	幅員	当該地域における標準的な街路幅員（4）m 優る （普通） 劣る	当該地域における標準的な街路幅員（4）m 優る （普通） 劣る	0	
		舗装	種別（　　）舗装率（ 90 ）% （優る） 普通 劣る	種別（　　）舗装率（ 70 ）% 優る （普通） 劣る	-1.5	
		配置	優る 普通 （劣る）	優る （普通） 劣る	2.0	
		系統及び連続性	優る （普通） 劣る	（優る） 普通 劣る	2.0	
		（除雪）施設等				$\frac{(102.5)}{100}$
交通・接近条件	都心との距離及び交通施設の状態	最寄駅への接近性	（ C ）駅まで約（ 800 ）m 優る （やや優） 普通 やや劣る 劣る	（ C ）駅まで約（ 1.8k ）m 優る やや優 （普通） やや劣る 劣る	-1.5	
		都心への接近性	（　　）まで（特、（急）、普）で約（ 0.5 ）時間 優る （やや優） 普通 やや劣る 劣る	（ A市 ）まで（特、（急）、普）で約（ 0.5 ）時間 優る （やや優） 普通 やや劣る 劣る	0	
	商業施設の配置の状態	最寄商業施設への接近性	（C駅前商店街）まで（バス、（徒歩））約（ 10 ）分 優る （やや優） 普通 やや劣る 劣る	（C駅前商店街）まで（バス、（徒歩））約（ 20 ）分 優る やや優 （普通） やや劣る 劣る	-2.0	
		最寄商業施設の性格	（優る） 普通 劣る	（優る） 普通 劣る	0	
	学校・公園・病院等の配置の状態	小学校、公園、病院、官公署等	公共公益施設まで約（ 800 ）m 優る やや優 普通 （やや劣る） 劣る	公共公益施設まで約（ 500 ）m 優る やや優 （普通） やや劣る 劣る	1.5	$\frac{(98.0)}{100}$
環境条件	気象の状態	日照、温度、湿度、通風等	優る （普通） 劣る	（優る） 普通 劣る	1.5	
	自然的環境の良否	眺望、景観、地勢、地盤等	優る （普通） 劣る	（優る） 普通 劣る	1.5	
	居住者の移動等の状態	居住者の増減家族構成等			─	
	社会的環境の良否	社会的環境の良否	（優る） 普通 劣る	（優る） 普通 劣る	0	
	各画地の面積・配置及び利用の状態	画地の標準的な面積	当該地域における標準的な画地の面積（280）㎡ 優る （普通） 劣る	当該地域における標準的な画地の面積（260）㎡ 優る （普通） 劣る	0	
		各画地の配置の状態	（優る） 普通 劣る	（優る） 普通 劣る	0	
		土地の利用度	疎密度は約（ 90 ）% （優る） 普通 劣る	疎密度は約（ 80 ）% （優る） 普通 劣る	0	
		周辺の利用の状態	（優る） 普通 劣る	（優る） 普通 劣る	0	
	供給処理施設の状態	上水道	（有） 可能 無	（有） 可能 無	0	
		下水道	有 可能 （無）	有 可能 （無）	0	
		都市ガス等	（有） 可能 無	（有） 可能 無	0	
	危険施設・処理施設等の有無	危険施設、処理施設等の有無	危険施設（　　）処理施設等（　　） 有（小さい、やや、やや、大きい）（無）	危険施設（　　）処理施設等（　　） 有（小さい、やや、やや、大きい）（無）	0	
	災害発生の危険性	洪水、地すべり等	洪水、地すべり、その他（　　） 有（小さい、やや、やや、大きい）（無）	洪水、地すべり、その他（　　） 有（小さい、やや、やや、大きい）（無）	0	
	公害発生の程度	騒音、大気汚染等	騒音（ 無 ）大気汚染（ 無 ）等の程度 小さい、やや、（同じ）、やや、大きい	基準地の属する地域と比較して 小さい、やや、（同じ）、やや、大きい	0	$\frac{(103)}{100}$

— 84 —

条件	項目	細項目	基準地		対象地		格差	計
			内 訳		内 訳			
行政的条件	土地の利用に関する公法上の規制の程度	用途地域及びその他の地域、地区等	用途地域(一低専)建ぺい率(50)%容積率(80)% その他( ) 弱い やや弱い 普通 やや強い 強い		用途地域(一低専)建ぺい率(50)%容積率(80)% その他( ) 弱い やや弱い 普通 やや強い 強い		0	(100)/100
		その他の規制	強い 普通 弱い		強い 普通 弱い		—	(100)/100
その他	その他	将来の動向	優る やや優る ㊞普通 やや劣る 劣る		優る やや優る ㊞普通 やや劣る 劣る		0	(100)/100
		その他	優る 普通 劣る		優る 普通 劣る		—	(100)/100
地域要因の比較			街路条件	交通・接近条件	環境条件	行政的条件	その他	計
			(102.5)/100	×(98.0)/100	×(103)/100	×(100)/100	×(100)/100	=(103.46)/100

住宅地（標準）調査及び算定表　　その３

条件	項目	細項目	個別的要因 基準地番号　基準地（県）C－1 所在 基準地内訳	申請番号 所在 対象地内訳	格差	計
街路条件	接面街路の系統・構造等の状態	系統及び連続性	優る　やや優る　⦿普通　やや劣る　劣る	優る　やや優る　⦿普通　やや劣る　劣る	0	
		幅員	接面街路の幅員約（ 4 ）m 優る　やや優る　⦿普通　やや劣る　劣る	接面街路の幅員約（ 2.7 ）m 優る　やや優る　普通　やや劣る　⦿劣る	-4.0	
		舗装	種別（アスファルト）補修の必要性（有・⦿無） 優る　やや優る　⦿普通　やや劣る　劣る	種別（ 未舗装 ）補修の必要性（有・無） 優る　やや優る　普通　やや劣る　⦿劣る	-2.0	
		（除雪施設等）				(94)/100
交通・接近条件	交通施設との距離	最寄駅への接近性	基準地から（ C ）駅まで約（ 800 ）m 優る　やや優る　⦿普通　やや劣る　劣る	対象地から（ C ）駅まで約（ 2.0k ）m 優る　やや優る　普通　⦿やや劣る　劣る	-1.5	
	商業施設との接近の程度	最寄商業施設への接近性	(C駅前商店街)まで（バス・⦿徒歩）約（ 10 ）分 優る　やや優る　⦿普通　やや劣る　劣る	(C駅前商店街)まで（バス・⦿徒歩）約（ 25 ）分 優る　やや優る　普通　⦿やや劣る　劣る	-2.0	
	公共施設等との接近の程度		幼稚園、小学校、公園、病院、官公署等 公共公益施設まで約（ 800 ）m 優る　やや優る　⦿普通　やや劣る　劣る	公共公益施設まで約（ 800 ）m 優る　やや優る　普通　⦿やや劣る　劣る	-1.5	(95)/100
環境条件	日照・通風・乾湿等の良否	日照、通風、乾湿等	優る　⦿普通　劣る	優る　⦿普通　劣る	0	
	地勢・地質・地盤等の良否	地勢、地質、地盤等	優る　⦿普通　劣る	優る　⦿普通　劣る	0	
	周囲の状況	隣接地の利用状況	（　　　）方にアパート等がある。⦿無 ⦿普通　やや劣る　劣る　相当に劣る　極端に劣る	（　　　）方にアパート等がある。⦿無 ⦿普通　やや劣る　劣る　相当に劣る　極端に劣る	0	
	供給処理施設の状態	上水道	優る　⦿普通　劣る	優る　⦿普通　劣る	0	
		下水道	優る　⦿普通　劣る	優る　⦿普通　劣る	0	
		都市ガス等	優る　⦿普通　劣る	優る　⦿普通　劣る	0	
	危険施設・処理施設等との接近の程度	危険施設、処理施設等の有無	危険施設（　　）処理施設等（　　） 有（小　やや小　通常　やや大　大）⦿無	危険施設（　　）処理施設等（　　） 有（小　やや小　通常　やや大　大）⦿無	0	(100)/100
画地条件	地積・間口・奥行・形状等	地積	地積（ 281 ）㎡ ⦿普通　やや劣る　劣る	地積（ 287 ）㎡ ⦿普通　やや劣る　劣る	1.00	
		間口狭小	間口（14.5）m ⦿普通　やや劣る　劣る　相当に劣る　極端に劣る	間口（14.5）m ⦿普通　やや劣る　劣る　相当に劣る　極端に劣る	1.00	
		奥行逓減	奥行（19.4）m ⦿普通　やや劣る　劣る　相当に劣る　極端に劣る	奥行（19.8）m ⦿普通　やや劣る　劣る　相当に劣る　極端に劣る	1.00	
		奥行短小	普通　やや劣る　劣る　相当に劣る　極端に劣る	普通　やや劣る　劣る　相当に劣る　極端に劣る	—	
		奥行長大	奥行／間口＝ 普通　やや劣る　劣る　相当に劣る　極端に劣る	奥行／間口＝ 普通　やや劣る　劣る　相当に劣る　極端に劣る	—	
		不整形地	普通　やや劣る　劣る　相当に劣る　極端に劣る	普通　やや劣る　劣る　相当に劣る　極端に劣る	—	
		三角地	（　　）角、最小角（　　）度 普通　やや劣る　劣る　相当に劣る　極端に劣る	（　　）角、最小角（　　）度 普通　やや劣る　劣る　相当に劣る　極端に劣る	—	
	方位・高低・角地・その他接面街路との関係	方位	接面街路の方位 北、⦿西、東、南、その他（　　）	接面街路の方位 ⦿北、西、東、南、その他（　　）	—	
		高低	接面街路より（　　）m（　　）い 優る　やや優る　⦿普通　やや劣る　劣る	接面街路より約（ 0.3 ）m（⦿高）い 優る　⦿やや優る　普通　やや劣る　劣る	1.08	
		角地	角地の方位（接面街路側） 北西、北東、⦿南西、南東 普通　やや劣る　⦿劣る　相当に劣る　特に劣る	角地の方位（接面街路側） 北西、北東、南西、南東 ⦿普通　やや劣る　劣る　相当に劣る　特に劣る	0.95	

条件	項目	細項目	基準地 内訳	対象地 内訳	格差	計
画地条件	方位・高低・角地・その他接面街路との関係	準角地	準角地の方位（接面街路） 北西　北東　南西　南東 普通　やや優る　優る　相当に優る　特に優る	準角地の方位（接面街路） 北西　北東　南西　南東 普通　やや優る　優る　相当に優る　特に優る	－	
		二方路	普通　やや優る　優る　特に優る	普通　やや優る　優る　特に優る	－	
		三方路			－	
		袋地			－	
		無道路地			－	
		崖地等			－	
		私道減価			－	
	その他	高圧線下地	高圧線下地積（　）㎡総地積に対し （　）％	高圧線下地積（　）㎡総地積に対し （　）％		(102.60)/100
行政的条件	公法上の規制の程度	用途地域及びその他の地域、地区等	用途地域(一低専)建ぺい率(50)%容積率(100)% その他（　） 弱い　やや弱い　普通　やや強い　強い	用途地域(一低専)建ぺい率(50)%容積率(100)% その他（　） 弱い　やや弱い　普通　やや強い　強い	0	(100)/100
その他	その他	その他	優る　普通　劣る	優る　普通　劣る	－	(－)/100
個別的要因の比較			街路条件　交通・接近条件　環境条件　画地条件　行政的条件　その他　計 (94)/100 × (95)/100 × (100)/100 × (102.60)/100 × (100)/100 × (－)/100 = (91.62)/100			

各　論

標準住宅地(造成宅地)の価格算定例

1　対象地の確定

(1)　価格時点　平成27年5月1日

(2)　対象地の所在等
　　ア　所　　　在　　　T県S市R台4丁目35番
　　イ　地　　　目　　　宅地
　　ウ　利　用　状　況　　木造2階建住宅
　　エ　地　　　積　　　180m^2

(3)　対象地の存する市の概況
　　当市は、T県の西南部、都心より北西方40km圏に位置する総面積49.65km^{2}を有する首都圏の新興衛星都市である。○○台地の茶と○○川沿いに米作を中心とする古くからの静かな農村地帯であったが、昭和50年隣接町村が合併して市制を施行し、田園都市として発展してきた。都心より約1時間、○○鉄道沿線という恵まれた立地条件から昭和50年代後半から、各所に大、中規模造成団地が開発されはじめ、平成5年には、工業団地が完成し、31社が進出。平成7年には、住宅・都市整備公団の○○団地(人口19,000人)の入居がある等、平成9年には人口108,203人(1km^{2}当たり2,179人)と初めて10万人の大台を突破し、平成27年3月1日現在では人口133,877人(41,564世帯)に達している。現在でも市の東部を中心に数箇所で大、中規模宅地開発が施行されており、年々3%近い人口増加があり、首都圏の中型都市に成長している。
　　市の中心であるS市駅前には最近マンションも見られるようになったが、新規に開発された住宅地域は、閑静な条件に恵まれた中規模の一般住宅、分譲住宅が多く、いずれも比較的街区が整い道路、交通、教育施設、商業施設等比較的整備された環境良好な都市である(対象地周辺地域概況図参照)。

(4) 対象地の存する地域の判定
　ア　地域の判定
　　対象地は、S市駅の東方約2.5kmに位置し、○○不動産（株）の開発した平坦地の大規模造成団地（○○台ハイツ）内に位置する一般住宅地域で、地域全域にわたり200m²程度の敷地に120m²程度の木造2階建住宅が大部分を占めている閑静な住宅地域であり、このような状況にあることから地域区分を造成宅地に係る標準住宅地域と判定した。
　イ　近隣地域の範囲
　　対象地の存する近隣地域の範囲は、東約100m（市道を境に住宅・都市整備公団○○台団地に接する。）、西約25m（○○台ハイツ、中層の分譲、賃貸マンションが建ち並ぶ地域に接する。）、南約130m（○○台ショッピングセンターに接する。）、北約130m（市道を境に市街地調整区域の畑地域に接する。）の範囲内である。

2　価格比準の基礎となる土地の選定

(1) 標準地または基準地の調査
　対象地の存する近隣地域または同一需給圏内の類似地域に、対象地の価格比準の基準となる標準地または基準地が設定されているかどうかを調査することとなるが、本件の場合、対象地の存する地域の地域的特性から、同一需給圏内の類似地域に存する基準地として、標準地S-3及びS-4があり、いずれも規範性が高いと判定（価格水準が上位50％以内及び下位30％以内にあるもの）し、これらの標準地を対象地の価格比準の基礎となる土地として選定、調査した。

各　　論

(2) 公示標準地S－3に係る官報公示事項

標準地番号	標準地の所在及び地番並びに住居表示	標準地の1平方メートル当たりの価格（円）	標準地の地積（m²）	標準地の形状	標準地の利用の現況
S－3	○町3丁目5番	142,000	163	1：1	住宅 W2

標準地の周辺の土地の利用の現況	標準地の前面道路の状況	標準地についての水道、ガス供給施設及び下水道の整備の状況	標準地の鉄道その他の主要な交通施設との接近の状況	標準地に係る都市計画法その他法令の制限で主要なもの
中規模の一般住宅が建ち並ぶ造成団地	南6m市道	水道、ガス、下水	S市駅 1.8km	二中専 (60,200)

(3) 公示標準地S－4に係る官報公示事項

標準地番号	標準地の所在及び地番並びに住居表示	標準地の1平方メートル当たりの価格（円）	標準地の地積（m²）	標準地の形状	標準地の利用の現況
S－4	○町8丁目3番	140,000	193	1：2	住宅 W2

標準地の周辺の土地の利用の現況	基準地の前面道路の状況	標準地についての水道、ガス供給施設及び下水道の整備の状況	標準地の鉄道その他の主要な交通施設との接近の状況	標準地に係る都市計画法その他法令の制限で主要なもの
中規模の一般住宅が多い新興分譲住宅地域	北6m市道	水道、ガス、下水	S市駅 2.5km	二中専 (60,200)

(4) 地域要因、造成宅地の品等検証項目及び個別的要因の調査表

　対象地と価格比準の基礎となる土地との比較を容易にするために、土地価格比準表比較項目に基づいて、対象地、標準地S－3及び標準地S－4の各々が存する地域に係る地域要因、造成宅地の品等検証項目及び当該標準地各々に係る個別的要因を調査し、調査表（別表1、別表2及び別表3）を作成する。

標準住宅地（造成宅地）の価格算定例

3　比準作業

(1)　**対象地の地域区分**

　対象地の住宅地としての各条件、地域の標準的使用等を調査した結果、造成宅地内に存する標準住宅地と判定し、標準住宅地の比準表及び地域要因比準表（造成宅地）を適用することとする。

(2)　**価格比準の基礎となる土地が同一需給圏内の類似地域に存する場合**

　基準地Ｓ－３及びＳ－４は、いずれも対象地の存する近隣地域以外の地域（同一需給圏内の類似地域）に存するため基準地と対象地に係る地域要因の比較、造成宅地の品等検証項目の比較及び個別的要因の比較を別表１、別表２及び別表３に基づいて行い、住宅地（標準住宅）調査及び算定表（別表４、別表５、別表７及び別表８）及び造成宅地の品等調査及び算定表（別表６）を作成する。

(3)　**留意事項**

　上記(2)の場合において、個別的要因（画地条件を除く。）の比較の結果がそれぞれ30％の範囲内にあり、また、地域要因の比較の結果が上位50％、下位30％の範囲内にあることを再確認する必要がある。

(4)　**時点修正**

　比準表を適用して算定を行う前に、標準地の価格を価格時点に修正することとなる。

　本件の場合、国土交通省土地鑑定委員会が発表した平成27年地価公示における標準地Ｓ－３及びＳ－４の価格より算定した年間変動率並びに平成27年4月期の国土交通省短期地価動向調査等を参考とするとともに、当市における土地に対する実需要の強弱を考慮し、平成27年1月1日から価格時点までの変動率を0.8％と判定して時点修正を行う。

(5) 対象地の価格の算定

以上により対象地の価格はそれぞれ次のとおり算定される。

$$\frac{1}{(S-3)} \ 142,000 \overset{円}{\times} \frac{100}{(100)} \times \frac{(100.8)}{100} \times \frac{(107.14)}{100} \times \frac{(128)}{(123)} \times \frac{(98.95)}{100} = 157,914 \ 円$$
$$≒ 157,900 \ 円$$

$$\frac{2}{(S-4)} \ 140,000 \overset{円}{\times} \frac{100}{(100)} \times \frac{(100.8)}{100} \times \frac{(104.54)}{100} \times \frac{(128)}{(122)} \times \frac{(102.44)}{100} = 158,558 \ 円$$
$$≒ 158,500 \ 円$$

(6) 比準価格の調整

比準方式により求められたそれぞれの価格は、あまり開差はみられず、いずれも妥当な価格であり規範性に優劣は認められないので両者の平均をとり、対象地の比準価格を1㎡当たり158,200円と決定した。

標準住宅地(造成宅地)の価格算定例

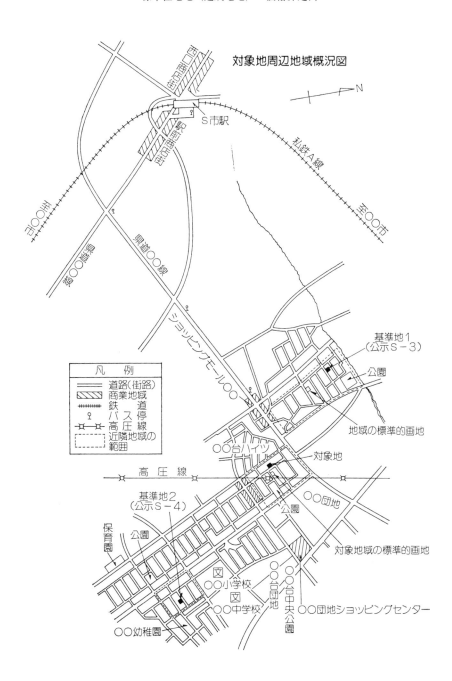

対象地周辺地域概況図

各　論

別表1　地域要因項目別調査表（標準住宅）

条件	項目	細項目	基準地域－1 （公示S－3）	基準地域－2 （公示S－4）	対　象　地　域
街路条件	街路の幅員・構造等の状況	幅　　　員	6m程度	6m程度	6m程度
		舗　　　装	アスファルト簡易舗装（舗装率100%）で舗装の質は悪い	アスファルト舗装（舗装率100%）	アスファルト舗装（舗装率100%）
		配　　　置	良　好	良　好	良　好
		系統及び連続性	良　好	良　好	良　好
交通・接近条件	都心との距離及び交通施設の状態	最寄駅への接近性	私鉄A線S市駅へ1.7km、バス停Iへ300m	私鉄A線S市駅へ2.5km、バス停IIへ650m	私鉄A線S市駅へ1.9km、バス停IIIへ200m
		都心への接近性	都心まで約50分	都心まで約50分	都心まで約50分
	商業施設の配置の状態	最寄商業施設への接近性	ショッピングモール「○○○」へ280m、○○台団地ショッピングセンターへ1,100m	○○台団地ショッピングセンターへ400m、○○台中央商店街へ400m	○○台団地ショッピングセンターへ300m、○○台中央商店街へ250m、ショッピングモール「○○○」へ350m
		最寄商業施設の性格	大規模、繁華性の高い商業施設	大規模、繁華性の高い商業施設	大規模、繁華性の高い商業施設
	学校・公園・病院等の配置の状態	小学校、公園、病院、官公署等	小学校へ800m、中学校へ600m、厚生病院へ400m、市役所へ1.8km、郵便局へ700m、銀行へ100m、公園へ150m、幼稚園へ500m	小学校へ300m、中学校へ300m、市役所へ2.7km、郵便局へ650m、銀行へ650m、診療所へ1km以内に数ヶ所、公園へ150m、幼稚園へ150m	小学校へ600m、中学校へ650m、市役所へ2.1km、郵便局へ300m、銀行へ350m、診療所へ1km以内に数ヶ所、公園へ至近、幼稚園へ500m
環境条件	気象の状態	日照、温度、湿度、通風等	良　好	良　好	良　好
	自然的環境の良否	眺望、景観、地勢、地盤等	地勢は平坦、周囲には樹林地、畑も見られる。眺望等は普通	地勢は平坦、眺望等は普通	地勢は平坦、眺望等は普通
	社会的環境の良否	社会的環境の良否	一戸建住宅地で普通	一戸建住宅地で普通	一戸建住宅地で普通
	各画地の面積・配置及び利用の状態	画地の標準的面積	160m²程度	180m²程度	200m²程度
		各画地の配置の状態	良　好	地積、形状が平均化されていない	良　好
		土地の利用度	建物の疎密度90%	建物の疎密度50%	建物の疎密度100%
		周辺の利用の状態	大部分が一戸建の専用住宅である地域	空地も見られるが一戸建の専用住宅である地域	大部分が一戸建の専用住宅である地域
	供給処理施設の状態	上　水　道	上水道施設完備	上水道施設完備	上水道施設完備
		下水道（処理方式）	管渠で集中処理施設に接続	管渠で公共下水に接続	管渠で公共下水に接続
		下水道（管理施設）	画地内に汚水桝があり、かつ、道路内にマンホールがある	画地内に汚水桝があり、かつ、道路内にマンホールがある	画地内に汚水桝があり、かつ、道路内にマンホールがある
		都市ガス等	簡易ガス完備（集中供給方式）	都市ガス完備	都市ガス完備
	危険施設・処理施設等の有無	危険施設・処理施設等の有無	無	無	無
	災害発生の危険性	洪水、地すべり等	無	無	無
	公害発生の程度	騒音、大気汚染等	航空機騒音ややあり	航空機騒音ややあり	航空機騒音ややあり
行政的条件	土地の利用に関する公法上の規制の程度	用途地域及びその他の地域、地区等	第二種中高層住居専用地域 　建ぺい率　　60% 　容積率　　200%	第二種中高層住居専用地域 　建ぺい率　　60% 　容積率　　200%	第二種中高層住居専用地域 　建ぺい率　　60% 　容積率　　200%
		その他の規制	無	無	無
その他	その他	将来の動向	住宅地として現状のまま推移する見込み	区画割がされていないので将来は不明	住宅地として現状のまま推移する見込み
		その他	―	―	―

標準住宅地（造成宅地）の価格算定例

近隣地域の状況、範囲と最有効使用の判定

基準地域－1 （公示S-3）	私鉄A線S市駅東方約1.6kmにあり、民間大手不動産会社により開発された中規模の造成地で、周辺には樹林や農地が見られる静かな住宅地である。土地の利用状況は、160m²前後の画地に平屋又は2階建ての一戸建専用住宅が建てられるのが標準的で、最有効使用の状態にあると判断できる。近隣地域の範囲は、当該造成団地内で東西160m、南北300mである。
基準地域－2 （公示S-4）	私鉄A線S市駅南東約2.5kmにある区画整理事業による造成地の一部である。地域内は未だ建築物は少なく、空地が相当見られる。一画地の平均面積は180m²程度であるが、画地の面積・形状がやや均衡を欠いている。今後数年のうち一戸建専用住宅を主とする建物が建ち並ぶと見込まれる。近隣地域の範囲は、当該造成団地内で東西130m、南北180mである。
対象地域	私鉄A線S市駅南東約1.9kmにあり、区画整理事業による造成地の一部を民間の大手不動産会社が建売分譲を行った良好な住宅地域である。一画地の平均面積は200m²前後で、一戸建専用住宅が並んでおり最有効使用の状態にあると判断できる。近隣地域の範囲は、当該造成団地内で東西170m、南北250mである。

各　論

別表２　造成宅地の品質検証項目別調査表

比　較　項　目			基準地域－１（公示Ｓ－３）	基準地域－２（公示Ｓ－４）	対　象　地　域
1 街路	イ．歩道又はガードレールの有無（幹線街路）	電柱の位置 角切	幹線街路に1.5mの歩道が設置されている	幹線街路にガードレールが設置されている	幹線街路に2.0mの歩道が設置されている
	ロ．構　　　造		道路敷に設置 区画街路も角切されている	道路敷に設置 区画街路も角切されている	道路敷に設置 区画街路も角切されている
	ハ．排　水　施　設		L字溝で管渠を布設し、適正に街渠桝が設置されている	V字溝で排水し、蓋はある	L字溝で管渠を布設し、適正に街渠桝が設置されている
	ニ．街路樹の有無		幹線街路の歩道に街路樹が植えられている	街路樹、花壇ともになし	街路樹、花壇ともになし
	ホ．団地内縦横断勾配		平坦地であるので縦断は勾配なし、横断は2％の勾配を付け路面排水の考慮を行っている	平坦地であるので縦断は勾配なし、横断は2％の勾配を付けている	平坦地であるので縦断は勾配なし、横断は2％の勾配を付けている
2 雨水排水	イ．排水方式		管渠による排水	V字溝による排水	管渠による排水
	ロ．排水能力		地域確率雨量を満たした設備能力ではないが、開発指導要網による能力を備えている	開発指導要網によらない、地域確率雨量を根拠としない設備	地域確率雨量を考慮し、調整池も備えている
	ハ．排水施設		宅地内に雨水桝があり排水は良好である。また、マンホールも適切に設備されている	宅地内に雨水桝があり排水は良好である。また、マンホールも適切に設備されている	宅地内に雨水桝があり排水は良好である。また、マンホールも適切に設備されている
3 画地仕上げ	イ．前面道路との関係		平坦地であるので30cm程度高くなっている	約60cm程度高くなっている	全面地ともに90cm程度高くなっている
	ロ．擁　　　壁	材料 構造 施工	大谷石 安全である 笠石があり整然としている	間知ブロック（コンクリート） 安全である 普通の仕上げ	大谷石 安全である 笠石があり整然としている
	ハ．改良を要する地盤		改良する必要なし	改良済	改良済
	ニ．土　　　質		排水性に優れ、植栽に適している	排水性に優れ、植栽に適している	排水性に優れ、植栽に適している
	ホ．駐　車　施　設		宅地内設置	宅地内設置	宅地内設置
4 公園緑地	イ．規　　　模		開発面積の3％未満で1,500m²の公園	小規模の公園が散在し、合せて3％程度	3,000m²以上の公園はないが、開発面積の3％以上の公園となっている
	ロ．内　　　容		緑化施設は普通、景観に特段の配慮はみられない	緑化施設は普通、景観への配慮は特になし	緑化施設は普通、景観への配慮は特になし
5 諸施設	イ．街　　　灯		完備	完備	完備
	ロ．ゴミ集積施設		30戸に1箇所の割合である	20戸に1箇所の割合である	可燃物と不燃物が区分して集積できる施設が、30戸に1箇所の割合である
	ハ．集　会　所		あり	あり	あり
	ニ．医療施設		付近にあり	設置される確実な予定がある	付近にあり
	ホ．バス停留所		既存の近隣停留所を利用	既存の近隣停留所を利用	団地内に設置される予定であるが、現在は既存の近隣停留所を利用
	ヘ．幼稚園、保育園		団地内及び近隣にもなし	団地内に設置される予定（用地は確保済）	既存の近隣施設を利用
	ト．消火栓、防火水槽等		整備	整備	整備
6 団地管理体制			開発者により、建築協定、緑化協定等が整備され、将来にわたって生活環境は安定している	──	──
7 その他	イ．立地条件		平坦地	平坦地	平坦地

標準住宅地（造成宅地）の価格算定例

別表3　個別的要因項目別調査表（標準住宅）

条件	項目	細項目	基準地域－1 （公示S－3）	基準地域－2 （公示S－4）	対象地域
街路条件	接面街路の系統、構造等の状態	系統及び連続性	普通	普通	普通
		幅員等	6m市道	6m市道	6m市道
		舗装	アスファルト簡易舗装	アスファルト舗装	アスファルト舗装
交通・接近条件	交通施設との距離	最寄駅への接近性	私鉄A線S市駅へ1.8km、バス停Ⅰへ500m	私鉄A線S市駅へ2.5km、バス停Ⅱへ650m	私鉄A線S市駅へ1.9km、バス停Ⅲへ200m
	商業施設との接近の程度	最寄商業施設への接近性	○○台団地ショッピングセンターへ1,300m、ショッピングモール「○○○」へ300m	○○台団地ショッピングセンターへ400m、○○台中央商店街へ400m	○○台団地ショッピングセンターへ400m、○○台中央商店街へ200m
	公共施設等との接近の程度	幼稚園、小学校、公園、病院、官公署等	地域の標準的使用とほぼ同程度	地域の標準的使用とほぼ同程度	地域の標準的使用とほぼ同程度
環境条件	日照・通風・乾湿等の良否	日照、通風、乾湿等	普通	普通	普通
	地勢・地質・地盤等の良否	地勢、地質、地盤等	普通（地域の標準と同程度）	普通（地域の標準と同程度）	普通（地域の標準と同程度）
	周囲の状態	隣接地の利用状況	普通（一戸建専用住宅）	普通（一戸建専用住宅、空地）	普通（一戸建専用住宅）
	供給処理施設の状態	上水道	完備	完備	完備
		下水道	完備	完備	完備
		都市ガス等	簡易ガス完備（集中供給方式）	都市ガス完備	都市ガス完備
	危険施設・処理施設等との接近の程度	危険施設、処理施設等の有無	無	無	特別高圧線まで60m
画地条件	地積・間口・奥行・形状等	地積	普通　163m²	普通　193m²	普通　180m²
		間口	約12m	約9m	約10m
		奥行	約13m	約21m	約18m
		形状	ほぼ正方形	長方形	長方形
	方位・高低・角地・その他接面街路との関係	方位	南側	北側	東側
		高低	接面街路より30cm程高い	接面街路より60cm程高い	接面街路より90cm程高い
		角地その他	中間画地	中間画地	中間画地
		崖地部分	無	無	無
		私道負担	無	無	無
	その他	高圧線等	無	無	無
行政的条件	公法上の規制の程度	用途地域及びその他の地域、地区等	第二種中高層住居専用地域　建ぺい率　60%　容積率　200%	第二種中高層住居専用地域　建ぺい率　60%　容積率　200%	第二種中高層住居専用地域　建ぺい率　60%　容積率　200%
その他	その他	その他	─	─	─

別表4　S－3から比準する場合

住宅地（標準住宅）調査及び算定表　その2

条件	項目	細項目	基準地番号　公示S－3 所在　○町3丁目5番 基準地の属する地域 内訳	申請番号　6 所在　R台4丁目35番 対象地の属する地域 内訳	格差	計
街路条件	街路の幅員・構造等の状態	幅員	当該地域における標準的な街路幅員(6)m ⓐ優る　普通　劣る	当該地域における標準的な街路幅員(6)m ⓐ優る　普通　劣る	0	(102)/100
		舗装	種別(アスファルト簡易)舗装率(100)% 優る　⓪普通　劣る	種別(アスファルト)舗装率(100)% ⓐ優る　普通　劣る	2.0	
		配置	優る　⓪普通　劣る	優る　⓪普通　劣る	0	
		系統及び連続性	優る　⓪普通　劣る	優る　⓪普通　劣る	0	
		(除雪施設等)				
交通・接近条件	都心との距離及び交通施設の状態	最寄駅への接近性	(S市)駅まで約(1.7k)m 優る　やや優る　⓪普通　やや劣る　劣る	(S市)駅まで約(1.9k)m 優る　やや優る　⓪普通　やや劣る　劣る	0	(104)/100
		都心への接近性	(都心)まで(特、⓪急、普)で約(50分)時間 優る　やや優る　⓪普通　やや劣る　劣る	(都心)まで(特、⓪急、普)で約(50分)時間 優る　やや優る　⓪普通　やや劣る　劣る	0	
	商業施設の配置の状態	最寄商業施設への接近性	優る　⓪普通　劣る	ⓐ優る　普通　劣る	4.0	
		最寄商業施設の性格	ⓐ優る　普通　劣る	ⓐ優る　普通　劣る		
	学校・公園・病院等の配置の状態	小学校、公園、病院、官公署等	公共公益施設まで約(630)m 優る　やや優る　⓪普通　やや劣る　劣る	公共公益施設まで約(690)m 優る　やや優る　⓪普通　やや劣る　劣る	0	
環境条件	気象の状態	日照、温度、湿度、通風等	ⓐ優る　普通　劣る	ⓐ優る　普通　劣る		(101)/100
	自然的環境の良否	眺望、景観、地勢、地盤等	優る　⓪普通　劣る	優る　⓪普通　劣る		
	社会的環境の良否	社会的環境の良否	優る　⓪普通　劣る	優る　⓪普通　劣る		
	各画地の面積・配置及び利用の状態	画地の標準的面積	当該地域における標準的な画地の面積(160)㎡ 優る　⓪普通　劣る	当該地域における標準的な画地の面積(200)㎡ ⓐ優る　普通　劣る	0	
		各画地の配置の状態	ⓐ優る　普通　劣る	ⓐ優る　普通　劣る		
		土地の利用度	疎密度は約(90)% ⓐ優る　普通　劣る	疎密度は約(100)% ⓐ優る　普通　劣る		
		周辺の利用の状態	ⓐ優る　普通　劣る	ⓐ優る　普通　劣る		
	供給処理施設の状態	上水道	ⓐ優る　普通　劣る	ⓐ優る　普通　劣る		
		下水道(処理方式)	ⓐ優る　普通　劣る	ⓐ優る　普通　劣る		
		下水道(管理施設)	ⓐ有　　　　　　無	ⓐ有　　　　　　無		
		都市ガス等	優る　⓪普通　劣る	ⓐ優る　普通　劣る	1.0	
	危険施設・処理施設等の有無	危険施設、処理施設等の有無	危険施設(　)処理施設等(　) 有(小さい、やや、やや、大きい、ⓐ無)	危険施設(　)処理施設等(　) 有(小さい、やや、やや、大きい、ⓐ無)	0	
	災害発生の危険性	洪水、地すべり等	洪水、地すべり、その他(　) 有(小さい、やや、やや、大きい、ⓐ無)	洪水、地すべり、その他(　) 有(小さい、やや、やや、大きい、ⓐ無)	0	
	公害発生の程度	騒音、大気汚染等	騒音(航空機)大気汚染(　)等の程度 ⓐほぼ同じ、やや、やや、大きい、	基準地の属する地域と比較して 小さい、やや、ⓐほぼ同じ、やや、大きい	0	

— 98 —

条件	項目	細項目	基準地 内訳			対象地 内訳			格差	計
行政的条件	土地の利用に関する公法上の規制の程度	用途地域及びその他の地域、地区等	用途地域(二中専)建ぺい率(60)%容積率(200)%その他( ) 弱い やや弱い （普通） やや強い 強い			用途地域(二中専)建ぺい率(60)%容積率(200)%その他( ) 弱い やや弱い （普通） やや強い 強い			0	$\frac{(100)}{100}$
		その他の規制	強い　　普通　　弱い			強い　　普通　　弱い			—	$\frac{(100)}{100}$
その他	その他	将来の動向	優る やや優る （普通） やや劣る 劣る			優る やや優る （普通） やや劣る 劣る			0	$\frac{(100)}{100}$
		その他	優る　普通　劣る			優る　普通　劣る			—	$\frac{(100)}{100}$
地域要因の比較			街路条件	交通・接近条件	環境条件	行政的条件	その他		計	
			$\frac{(\ 102\ )}{100}$ ×	$\frac{(\ 104\ )}{100}$ ×	$\frac{(\ 101\ )}{100}$ ×	$\frac{(\ 100\ )}{100}$ ×	$\frac{(\ 100\ )}{100}$ =		$\frac{(\ 107.14\ )}{100}$	

別表5　S－4から比準する場合

住宅地（標準住宅）調査及び算定表　　その2

条件	項目	細項目	基準地番号　公示S－4　　所　在　○町8丁目3番　　基準地の属する地域　　内　訳			申請番号　6　　所　在　R台4丁目35番　　対象地の属する地域　　内　訳			格差	計
街路条件	街路の幅員・構造等の状態	幅員	当該地域における標準的な街路幅員（6）m			当該地域における標準的な街路幅員（6）m			0	
			㊗優る	普通	劣る	㊗優る	普通	劣る		
		舗装	種別（アスファルト）舗装率（100）%			種別（アスファルト）舗装率（100）%			0	
			㊗優る	普通	劣る	㊗優る	普通	劣る		
		配置	優る	㊟普通	劣る	優る	㊟普通	劣る	0	
		系統及び連続性	優る	㊟普通	劣る	優る	㊟普通	劣る	0	
		（除雪）施設等								(100)/100
交通・接近条件	都心との距離及び交通施設の状態	最寄駅への接近性	（S市）駅まで約（2.5k）m　優る　やや優る　普通　㊟やや劣る　劣る			（S市）駅まで約（1.9k）m　優る　やや優る　㊟普通　やや劣る　劣る			1.5	
		都心への接近性	（都心）まで（特、㊟急、普）で約（50分）時間　優る　やや優る　㊟普通　やや劣る　劣る			（都心）まで（特、急、㊟普）で約（50分）時間　優る　やや優る　㊟普通　やや劣る　劣る			0	
	商業施設の配置の状態	最寄商業施設への接近性	㊟優る　普通　劣る			㊟優る　普通　劣る			0	
		最寄商業施設の性格	㊟優る　普通　劣る			㊟優る　普通　劣る			0	
	学校・公園・病院等の配置の状態	小学校、公園、病院、官公署等	公共公益施設まで約（730）m　優る　やや優る　㊟普通　やや劣る　劣る			公共公益施設まで約（690）m　優る　やや優る　㊟普通　やや劣る　劣る			0	(1015)/100
環境条件	気象の状態	日照、温度、湿度、通風等	㊟優る　普通　劣る			㊟優る　普通　劣る			0	
	自然的環境の良否	眺望、景観、地勢、地盤等	優る　㊟普通　劣る			優る　㊟普通　劣る			0	
	社会的環境の良否	社会的環境の良否	優る　㊟普通　劣る			優る　㊟普通　劣る			0	
	各画地の面積・配置及び利用の状態	画地の標準的面積	当該地域における標準的な画地の面積（180）㎡　優る　㊟普通　劣る			当該地域における標準的な画地の面積（200）㎡　優る　㊟普通　劣る			0	
		各画地の配置の状態	優る　㊟普通　劣る			㊟優る　普通　劣る			1.5	
		土地の利用度	疎密度は約（50）%　優る　㊟普通　劣る			疎密度は約（100）%　優る　㊟普通　劣る			1.5	
		周辺の利用の状態	㊟優る　普通　劣る			㊟優る　普通　劣る			0	
	供給処理施設の状態	上水道	㊟優る　普通　劣る			㊟優る　普通　劣る			0	
		下水道（処理方式）	㊟優る　普通　劣る			㊟優る　普通　劣る			0	
		下水道（管理施設）	㊟有　　　　　　無			㊟有　　　　　　無			0	
		都市ガス等	㊟優る　普通　劣る			㊟優る　普通　劣る			0	
	危険施設・処理施設等の有無	危険施設、処理施設等の有無	危険施設（　　　）処理施設等（　　　）　有（小さい、やや小さい、やや大きい、大きい）㊟無			危険施設（　　　）処理施設等（　　　）　有（小さい、やや小さい、やや大きい、大きい）㊟無			0	
	災害発生の危険性	洪水、地すべり等	洪水、地すべり、その他（　　）　有（小さい、やや小さい、やや大きい、大きい）㊟無			洪水、地すべり、その他（　　）　有（小さい、やや小さい、やや大きい、大きい）㊟無			0	
	公害発生の程度	騒音、大気汚染等	騒音（航空機）大気汚染（　　）等の程度　小さい、やや小さい、㊟同じ、やや大きい、大きい			基準地の属する地域と比較して　小さい、やや小さい、㊟同じ、やや大きい、大きい			0	(103)/100

条件	項目	細項目	基準地		対象地		格差	計
			内　　訳		内　　訳			
行政的条件	土地の利用に関する公法上の規制の程度	用途地域及びその他の地域、地区等	用途地域(二中専)建ぺい率(60)％容積率(200)％ その他（　　　） 弱い　やや弱い　(普通)　やや強い　強い		用途地域(二中専)建ぺい率(60)％容積率(200)％ その他（　　　） 弱い　やや弱い　(普通)　やや強い　強い		0	$\dfrac{(100)}{100}$
		その他の規制	強い　　普通　　弱い		強い　　普通　　弱い		―	
その他	その他	将来の動向	優る　やや優る　(普通)　やや劣る　劣る		優る　やや優る　(普通)　やや劣る　劣る		0	$\dfrac{(100)}{100}$
		その他	優る　　普通　　劣る		優る　　普通　　劣る		―	
地域要因の比較		街路条件	交通・接近条件	環境条件	行政的条件	その他		計
		$\dfrac{(100)}{100}$ ×	$\dfrac{(101.5)}{100}$ ×	$\dfrac{(103)}{100}$ ×	$\dfrac{(100)}{100}$ ×	$\dfrac{(100)}{100}$ =		$\dfrac{(104.54)}{100}$

各　論

別表6　S－3、S－4から比準する場合

造成宅地の品等調査及び算定表

比較項目 \ 品等	造成宅地の品等							
	基準地番号 公示S－3 所在 ○町3丁目5番 基準地の属する地域			基準地番号 公示S－4 所在 ○町8丁目5番 基準地の属する地域			申請番号 6 所在 R台4丁目35番 対象地の属する地域		
	内訳			内訳			内訳		
	上	中	下	上	中	下	上	中	下
1．街　　路									
イ歩道又はガードレール 　の有無　（幹線街路）	+1.0	0		+1.0	0		+1.0	0	
ロ構　　　　造									
電　柱　の　位　置	+1.0	0		+1.0	0		+1.0	0	
角　　　　　　　切	+1.0	0		+1.0	0		+1.0	0	
ハ排　水　施　設	+2.0	0	-2.0	+2.0	0	-2.0	+2.0	0	-2.0
ニ街路樹の有無	+1.0	0		+1.0	0		+1.0	0	
ホ勾　　　　　　配	+1.5	0	-3.0	+1.5	0	-3.0	+1.5	0	-3.0
2．雨　水　排　水									
イ排　水　方　式	+2.0 (+1.5)	0(0)	-2.0 (-2.0)	+2.0 (+1.5)	0(0)	-2.0 (-2.0)	+2.0 (+1.5)	0(0)	-2.0 (-2.0)
ロ排　水　能　力	+1.0	0		+1.0	0		+1.0	0	
ハ排　水　施　設	+2.0	0	-2.0	+2.0	0	-2.0	+2.0	0	-2.0
3．画　地　仕　上　げ									
イ前面道路との関係	+2.0 (+2.0)	0(0)	-6.0 (-5.0)	+2.0 (+2.0)	0(0)	-6.0 (-5.0)	+2.0 (+2.0)	0(0)	-6.0 (-5.0)
ロ擁　　　　　壁									
材　　　　　　料	+2.0	0	-1.5	+2.0	0	-1.5	+2.0	0	-1.5
構　　　　　　造	+2.0	0		+2.0	0		+2.0	0	
施　　　　　　工	+1.0	0		+1.0	0		+1.0	0	
ハ改良を要する地盤	+1.0	0		+1.0	0		+1.0	0	
ニ土　　　　　　質	+1.5 (+1.5)	0(0)	-1.5 (-2.0)	+1.5 (+1.5)	0(0)	-1.5 (-2.0)	+1.5 (+1.5)	0(0)	-1.5 (-2.0)
ホ駐　車　設　備	+2.0	0		+2.0	0		+2.0	0	
4．公　園　・　緑　地									
イ規　　　　　　模	+2.0 (+2.0)	0(0)	-1.5 (-2.0)	+2.0 (+2.0)	0(0)	-1.5 (-2.0)	+2.0 (+2.0)	0(0)	-1.5 (-2.0)
ロ内　　　　　　容	+1.0	0		+1.0	0		+1.0	0	
5．諸施設(予定を含む)									
イ街　　　　　　灯	+1.0	0	-1.0	+1.0	0	-1.0	+1.0	0	-1.0
ロゴ　ミ　集　積　施　設	+1.0	0		+1.0	0		+1.0	0	
ハ集　　会　　所	+1.0	0		+1.0	0		+1.0	0	
ニ医　療　施　設	+2.0	0	-3.0	+2.0	0	-3.0	+2.0	0	-3.0
ホバ　ス　停　留　所	+2.0 (+2.5)	0	-3.0 (-4.0)	+2.0 (+2.5)	0(0)	-3.0 (-4.0)	+2.0 (+2.5)	0(0)	-3.0 (-4.0)
ヘ幼　稚　園、保　育　園	+2.0	0	-2.5	+2.0	0	-2.5	+2.0	0	-2.5
ト消火栓、防火水槽等	+1.0	0	-1.0	+1.0	0	-1.0	+1.0	0	-1.0
6．団　地　管　理　体　制	+1.0(+3.0)	0(0)		+1.0(+3.0)	0(0)		+1.0(+3.0)	0(0)	
7．そ　　の　　他									
イ立　地　条　件	+4.0 (+2.0)	0 (0)	-4.5 (-3.0)	+4.0 (+2.0)	0 (0)	-4.5 (-3.0)	+4.0 (+2.0)	0 (0)	-4.5 (-3.0)
合　　　　　　計	27.0	0	-4.0	22.0	0	0	28.0	0	0

別表7　S－3から比準する場合

住宅地（標準住宅）調査及び算定表　その3

条件	項目	細項目	個別的要因		格差	計
			基準地番号　公示S－3 所　在　○町3丁目5番 基　準　地 内　訳	申請番号　6 所　在　R台4丁目35番 対　象　地 内　訳		
街路条件	接面街路の系統・構造等の状態	系統及び連続性	優る　やや優る　⦿普通　やや劣る　劣る	優る　やや優る　⦿普通　やや劣る　劣る	0	
		幅員	接面街路の幅員約（ 6 ）m 優る　やや優る　⦿普通　やや劣る　劣る	接面街路の幅員約（ 6 ）m 優る　やや優る　⦿普通　やや劣る　劣る	0	
		舗装	種別(アスファルト簡易)　補修の必要性（⦿有・無） 優る　やや優る　普通　⦿やや劣る　劣る	種別(アスファルト)　補修の必要性（有・⦿無） 優る　やや優る　⦿普通　やや劣る　劣る	1.0	(101)/100
		除雪 施設等				
交通・接近条件	交通施設との距離	最寄駅への接近性	基準地から（ S市 ）駅まで約（1.8k）m 優る　やや優る　普通　⦿やや劣る　劣る	対象地から（ S市 ）駅まで約（1.9k）m 優る　やや優る　⦿普通　やや劣る　劣る	1.5	
	商業施設との接近の程度	最寄商業施設への接近性	（　　）まで(バス・⦿徒歩)約（3～10）分 優る　やや優る　⦿普通　やや劣る　劣る	（　　）まで(バス・⦿徒歩)約（ 3.4 ）分 優る　やや優る　⦿普通　やや劣る　劣る	0	
	公共施設等との接近の程度	幼稚園、小学校、公園、病院、官公署等	公共公益施設まで約（ 630 ）m	公共公益施設まで約（ 690 ）m	0	(101.5)/100
環境条件	日照・通風・乾湿等の良否	日照、通風、乾湿等	優る　⦿普通　劣る	優る　⦿普通　劣る	0	
	地勢・地質・地盤等の良否	地勢、地質、地盤等	優る　⦿普通　劣る	優る　⦿普通　劣る	0	
	周囲の状況	隣接地の利用状況	（　　）方にアパート等がある。⦿無 ⦿普通　やや劣る　劣る　相当に劣る　極端に劣る	（　　）方にアパート等がある。⦿無 ⦿普通　やや劣る　劣る　相当に劣る　極端に劣る	0	
	供給処理施設の状態	上水道	優る　⦿普通　劣る	優る　⦿普通　劣る	0	
		下水道	優る　⦿普通　劣る	優る　⦿普通　劣る		
		都市ガス等	優る　⦿普通　劣る	優る　⦿普通　劣る		
	危険施設・処理施設等との接近の程度	危険施設・処理施設等の有無	危険施設（　　）処理施設等（　　） 有（小　やや小　通常　やや大　大）⦿無	危険施設(高圧線へ60m)処理施設等（　　） ⦿有(⦿小　やや小　通常　やや大　大)　無	-1.5	(98.5)/100
画地条件	地積・間口・奥行・形状等	地積	地積（ 163 ）㎡ ⦿普通　やや劣る　劣る	地積（ 180 ）㎡ ⦿普通　やや劣る　劣る	1.00	
		間口狭小	間口（約12）m ⦿普通　やや劣る　劣る　相当に劣る　極端に劣る	間口（約10）m ⦿普通　やや劣る　劣る　相当に劣る　極端に劣る	1.00	
		奥行逓減	奥行（約13）m ⦿普通　やや劣る　劣る　相当に劣る　極端に劣る	奥行（約18）m ⦿普通　やや劣る　劣る　相当に劣る　極端に劣る	1.00	
		奥行短小	⦿普通　やや劣る　劣る　相当に劣る　極端に劣る	⦿普通　やや劣る　劣る　相当に劣る　極端に劣る	1.00	
		奥行長大	$\frac{奥行}{間口}=\frac{13}{12}=1.08$ ⦿普通　やや劣る　劣る　相当に劣る　極端に劣る	$\frac{奥行}{間口}=\frac{18}{10}=1.80$ ⦿普通　やや劣る　劣る　相当に劣る　極端に劣る	1.00	
		不整形地	⦿普通　やや劣る　劣る　相当に劣る　極端に劣る	⦿普通　やや劣る　劣る　相当に劣る　極端に劣る	1.00	
		三角地	（　　）角、最小角（　　）度 普通　やや劣る　劣る　相当に劣る　極端に劣る	（　　）角、最小角（　　）度 普通　やや劣る　劣る　相当に劣る　極端に劣る	—	
	方位・高低・角地・その他接面街路との関係	方位	接面街路の方位 北、西、⦿東、その他（　　）	接面街路の方位 北、⦿西、東、南、その他（　　）	0.98	
		高低	接面街路より約（ 30c ）m（　　⦿高）い 優る　やや優る　⦿普通　やや劣る　劣る	接面街路より約（ 90c ）m（　　⦿高）い 優る　やや優る　⦿普通　やや劣る　劣る	1.00	
		角地	角地の方位（接面街路） 北西、北東、南西、南東 普通　やや優る　優る　相当に優る　特に優る	角地の方位（接面街路） 北西、北東、南西、南東 普通　やや優る　優る　相当に優る　特に優る	—	

条件	項目	細項目	基準地 内訳	対象地 内訳	格差	計
画地条件	方位・高低・角地・その他接面街路との関係	準角地	準角地の方位(接面街路) 北西　北東　南西　南東 普通　やや優る　優る　相当に優る　特に優る	準角地の方位(接面街路) 北西　北東　南西　南東 普通　やや優る　優る　相当に優る　特に優る	―	
		二方路	普通　やや優る　優る　特に優る	普通　やや優る　優る　特に優る	―	
		三方路				
		袋地				
		無道路地				
		崖地等				
		私道減価				
	その他	高圧線下地	高圧線下地積(　)㎡総地積に対し (　)%	高圧線下地積(　)㎡総地積に対し (　)%	―	(98)/100
行政的条件	公法上の規制の程度	用途地域及びその他の地域、地区等	用途地域(二中専)建ぺい率(60)%容積率(200)% その他(　) 弱い　やや弱い　**普通**　やや強い　強い	用途地域(二中専)建ぺい率(60)%容積率(200)% その他(　) 弱い　やや弱い　**普通**　やや強い　強い	0	(100)/100
その他	その他	その他	優る　普通　劣る	優る　普通　劣る	―	(―)/100

個別的要因の比較	街路条件	交通・接近条件	環境条件	画地条件	行政的条件	その他	計
	(101)/100	× (101.5)/100	× (98.5)/100	× (98)/100	× (100)/100	× (―)/100	= (98.95)/100

別表8　S－4から比準する場合

住宅地（標準住宅）調査及び算定表　その3

条件	項目	細項目	個別的要因 基準地番号 公示S－4 所在 ○町8丁目3番 基準地 内訳	申請番号 6 所在 R台4丁目35番 対象地 内訳	格差	計
街路条件	接面街路の系統・構造等の状態	系統及び連続性	優る　やや優る　(普通)　やや劣る　劣る	優る　やや優る　(普通)　やや劣る　劣る	0	
		幅員	接面街路の幅員約(6)m 優る　やや優る　(普通)　やや劣る　劣る	接面街路の幅員約(6)m 優る　やや優る　(普通)　やや劣る　劣る	0	
		舗装	種別(アスファルト)補修の必要性(有・(無)) 優る　やや優る　(普通)　やや劣る　劣る	種別(アスファルト)補修の必要性(有・(無)) 優る　やや優る　(普通)　やや劣る　劣る	0	
		(除雪施設等)				(100)/100
交通・接近条件	交通施設との距離	最寄駅への接近性	基準地から(S市)駅まで約(2.5k)m 優る　やや優る　(普通)　やや劣る　劣る	対象地から(S市)駅まで約(1.9k)m 優る　やや優る　(普通)　やや劣る　劣る	0	
	商業施設との接近の程度	最寄商業施設への接近性	( )まで(バス・(徒歩))約(16)分	( )まで(バス・(徒歩))約(3.4)分	0	
	公共施設等との接近の程度		公共公益施設まで約(730)m 優る　やや優る　(普通)　やや劣る　劣る	公共公益施設まで約(690)m 優る　やや優る　(普通)　やや劣る　劣る	0	(100)/100
環境条件	日照・通風・乾湿等の良否	日照、通風、乾湿等	優る　(普通)　劣る	優る　(普通)　劣る	0	
	地勢・地質・地盤等の良否	地勢、地質、地盤等	優る　(普通)　劣る	優る　(普通)　劣る	0	
	周囲の状況	隣接地の利用状況	( )方にアパート等がある。(無) (普通)　やや劣る　劣る　相当に劣る　極端に劣る	( )方にアパート等がある。(無) (普通)　やや劣る　劣る　相当に劣る　極端に劣る	0	
	供給処理施設の状態	上水道	優る　(普通)　劣る	優る　(普通)　劣る	0	
		下水道	優る　(普通)　劣る	優る　(普通)　劣る	0	
		都市ガス等	優る　(普通)　劣る	優る　(普通)　劣る	0	
	危険施設・処理施設等との接近の程度	危険施設、処理施設等の有無	危険施設( )処理施設等( ) 有(小　やや小　通常　やや大　大)	危険施設(高圧鐵〜60m)処理施設等( ) (有)(小)　やや小　通常　やや大　大　無	-1.5	(98.5)/100
画地条件	地積・間口・奥行・形状等	地積	地積(193)㎡ (普通)　やや劣る　劣る	地積(180)㎡ (普通)　やや劣る　劣る	1.00	
		間口狭小	間口(約9)m (普通)　やや劣る　劣る　相当に劣る　極端に劣る	間口(約10)m (普通)　やや劣る　劣る　相当に劣る　極端に劣る	1.00	
		奥行逓減	奥行(約21)m (普通)　やや劣る　劣る　相当に劣る　極端に劣る	奥行(約18)m (普通)　やや劣る　劣る　相当に劣る　極端に劣る	1.00	
		奥行短小	(普通)　やや劣る　劣る　相当に劣る　極端に劣る	(普通)　やや劣る　劣る　相当に劣る　極端に劣る	1.00	
		奥行長大	奥行/間口 = 21/9 = 2.33 (普通)　やや劣る　劣る　相当に劣る　極端に劣る	奥行/間口 = 18/10 = 1.80 (普通)　やや劣る　劣る　相当に劣る　極端に劣る	1.00	
		不整形地	(普通)　やや劣る　劣る　相当に劣る　極端に劣る	(普通)　やや劣る　劣る　相当に劣る　極端に劣る	1.00	
		三角地	( )角、最小角( )度 普通　やや劣る　劣る　相当に劣る　極端に劣る	( )角、最小角( )度 普通　やや劣る　劣る　相当に劣る　極端に劣る	－	
	方位・高低・角地・その他接面街路との関係	方位	接面街路の方位 (北)、西、東、南、その他( )	接面街路の方位 北、西、(東)、南、その他( )	1.04	
		高低	接面街路より約(60c)m (高)い 優る　やや優る　(普通)　やや劣る　劣る	接面街路より約(90c)m (高)い 優る　やや優る　(普通)　やや劣る　劣る	1.00	
		角地	角地の方位(接面街路) 北西、北東、南西、南東 普通　やや優る　優る　相当に優る　特に優る	角地の方位(接面街路) 北西、北東、南西、南東 普通　やや優る　優る　相当に優る　特に優る	－	

— 105 —

条件	項目	細項目	基準地 内訳	対象地 内訳	格差	計
画地条件	方位・高低・角地・その他接面街路との関係	準角地	準角地の方位（接面街路） 北西　北東　南西　南東 普通　やや優る　優る　相当に優る　特に優る	準角地の方位（接面街路） 北西　北東　南西　南東 普通　やや優る　優る　相当に優る　特に優る	—	
		二方路	普通　やや優る　優る　特に優る	普通　やや優る　優る　特に優る	—	
		三方路				
		袋地				
		無道路地				
		崖地等				
		私道減価				
	その他	高圧線下地	高圧線下地積（　　）㎡総地積に対し （　　）％	高圧線下地積（　　）㎡総地積に対し （　　）％	—	$\frac{(104)}{100}$
行政的条件	公法上の規制の程度	用途地域及びその他の地域、地区等	用途地域(二中専)建ぺい率(60)%容積率(200)% その他（　　） 弱い　やや弱い　⦿普通　やや強い　強い	用途地域(二中専)建ぺい率(60)%容積率(200)% その他（　　） 弱い　やや弱い　⦿普通　やや強い　強い	0	$\frac{(100)}{100}$
その他	その他	その他	優る　普通　劣る	優る　普通　劣る	—	$\frac{(-)}{100}$
個別的要因の比較			街路条件　交通・接近条件　環境条件　画地条件　行政的条件　その他　計			
			$\frac{(100)}{100} \times \frac{(100)}{100} \times \frac{(98.5)}{100} \times \frac{(104)}{100} \times \frac{(100)}{100} \times \frac{(-)}{100} = \frac{(102.44)}{100}$			

第2　商業地

第2　商業地

1　定義及び地域区分

　商業地域とは、宅地地域のうち商業活動の用に供される建物等の敷地の用に供されることが社会的、経済的及び行政的観点からみて合理的と判断される地域をいう。
　「……の用に供されることが自然的、社会的、経済的及び行政的観点からみて合理的と判断される地域」とは、既述の住宅地域における用途的観点から判断する方法と同様である。
　商業地域はその地域的特性により、高度商業地域、準高度商業地域、普通商業地域、近隣商業地域及び郊外路線商業地域に区分されている。それぞれの地域の判定にあたって参考となる事項等をあげれば、次のとおりとなる。

(1)　**高度商業地域**
　高度商業地域は、大都市の都心または副都心にあって全国または地方を対象とする広域的な商圏を有し、比較的規模の大きい店舗、事務所等が集中している地域である。また、高度商業地域の性格に応じて、さらに、次のような細分類が考えられる。（イ）一般高度商業地域：主として繁華性、収益性等が極めて高い店舗が高度に集積している地域（ロ）業務高度商業地域：主として行政機関、企業、金融機関等の事務所が高度に集積している地域（ハ）複合高度商業地域：店舗と事務所が複合して高度に集積している地域、に分類することができ、具体の地域区分にあたっては、これらの地域の性格から判断しておおむね次の事項が一つの目安となろう。
　　ア　都市規模については、次のイ商圏との関連も考慮して東京23区、指定都市であること。
　　イ　商圏については、当該都道府県の範囲を超えて全国、広域的な地方（例えば、西日本地方、東北地方、中国地方等）またはこれらに準ずる規模の背後地を対象とした範囲であること。
　　ウ　規模については、商業の集積が進み高度利用が図られている地域であり、建築

各　論

基準法の規定による容積率がおおむね70／10以上で、地域の現実の利用状態もこれに近い利用がなされている地域であること。
　高度商業地域における都心とは、おおむね県庁所在地またはこれに準ずる規模の都市等地方中核都市以上の規模を有する都市で、当該都市を中心とした都市圏域において、政治、経済、文化等の諸活動のために必要な店舗、事務所の建物及び官公庁、公民館等の公共的な建物等が建ち並び、当該都市圏域における政治的、経済的及び社会的な都市機能の中枢となっている地域である。この地域は、都市としての高度機能を充足させることとなるので、当該都市圏域の内外から多くの人が集まり、日常のビジネス、ショッピング、レジャー、文化活動等に対する依存の度合いが高い地域である。
　副都心とは、都心を含む都市圏域において、このような都心としての機能を、都心と競合的に分担して充足することによって当該都市圏域における政治的、経済的及び社会的な都市機能の中枢の一つを形成している地域である。この地域は、建物施設等の集中の状態、及び人口の集中の程度は都心とほぼ同程度に近く、その価格水準も都心とほぼ同水準に近くなっている場合が多い。
　なお、高度商業地域と考えられる地域を例示すれば次のとおりである。
　東京都（銀座、新宿、丸の内等）、大阪市（梅田、心斎橋）、名古屋市（栄、名古屋駅前）、横浜市（横浜駅前）、京都市（四条河原町）、神戸市（三宮）、札幌市（南一条西四丁目十字街）、仙台市（仙台駅前）、広島市（本通り）、福岡市（天神）

(2)　準高度商業地域
　準高度商業地域は、高度商業地域につぐ中心商業地域であり、広域的な商圏を有し、店舗、事務所等が連たんして商業地としての集積の程度が高い地域である。高度商業地域に準じて判断の目安をあげるとおおむね次のとおりである。
　ア　都市規模については、県庁所在地またはこれに準ずる都市であること。
　イ　商圏については、県内全般にわたる範囲またはこれに準ずる規模の背後地を対象とした範囲であること。
　ウ　規模については、高度商業地域に準じて建築基準法の規定による容積率がおおむね60／10前後で、地域の現実の利用状態もこれに近い利用がなされている地域であること。

第2　商業地

(3)　普通商業地域

　高度商業地域、準高度商業地域、近隣商業地域及び郊外路線商業地域以外の商業地域である。
　地方中小都市の中心商業地域、またはこれに準ずる規模の商業地域でいわゆる日用品雑貨等を主とするが多様性を有しており、中間的な商業地域である。

(4)　近隣商業地域

　近隣の居住者に対する日用品の供給を行うことを主たる内容とする商業地域である。都市計画で定められた近隣商業地域と必ずしも符合しているとは限らないので、地域の実態を十分に把握して区分する必要がある。

(5)　郊外路線商業地域

　都市の郊外の幹線道路（国道、都道府県道等）沿いに立地し、主として、自動車利用客を対象とする店舗・事務所等が連たんする地域である。

2　地域の判定にあたっての留意事項

　商業地域は、商業活動による収益性を考慮することから総論で述べたほかに留意点をあげると次のとおりである。

(1)　近隣地域の範囲
　ア　用途の共通性
　　商業活動の用途に供されていることを中心とする用途の共通性によって範囲を判定しようとするもので、地域区分、さらにその間における地域的特性を考慮して判断する。
　イ　価格水準
　　当該地域内のそれぞれの土地の価格が30％以内に分布する地理的範囲を一応の目安として判定することとしているが、商業地域の場合、同一の市区町村内においても価格の格差が著しい場合が少なくない。例えば、距離的には近くにあっても価格水準には相当の差異が生じる場合もあるので、住宅地域又は工業地域に比べその地理的範囲は狭まる傾向にある。また、逆に郊外路線商業地域は同類の熟成度から判

断して行うことから、地理的範囲は拡大する傾向にある。
　なお、価格比準の基礎となる土地は対象地の存する地域及び当該地域の地域区分と同一の地域区分に属する地域で同一需給圏内にあるものから選定することとなっているが、郊外路線商業地については、対象地の存する地域の価格水準に比べ基準地の存する地域の価格水準との開差が大きいことが実態的であるので、価格水準が上位100％、下位50％の範囲内にあるものから選定することとした。
　また、当分の間は、基準地が少ないことが考えられるので、鑑定評価の先例地を基準地とみなして取り扱うこととした。
　ウ　自然的条件等
　地域を他の地域と区分するものとしては、河川、水路、道路、公園、学校、官公庁、工場等があり、顧客の通行系路が限定される等地域の範囲を決定する要因となる。

(2) 同一需給圏の範囲

　同一需給圏については、商業地の場合一般的に商圏の範囲に比例し、高度商業地域、準高度商業地域、普通商業地域、近隣商業地域の順に狭くなる傾向がある。これは大資本を擁する企業は、商業収益に着目して行動するのに対し、比較的小規模の商業資本を擁する個人企業は住宅地と同様に地縁的選好性を持つことによる。したがって、標準地又は基準地の存する地域の選定にあたっては、対象地の存する地域の性格に応じた同一需給圏の傾向を考慮して行うこととなるが、実際には相互の性格が全く同一のものを選定することは相当の困難を伴うので、極力その範囲を広げ、できるだけ類似性の強いもの、また価格水準の差異が少ないもののうち2か所以上の地域から検討するよう努めることが必要である。
　なお、郊外路線商業地域は、都市と都市を結ぶ国道、主要地方道等の幹線道路に接面しており、市街地外に形成される幹線型の商業地域であることから、幹線ごとに、背後地がかかえる住宅団地、市街地規模等により成り立つ商業収益に関して代替性の及ぶ地域の範囲とすることが妥当であり、その範囲は広域的に形成される傾向にある。

3　地域的特性の判定

　地域的特性は、具体的には地域の標準的使用に体現されているので、相互の地域の

第2 商業地

標準的使用の用途的、機能的な類似性を判定することとなる。

まず、前記の高度商業地域、準高度商業地域、普通商業地域、近隣商業地域及び郊外路線商業地域の地域区分と同一の地域区分に属する地域にあるものから選定することとなるが、これらの同一地域の内においても、地域において主体をなしている業種、またはその規模等により地域的特性が異なり、価格水準の開きを生じる場合がある。したがって、具体的には次のような事項により地域的特性を判断することができる。なお、これらの事項はそれぞれ相互に関連しているので、総合的に判断して行わなければならない。

(1) **営業の種別によるもの**

地域の特性を特徴づける要因のなかでも最も比重が高い事項で、地域において主体となる業種とその構成等により地域的特性が生ずる場合である。

以下、主体となる業種を例示すれば次のとおりであるが、同一業種と判断しても当該地域内における業種の構成割合、機能的な相違についても留意する必要がある。

　ア　事務所、営業所等が多い地域
　イ　問屋、倉庫等の流通関連の業種が多い地域
　ウ　自動車修理工場、ガソリンスタンド等の広域サービス関連の業種が多い地域
　エ　飲食、娯楽、レクリエーション関連の業種が多い地域
　オ　小売店舗が多い地域
　（ア）専門店が多い地域
　（イ）（ア）と（ウ）の中間的な小売店舗でいわゆる日用品雑貨等を中心とした店舗が多い地域
　（ウ）日常生活必需品、いわゆる最寄品を中心とした店舗が多い地域
　カ　上記業種等の混在地域、他地域へと変化している地域
　キ　郊外路線商業地域の主な業種
　　立地業種との関連として、
　（ア）主として自動車利用客を対象とする業種である。
　（イ）路線商業地域の熟成の過程として次のような傾向が認められる。
　　　・ガソリンスタンド、中古車センター
　　　・パチンコ、ファミリーレストラン、モーテル、ゴルフ練習場
　　　・日用品・大工センター等の大型物販店、ディスカウント店

　　　　　　　　　各　　論

　　・家庭電化製品、紳士服、カメラ、ゴルフ等のスポーツ用品、書物を販売する大型チェーン店、コンビニエンスストア
　　・複合物品を取り扱う大型店舗、健康ランド

(2) 規模によるもの
　地域あるいは個々の画地の規模による地域的な特性が生ずる場合であって、地域のもつ商圏の広さの程度、地域の広がりの程度、画地の広さの程度等がその要因となっている。
　ア　商圏の広狭
　　商業地の勢力は、顧客が存する地域的な範囲の広さと、その数に依存しており、これらとの関連は地域の特性と密着している。いうまでもないが商圏の広さの比較においては、業種別の立地条件を考慮して行うことに留意することが必要である。
　イ　地域の広がりの程度
　　地域の広さは顧客の流入量との関連もあって、商業地としての集積度を示すものと考えられるが、必ずしも比例しているとは限らないので、単純に量的な面のとらえ方のみでなく、流入する顧客の状態をも併せて判断することが必要である。
　ウ　地域の広がり方
　　地域の広がり方には、交通機関、街路の状態等との関連で様々の形態があると考えられるが、面的な広がりであるか線的な広がりであるかによって、顧客の通行量、車両通行等の利便性、他の商業地域との競合関係等に相違が生ずる場合があり、これらの商業立地条件の相違を地域的な特性としてとらえることができる。特に、郊外路線商業地については、他の商業地域と異なり、
　地域の立地上の関連として、
　(ア) 都市と都市を結ぶ国道、主要地方道等の幹線道路に接面している。
　(イ) 母都市を核として一定の範囲に形成される。
　(ウ) 交通の結節点に接近するとか背後地に住宅団地を控えている場合がある。
　(エ) 画地規模が比較的大規模に確保し得る地域である。
　(オ) 鉄道駅との距離の関係はあまりない。
　等に留意する必要がある。
　エ　画地の状態
　　商業地域の中にある各画地の状況は、地域全体の規模、性格に対応して利用され

第2　商業地

ているので画地の状態も一つの目安となるのであろう。
　（ア）画地の広狭
　　高度立体的な利用が図られる地域では画地の面積も広大になるように地域的な性格との関連もあるので、次の(3)の建物の利用状況とも併せて考慮することが必要であろう。
　（イ）画地の構成
　　画地の面積、形状の均一性等についての判断であり、建物の利用の状態とも併せて考慮することが必要であろう。

(3)　建物の利用状況によるもの
　建物の利用状況は、商業地域の集積の程度との関連が強いのが一般的であるが、必ずしも価格水準と一致するとは限らないので、単純な現況の比較のみでなく、実態の把握に努めなければならない。
　　ア　非木造の建物が多い地域
　　　（ア）高層の商業用建物が多い地域
　　　（イ）中層の商業用の建物が多い地域
　　　（ウ）住宅兼用の中高層の商業用の建物が多い地域
　　　（エ）混在地域
　　イ　木造の建物が多い地域
　　　（ア）商業用の建物が多い地域
　　　（イ）住宅兼用の商業用の建物が多い地域
　　　（ウ）混在地域
　　ウ　アとイの混在地域

(4)　公法上の規制によるもの
　公法上の規制は、商業地域に対して良好な商環境と高度の商業的機能を維持させようとする内容であるので、規制の内容は地域の利用形態に大きな影響を与えている。しかしながら、地域の実態とは必ずしも符合していない場合もあるので留意する必要がある。
　　ア　用途地域
　　　商業地域、近隣商業地域の指定は、商業その他の業務の利便を増進するために定

められたものであるので、一般的には指定された地域はその他の地域に比較して商環境は優れていると判断される。
　（ア）商業地域に指定されている地域
　（イ）近隣商業地域に指定されている地域
　（ウ）その他の用途地域に指定されている地域
　（エ）用途地域が指定されていない地域

　イ　特別用途地区

　この規制の内容は地方公共団体の条例で定められることとなるが、用途地域内において特別の目的から土地利用の増進、環境の保護等を図るため定められたものであり、地域の特性が明確に位置づけられることになる。
　（ア）小売店舗地区に指定されている地域
　（イ）事務所地区に指定されている地域
　（ウ）娯楽・レクリエーション地区に指定されている地域
　（エ）観光地区に指定されている地域
　（オ）特別業務地区に指定されている地域

　ウ　容積率（建築基準法の規定により定められた建物の延面積と敷地面積の割合）

　収益性の高さは宅地の高度利用の程度として表れ、単位面積当たりの利用度が図られることとなる。一般に収益性の高さに比例してこの利用の程度も高まることとなるが、容積率はこの限度を定めたものであり、容積地区の種別一種あたりの価格水準で取引価格の一応の目安とされる場合もあるほどに大きな要因となっている。

　エ　その他の規制

　上記の規制のほか地域を特徴づける規制を受けているかどうか、受けているとすればどの程度の影響があるか等について留意する必要がある。特に、郊外路線商業地域については、地域の形成が、第一種・第二種住居地域、準工業地域、市街化調整区域にも及ぶことから、各々用途規制を十分に把握し対応することが必要である。

4　地域要因の比較項目及び格差率

　商業地域について着目すべき主要な地域要因は、不動産の収益性を高め、あるいは低める要因となる一般的要因及び自然的条件である。商業地域の収益性に大きな影響を与える項目として次の項目が掲げられるが、各地域に共通して環境条件の項目であ

第2　商業地

る「背後地及び顧客の購買力等」「繁華性の程度」及びその他条件の「その他」の細項目である「将来の動向」に大きな格差率が付されている。

　また、このほかに、各地域別にみると高度商業地域及び準高度商業地域では、環境条件の細項目である「デパート、大型店の数、延面積」及び「全国的規模の店舗、事務所の数、延面積」、行政的条件の細項目である「容積制限による規制」に、普通商業地域では交通・接近条件の細項目である「最寄駅の乗降客の数」「最寄駅への接近性」、行政的条件の細項目である「容積制限による規制」に、近隣商業地域では交通・接近条件の細項目である「最寄駅の乗降客の数」「最寄駅への接近性」、環境条件の細項目である「店舗の連たん性」に、郊外路線商業地域では街路条件の細項目である「系統及び連続性」、環境条件の細項目である「交通量」、行政的条件の細項目である「その他の地域、地区による規制」に比較的大きい格差が付されている。

(1)　街路条件

　商業地域の街路網を構成する街路の幅員、舗装、配置、系統等の状態は、不動産の効用に大きな影響を及ぼす。これらの街路の状態が、良好な場合には、通行の安全が確保されること等商業地域としての利便を高め、その価格に著しい影響を与えるものである。

　商業地域は、街路沿いに連担し、集まって街区を構成する店舗、事務所その他商業施設により形成される。したがって、街路の性格がそこに形成される商業地域の地域的特性に及ぼす影響は大きく、一方では商業地域が街路条件により制約を受けることとなり相互に関連して地域要因を形成している。

　また、街路、街区の規模、範囲、態様の類似した商業地域は地域的特性を有するのが通常であり、この意味では街路条件は類似地域の選択の重要な指標でもある。

　街路条件における項目は「街路の状態」と「街区の状態」の2項目があり、「街路の状態」は「幅員」「舗装」「歩道」「勾配」「構造」及び「系統及び連続性」に、「街区の状態」は「街区の整然性」及び「街区の施設の状態」にそれぞれ細区分される。

ア　街路の状態

　（ア）幅員

　　商業地域における業種の構成、規模等当該地域の性格によってそれに適合する街路の幅員が異なるので、地域の特性に適合した幅員であるかどうかによって判定されるものである。したがって、幅員の広狭がそのまま価格形成要因の増減に比例す

各　論

るとは必ずしも限らない。

　例えば、自動車の円滑な交通が不可欠であるオフィス街、卸売商店街、郊外路線商業地域にあっては街路はある程度広い方がよいが、反面、ある程度の雑踏、混雑が商店街としての繁華性を高め、歩行の顧客の誘致要因ともなっている小売商業地域にあっては後記の交通災害等の状況とも関連するが、6m内外の幅員が収益性を高める場合が多い。

　なお、街路の幅員は、建築物の高さ、面積等に関する建築基準法上の制限（行政条件）と密接に関連していることに留意しなければならない。

　（イ）歩道

　歩道は顧客の安全保持のため必要な道路施設であり、歩道の幅員等が顧客の通行に与える利便性を判定して比較を行うものとする。道路の構造の一般的な技術基準を定めている「道路構造令」では、歩道の最低幅員を2mとしているが、一定の要件を満たす場合には2m以下の歩道の設置も認めているため、2mを基準として判定基準に優劣をつけている。また、近年では、歩道のバリアフリー化（歩道の形式、歩道面の高さ等に配慮した施工）、無電柱化等の推進により、より機能性の高い歩行空間の整備が行われているケースもあるため、比較の際にはこのような要素も勘案することとなる。

　なお、アーケード街等のように車の通行が禁止されているところで、歩道の設置が考えられない場合は他の交通規制の状態等の項目で判定することとなる。

　（ウ）勾配

　街路の勾配はその街路の長さと傾斜の状態により、または商業施設の配置の状態により一概に収益性を阻害するとは考えられないが、一般的には、客足の本来の性向として労を要し、注意力の分散する坂道を嫌う傾向があり、他の条件が同一であれば勾配のある街路沿いの商業地域の収益性はより低いといえる。

　ただし、山間部、港湾部の諸都市において多くみられるように他の商業適地が求めがたい場合には、ことさら大きな減価要素とはならないと思われるので、客足の流れに与える影響の程度を考慮して判定する必要がある。

　（エ）舗装

　高度商業地域、準高度商業地域及び郊外路線商業地域においては、一般的には舗装率は100％に近く、維持補修の状況も良好であるので格差を生ずるに至らないと考えられるが、普通商業地域、近隣商業地域においては舗装の程度について差異が

第2　商業地

認められ格差が生じる場合がある。
　舗装の程度については、セメントコンクリート舗装、アスファルトコンクリート舗装等構造上の路面の種類からの判定と、敷石、煉瓦、クリンカータイル等により特殊の舗装を施している等による美観上の判断とを併せて行うべきである。
　また、保守状況いかんは顧客の安全を害するおそれがあり、不快感を与えるような場合には減価する必要があろう。
（オ）構造
　郊外路線商業地域においては、道路構造が車両の進入に影響を及ぼすことになる。中央帯、植樹帯等は対面車両の進入にマイナス要素となるが、適当な間隔に切れ込みがあり対面車線に進入可能な時はマイナスとはならない。
（カ）系統及び連続性
　商業地域の特性によって、その商業上の機能を発揮するための街路の系統、連続性が異なるので、当該商業地域の地域的特性に応じ、当該地域を利用する通行者が通常一般的に行動する経路の性格に着目して判断することが必要であろう。
　一般的に、国道、都道府県道等の主要幹線道路は連続性が良く、単なる区画街路は連続性が比較的に悪いとされているが、オフィス街、卸売商店街、広域サービス業種の多い商業地域など車両通行に主眼点の置かれる商業地域と小売店舗街などの歩行者の通行に主眼点の置かれる商業地域では、街路のとらえ方が異なってくるので単に道路の種類による格差ではなく、商業地域の地域的特性に照らしてその適合性との度合いによって格差を求めなければならない。
　また、郊外路線商業地域の場合には、周辺の地域から自動車で当該地域内の沿道サービス施設等に来店することが一般的と考えられるため、郊外路線商業地域内の街路と周辺の幹線道路、高速道路との連続性や、周辺の幹線道路、高速道路の系統に着目して格差を求めることとなる。

イ　街区の状態
（ア）街区の整然性
　街区の態様には、旧幕以来の都市としての態様を今に残しているもの、村落時代の態様を残しているもの、戦前の区画整理によるもの、最近の市街地改造を経ているもの等様々である。
　判定のポイントは、現在の商業地域としての収益性に対する寄与の度合いである。設計の年次の新しいものには、もっとも斬新な収益性への寄与条件が盛り込まれて

いることは当然であるが、それが相当遠い将来を目指して設計され、現在の収益性への寄与が未だ不十分の場合もありうる。また、旧幕以来の街区の態様が独特の風趣をもち、顧客誘致の魅力となっている場合もあることに留意すべきであろうか。
　(イ) 街区の施設の状態
　小公園、街路樹、街灯、植栽、公衆便所等の都市施設の整備の状態である。これらは高度商業地域、準高度商業地域以外では比較的近年、区画整理、市街地改造、再開発の行われた都市において整備されている場合が多く、停滞的、衰退的な都市ではあまり整備されていないので、商業地域の発展性、将来性をみる指標とも考えられる。

(2) **交通・接近条件**
　商業地域の価値に最も大きな影響を与える収益性は、当該商業地域へ流入する利用者の数とその購買力、商品等の搬出入の利便の程度に負うところが大きい。したがって、これらの手段となる交通・接近条件は商業地域の価格の形成に大きな役割を果たしている。
　交通・接近条件が類似地域選択の指標となり、また、他の要因と深い相関関係にあることはいうまでもない。
　この条件における項目は「顧客の交通手段の状態等」であり、細項目は「最寄駅の乗降客の数」「最寄駅への接近性」「官公署との接近性」「都市中心部への接近性」「主要幹線道路等との接近性」「駐車場の整備の状態」及び「交通規制の状態」等に細区分される。
　ア　顧客の交通手段の状態等
　商業地域の背後地人口がいかに多くても、その商業地に到達するための交通手段が発達していなければ顧客を吸収することはできない。したがって、顧客の交通手段の状態は、背後地の広狭を地域的のみならず、密度の面においても規定する要因となる。
　(ア) 最寄駅の乗降客の数
　商業地域への顧客流入量は、最寄駅の乗降入員数によっておおむね把握できる。最寄駅としては、地域の実状によって異なるが、JR、私鉄の鉄道、バス、航空機、船舶等の交通機関を総合的にとらえて、それが当該商業地域への顧客の流入量、商業地域の収益性等にどれほどの影響を与えるかの判断によって決せられるべきであ

第2　商業地

ろう。
　また、乗降人員のうち乗換客あるいは他の地域への通勤のみを主な目的とする者については判定にあたって配慮されるべきであろう。
　(イ)　最寄駅への接近性
　最寄駅への接近性は、それぞれの近隣地域において一般的な標準的使用に供されていると認められる土地を中心にして判定されるものであるが、最寄駅への接近性における一般的な標準的使用に供されていると認められる土地とは、当該近隣地域の商業上の中心地点と最寄駅との間における客足の便についての標準的な関係位置をいうものであり、通常の通行手段による平均的な距離にある位置がおおむね基準となるものと考えられる。
　したがって、最寄駅との関連では同規模、同形態の商業地域であっても、商業上の中心地点の位置により、また顧客が利用する最寄駅からの通行手段及びその経路によってその標準的な関係位置が異なってくるので、単に当該地域の広がりでとらえた地理的位置での中心点、あるいは当該地域のうち最も最寄駅に接近した地点での接近性と、当該地域における標準的な関係位置での接近性とは必ずしも一致することとはならないことに留意して適用する必要がある。
　また、商業地域は概して駅、バス停留所等の交通施設を地域内にもつのが通常であるが、流入する顧客の相当部分が利用すると思われる駅、バス停留所等が地域外にある場合にも洩れなく判定にあたって配慮すべきである。
　(ウ)　官公署との接近性
　主として業務地区（オフィス街）の地価の形成要因である。国及び地方の産業、経済に重要な影響を及ぼす官公署周辺にはこうした業務地区が形成されるのが一般的であるが、ところによっては情報交換の場としての料飲店、社交場を含む繁華街の形成も認められる。
　官公署は街として形成されている場合もあり、個々の施設が孤立している場合もあるが、単に官公署の施設を地域内に含むから、またはこれらに近いからという距離的な接近性のみでなく、当該施設に起因する収益性に着目して格差を判定することが必要である。
　なお、官公署によって地域的な連続性が阻害される等マイナス要因として作用していると認められる場合には、別項「不適合な施設の状態」で判定するものとする。

各　論

(エ) 駐車場の整備の状態

　郊外路線商業地域においては、駐車場が確保されているのが一般的であるので格差を生ずるに至らないと考えられるが、主として高度商業地域、準高度商業地域内に設けられる大規模な公共的な駐車場についての判定が問題となる。しかし、普通商業地域にあっても卸売商業地域等、特に駐車場が価格形成要因として重視される場合もあり、交通機関の状態、地域的特性に即して判定すべきである。

　なお、地域によっては地方公共団体の条例で駐車施設の設置が義務づけられる場合もあるので、公法上の規制との関連で留意する必要がある。

　路上駐車場とは、駐車場整備地区内の道路の路面に一定の区画を限って設置される自動車の駐車のための施設であって一般公共の用に供されているものをいう（駐車場法第2条第1号）。

　路外駐車場とは、道路の路面外に設置される自動車の駐車のための施設であって一般公共の用に供されるものをいう（駐車場法第2条第2号）。

　なお、駐車場の整備の状態の判定にあたっては、これらの駐車場法の規定に定められた駐車場以外の駐車場が存する場合には、これを含めて総合的に判断することが必要であろう。

(オ) 交通規制の状態

　一方通行、駐車禁止、歩行者天国の実施等の交通規制である。これらの規制が商業地域の発展についてこれを助長する場合と、これを阻害する場合があることに特に留意すべきである。

　なお、判定にあたっては対象となる地域内における規制のみにとらわれず、周辺地域における規制から受ける利便性の程度についても考慮することが必要である。

(カ) 都市中心部への接近性

　都市中心部とは、対象地域の顧客の量、流れ等に影響を及ぼす繁華性の高い地点をいい、中心駅所在地、繁華街の中心となる交差点等があげられる。

　対象地域が、所在する市町村の中心から相当離れており、かつ隣接する他の市町村の中心部に、より接近していて、前者の影響力より後者の影響力が明らかに強いと認められる場合は、後者の中心部をもって都市中心部とみなすことになる。

　また、接近性の程度は、道路距離をもって適宜判断することになる。

(キ) 主要幹線道路等との接近性

　主要幹線道路との接近性または高速道路の出入口への遠近によって車両の集まり

第2　商業地

やすさ、移動の利便性、知名度等を総合的に判断し、格差を求めることが必要である。

(3) **環境条件**

　商業地域における環境条件の意味するところは広く、商業地域内の商業施設の配置等一連の要因のほかに商業地域外の背後地に関する要因をも含んでいる。当該商業地域にどれだけの顧客がどこから何の目的で集まってくるのか、また、ここに集まってくる理由は何であろうかという市場人の行動意識を含む判定項目が列挙されている。商業地域の具体的内容にわたる要因であり、判定による格差がもっとも大きく現れる条件である。

　この条件における項目は、「経済施設の配置」「背後地及び顧客の購買力等」「競争の状態と経営者の創意と資力」「繁華性の程度」「自然的環境」及び「洪水・地すべり等の災害発生の危険性」の6項目がある。「経済施設の配置」は「デパート、大型店の数、延面積」「全国的規模の店舗、事務所の数、延面積」「娯楽施設の状態」「不適合な施設の状態」及び「その他の客等を誘引する施設の状態」に、「背後地及び顧客の購買力等」は「背後地の人口の状態」、「背後地の範囲」及び「顧客の購買力等」に、「競争の状態と経営者の創意と資力」は「競争の状態」が「店舗の協業化の状態」に「経営者の創意と資力」が「高度利用の状態」に、「繁華性の程度」は「顧客の通行量」「店舗の連たん性」「営業時間の長短」及び「犯罪の発生等の状態」に、「自然的環境」は「地質、地盤等」に、「洪水・地すべり等の災害発生の危険性」は「洪水、地すべり、高潮、崖くずれ等」にそれぞれ細区分されている。

　この他、郊外路線商業地域では、項目として「交通の量」「沿道の状況」を設けている。

　ア　経済施設の配置

　　(ア) デパート、大型店の数、延面積

　　デパート、大型店の進出は最近とくに地方各都市において著しいものがあり、ところによっては異常な競合とみられるような例もある。しかし、おおむねは組織的なマーケットリサーチにより現在における均衡、将来における発展の可能性の判断のもとに配置されているものと考えられ、商業地域の収益性に関しての一つの尺度となるものといえよう。ただし、収益性は販売商品の種類、品質、販売方法、顧客層等店の性格により異なり、単純に店数、延面積のみの比較では完全に収益性の格

各　論

差を反映しないこともあることに留意しなければならない。
　デパート、大型店の規模については下記の事項等を参酌して判断することが必要である。

【統計法に基づく日本標準産業分類で「百貨店」「総合スーパー」に分類される基準】
　a．大型百貨店、大型総合スーパー……衣食住にわたる各種商品を小売りし、従業員が50人以上で、売場面積が3,000m²以上（都の特別区及び指定都市は6,000m²以上）の事業所
　b．その他百貨店、中型総合スーパー……衣食住にわたる各種商品を小売りし、従業員が50人以上で、売場面積が3,000m²未満（都の特別区及び指定都市は6,000m²未満）の事業所

（イ）全国的規模の店舗、事務所の数、延面積
　主として業務地区（オフィス街）の地価の価格形成要因である全国的規模の金融機関等の店舗、商社またはメーカー等の事務所の数とその延面積を意味しており、地域の収益性を計る一つの尺度となる。
　しかしながら、これらの地域の地価水準はときによっては、その地域の企業の採算上考えられる範囲をこえることがあることについて注意すべきである。

（ウ）娯楽施設の状態
　娯楽施設は、時代によってその中心となるものが変遷するので、顧客誘引力の動向を見極めてそれから受ける影響の度合いを判定する必要がある。また地域により、娯楽施設の性格により後記の犯罪、風紀の状態に相当の関連をもつことに注意すべきである。

（エ）不適合な施設の状態
　不適合な施設とは、商業地域内の工場、倉庫、住宅等地域の標準的使用から離れた用途の施設であり、これらの施設が近隣地域内にあるいは周辺地域にあって店舗の連たん性、客足の流れが阻害される場合の格差を判定するものである。
　また、商業施設であっても営業時間の短い金融機関の店舗等は、夕方から夜にかけてが重要な営業時間帯にある商業地域では嫌われる傾向がある。

（オ）その他の客等を誘引する施設の状態
　客等を誘引するその他の施設とは、商業施設のうち、通常商業地域に存する施設以外のもので、例えば、著名な神社、仏閣等があり、これらの周辺には門前町、鳥居前町と呼ばれる商業地域が形成されていることは周知のとおりである。

第2　商業地

　これら以外の名所旧跡、名勝、レクリエーション基地等もこれらに準じた施設と解されよう。
イ　背後地及び顧客の質と量
　商業経営による収益は、通常、売上高に依存するものであるが、この売上高は、顧客の質と量によって規定され、購買力に依存する。そこで、当該商業地域が吸引する顧客の存在する地域的範囲いわゆる背後地が広いか狭いか、背後地人口が多いか少ないか、また、いわゆる客種が良いか悪いかは、収益に如実に反映する。
　(ア)　背後地の人口の状態
　流入する顧客の量と質とは、背後地の人口の状態により決まる。背後地の人口はどれだけか、増加しつつあるか減少しつつあるか、停滞的であるか、またその人口の年齢別、男女別の構成はどうか等が判定にあたって考慮されるべきである。
　(イ)　背後地の範囲
　背後地の範囲は、交通条件及び他の商業地域との競合関係により決められる。ショッピングのための交通機関の利用時間、経費、その便益性と競合商業地域の商業施設等の整備状況等を比較検討して背後地の範囲を判定するものとする。
　一般に、地域的特性を同じくする商業地域にあっては、当該商業地域の背後地と他の商業地域の背後地とが重複することはないが、例外的には、重複することもあり得るものと考えられる。
　(ウ)　顧客の購買力等
　商品の売上数量を一定とした場合、良質の商品ほど売上金額は高く、これに含まれる収益も高いのは当然である。したがって、顧客の購買力は商業地域の収益性に大きく影響する。当該項目の比較にあたっては、背後地における人口構成、建築の質・地域の名声等から推測される相対的な所得水準、地域内の商業施設における販売商品の質及び量などを勘案して、購買力の程度を判断することとなる。しかし、顧客は必ずしもこれと最寄りの住宅地域からのみ流入するとは限らず、商業施設が完備し、経営者の創意、資力のすぐれた地域へ誘導されることに留意する必要がある。
ウ　競争の状態と経営者の創意と資力
　商業地域は、一般に競争を通じて発展の過程をたどるものであり、スーパーマーケット等の出現により競争関係が激化して当該地域の繁華性が高まり、一般的な収益性の増大に寄与することが多い。また、商業地域の経営者が創意と資力に富むか

各 論

否かは収益に重要な関係をもつものである。当該地域内に創意と資力をあわせもつ経営者が多数存在することは、経営販売方法の改善、店舗の拡張、または建築意匠やインテリア・デザインの斬新さなどとなって現れ、このような進取の態度が、顧客を誘引して収益性を高めることとなる。

(ア) 店舗の協業化の状態

デパート、大型店等大資本の進出の対抗手段として地元中小商店街が協業化し、共同ビル、アーケード街等を建設する傾向がみられる。このような目につく現象形態以外の仕入、販売方法についても同様に協業化することが有利とされる場合が多い。判定にあたっては、できるだけこのような実態を調査すべきであろう。

また、協業化の一つの現象として地域の宣伝広告の状態も併せて考慮されるべきである。宣伝広告には個々の店舗等にかかるものと商店街等の団体にかかるもの、より広くは地域全体にかかるものとがある。また、媒体としては、新聞、雑誌、テレビ、ラジオ等の当該地域外に向けられるものと看板、アーチ、電柱等地域内に掲出されるものとがある。判定にあたっては、これら宣伝広告の量と質に着目してその効果を判定すべきである。

(イ) 高度利用の状態

土地の価格の高騰に伴い、土地の高度利用が要請されるが、一方ビルの多層化には収益逓減の法則が作用するから、高度利用の程度とその態様は様々となる。公法上の制限の範囲内で、何階まで、敷地の面積に対して何百パーセントまでの建築が標準的であるか、また、各階別の用途はどのようになっているかについて判定の際配慮する必要があろう。

また、高度利用の一つの現象としてビル等の近代化の状態も考えられるので併せて考慮されるべきである。地方都市にあってもデパート、大型店の進出、地元商店街の共同ビル、アーケード街の建設等により商業施設は近代化の方向に向かいつつあるように見受けられる。

しかしながら、背後地の過疎化の進んでいる地域、地元産業の衰退しつつある地域等ではこのような現象はみられず旧態依然とした町並みがみられる。ビル等の近代化はその意味では商業地域の収益性及び将来の動向を反映する尺度ともいえよう。

エ 繁華性の程度

当該地域の繁華性がどのようであるかは、収益性の程度を判断するために必要な要因である。一般に、デパート、映画館、遊技場などの出現は顧客を吸収して繁華

第2　商業地

性を増大させるが、事務所や銀行などの出現は、繁華性を失わせる要因となる。また、駅の乗降口やバス停の新設、変更によって人の通行の流れがかわり、繁華性に影響を与える場合もある。

（ア）顧客の通行量

　顧客の通行量は、商業地域の繁華性の判断のもっとも直接的な尺度となる。通行量は当該商業地域内において標準的な地点で計測されるが、その年間の全通行量、年間を通じて平均的であるか季節的な変動があるか、また一日の全通行量、時間帯別の通行量、その通行者の質の差異はどうか、車両等による妨害はないか等の状態を併せて考慮し判定することが望ましい。

（イ）店舗の連たん性

　店舗の集中、連たん度合いは、顧客の誘引のための重要な要因である。異質な不適合施設の混在がなく、ほぼ同一水準の店舗等が連たんすることが理想であり、いわゆる場末近くになるとこの不適合施設の混在の度合いが高くなり、店舗の連たん度合いは低下する。商業地域の範囲は、この店舗の連たんの度合いがほぼ均質とみられうる範囲を考えることができる。また、商業地域の収益性の高さも、この連たん度合いの高さとおおむね比例関係にあるように考えられる。

　商業地域に著名な老舗があることは、当該商業地域の魅力の一つであり、地域に品格の高さについてのイメージを与えるものである。老舗自体の売上性はもとより高いが、これにより誘致された顧客の購買力の波及効果は、地域総体に及ぶこととなる。いわゆる有名店舗・老舗街はこれに着目して建設されたものである。

　店舗の連たん性については、これらの状態をも併せて判定し繁華性の程度を比較することが必要である。

（ウ）店舗の種類

　郊外路線商業地の場合、沿道の状況、店舗化の程度が価格に影響を及ぼすため、熟成度の判定が必要となる。また、路線商業地域は路線により地価格差が大きく、例えば、路線商業地の発展は一般的には農地を残しながらガソリンスタンド、自動車関連施設（中古車センター、カーディーラーなど）が登場する段階、次に、ドライブインなど飲食店、パチンコ店、ファミリーレストランが登場する段階、さらにレストラン、コンビニ店物販店（専門店）、カーサービス施設や飲食物販の複合施設あるいは大規模SCが登場するという順序となるのが一般的と考えられる。また、沿道の地価もおおむねこの段階に応じて上昇することが通例である。

各　　論

(エ) 営業時間の長短

　営業時間の長短の判定にあたっては、商業地域へ流入する通行量との関連もあるが、商業地域の地域的特性、営業時間帯によって、繁華性に相違があることに留意しなければならない。とくに盛り場的な商業地域については、夜間の営業時間が長いか短いかはその繁華性の程度を示すバロメーターとなる。

(オ) 犯罪の発生等の状態

　犯罪の発生及びその危険性は、一般顧客の足を遠ざける要因となることはもとよりである。背後地との関連及び地域内の実状に着目して判断すべきである。

オ　自然的環境

　自然的条件に関するものであり、これらの諸条件の良否は、商業施設の整備、顧客の利用等に影響を及ぼし、商業地の収益性を大きく左右するものである。

(ア) 地質、地盤等

　地質、地盤等自然的環境条件の良否について判定する項目であり、地質、地盤のほかに、日射、風当たり、景観、眺望が考えられる。

　地質、地盤が軟弱である場合には中層以上の建築を行う際にコストアップが見込まれるので、この点、地価と建築物のコストアップ分を見合せて判定を行う必要がある。

　日射は、商品、とくに生鮮食品、衣類等を取り扱う店舗にとって阻害条件である。風当たりも塵埃を伴うもので好まれない。近隣商業地域のあまり建築施設が整っていない地域にあっては相当程度作用するものと考えられる。

　また、観光地の飲食店、旅館等の場合、景観、眺望の良否は大きく作用する要因である。

(4)　**行政的条件**

　商業地域は、他の地域と同じように地域として純化され、健全な発展成長をとげるため下記に述べるような行政的条件の制約を受けている場合が多い。この行政的条件は、地域の特性に即応して課せられるものであるが、逆にまた地域の特性の一部となり他の特性に方向づけを行うものである。この意味において行政的条件も類似地域選択の指標であり、同時に他の要因とも密接な相互関係をもっていることはすでに述べたとおりである。この条件における項目は、「公法上の規制」であり、細項目は「容積制限による規制」「高さ制限による規制」「防火地域等の指定に伴う制限」「その他

第2　商業地

の地域、地区による規制」及び「その他の規制」に細区分される。
ア　公法上の規制
　土地の利用に関する公法上の規制の程度については、住宅地域の項で述べたところであるが、地域地区制による行政上の用途制限及び建ぺい率、容積率、高さ制限等の程度いかんは、直接、売上高に結びつくものであるから、これらについては住宅地域の場合以上に十分留意しなければならない。
　(ア)　容積制限による規制
　建築基準法の規定によって定められた敷地面積に対する建物の延面積の割合に関する規制である。店舗の売場面積、事務所の床面積等収益を生み出すべき延面積についての制限であるから、商業地域の価格形成要因に占める比重は高く、また行政的条件のうちで、もっとも大きく地価に反映する要因である。
　ただし、これらの容積制限が地域の標準的使用を上回って決められている場合の多いことにより、容積率と地価水準の比は必ずしも一致しているとは限らないことに留意すべきである。
　(イ)　高さ制限による規制
　地方公共団体の都市計画で定められる建物の高さについての規制であり、地域内における標準的と認められる画地が受ける制約の程度についての比較を行うこととなるが、前面道路の幅員等によって規制の内容が異なってくることに留意する必要がある。
　(ウ)　防火地域等の指定に伴う制限
　防火地域、準防火地域の指定は商業地域の不燃化を助長し、ひいてはビル近代化を促進する要因ともなる。また、これらの地域の指定により容積率の緩和が図られることがあることに留意する必要がある。
　(エ)　その他の地域、地区による規制
　その他の地域地区としては、主なものとして、用途地域、特別用途地区等があるが、これらの地域地区は商業地域としての機能をより高めるための規制であり、一般的には当該商業地域の地域的特性と密接に相関連しているが、必ずしも符合していない場合があることに留意する必要がある。

(5)　その他
　この条件には「将来の動向」及び「その他」の細項目がある。

各　論

　ア　将来の動向
　商業地域は、地域の態様も多様であり、その他地域的特性も極めて多様である。価格形成要因も数多く、相互に関連しているものと考えられる。したがって、ここにおいては街路条件、交通・接近条件、環境条件、行政的条件の動向を総合的に考慮して商業地としての将来の動向を判定するものである。
　イ　その他
　細項目の「その他」には、備考欄に適用上の留意事項等が何も記載されていないが、この細項目はこれまでの細項目に該当しない特有の比較項目が現出した場合に必要に応じて適正な格差率を設定して適用するためのものであって、具体的な適用にあっては、住宅地の場合と同様所要の調整を行って決定することとなろう。

5　個別的要因の比較項目及び格差率

　商業地の個別的要因は、地域要因と同様に、当該商業地についての収益性を高め、あるいは低める要因となるものであり、これらの個別的要因を分析して対象地の最有効使用を判定して相互の格差を求めることとなる。
　商業地は、接面街路との関係、間口、奥行等の画地の状況によっては、顧客の出入の便、商品宣伝効果など収益に直接影響を与え、住宅地、工業地など他の種別の土地に比べ個別性が強く働き、価格の格差が大きくなる傾向がある。商業地の収益性に個別的な差異を生じさせる要因として次の項目があげられるが、各地域について交通・接近条件の項目である「商業地域の中心への接近性等」、環境条件の項目である「客足の流動の状態との適合性」及び行政的条件の項目である「公法上の規制」に大きな格差が付されている。

(1)　街路条件
　この条件における項目は、「接面街路の系統・構造等の状態」であり、細項目は「街路の系統及び連続性」「幅員」「舗装」「歩道」「構造」及び「勾配・カーブ」に区分される。
　　ア　接面街路の系統・構造等の状態
　　　（ア）街路の系統及び連続性
　　　接面街路の地域の中心への客足の流れの性格等の地域の中心との連絡の程度につ

第2　商業地

いて比較を行うこととなるが、この場合の地域の中心とは、地域要因の項でのべたように近隣地域における商業上の中心地であり、この中心地への街路の系統、連続性の状態を、近隣地域内における標準的な関係位置にある画地と対象地とについて比較を行い格差を求めるものとする。

(イ) 幅員

近隣地域における標準的な画地に接面すると認められる街路との幅員の比較を行うものであるが、単にその広狭の比較のみでなく、地域の特性に適合した幅員との適合の度合いを判定して格差を求めるものとする。

(ウ) 構造

道路の構造が中央帯、植樹帯等により整備されていることにより、対面車両の進入を防ぐ等車の流れが維持されるが、中央分離帯に適当な間隔に切れ込みがあれば対面車両の進入が可能であるため減価要因とならないことに注意する必要がある。

(エ) 勾配・カーブ

道路の勾配、カーブにより店舗への進入の難易、衝突の危険性等を考慮し、格差を求めるものとする。

(2) 交通・接近条件

この条件における項目は「商業地域の中心への接近性等」であり、細項目は「商業地域の中心への接近性」及び「最寄駅への接近性」に区分される。

ア　商業地域の中心への接近性等

(ア) 商業地域の中心への接近性

近隣地域の商業上の中心地点は、通行者が合流して収益力も高く、ここに近いほどその影響を強く受けることとなる。比較にあたっては、単に距離的な遠近のみでなく、さらに、当該中心との共同活動などの集結の程度等を併せて考慮した位置関係をもって判定することが必要であろう。

(イ) 最寄駅への接近性

交通機関へ近いほど流入する通行量も多く、収益力も高いのが通常であり、地域要因でとらえた最寄駅のなかで標準的な関係位置にあると認められる画地との比較を行って判定することとなる。地域要因でとらえた最寄駅は、地域全体に関連する交通機関を総合的に考慮して決定しているが、個別の画地については全く同様とは限らないので、例えば、鉄道駅の出入口、バス停等が対象地の前面あるいは隣接地

各　論

に設置されるなどある特定の位置によって個別の収益をもたらす場合もある。
　比較にあたっては、相互に共通する単一の最寄駅のみの判定でなく地域要因と同様、通行者の流入に係る最寄駅を総合的に考慮することが必要であることはいうまでもない。

(3) 環境条件
　この条件における項目は「客足の流動の状態との適合性」及び「隣接不動産等周囲の状態」であり、細項目は「客足の流動性」及び「隣接不動産等周囲の状態」にそれぞれ区分される。
　ア　客足の流動の状態との適合性
　　（ア）客足の流動性
　商業地の収益力は、前面道路の通行者の量と性格に左右される。商業施設と交通機関等との関連によって、商業施設と通行者の流れには一定の方向性が生ずるのが一般的であり、この流れに適合して立地しているかどうかは、当該画地の収益力に重要な影響を与えることとなる。
　客足の流れは、全体としては最短距離の歩行を好み、無意味な往復を嫌う傾向がある。
　なお、通行者の性格についても地域要因と同様に季節的または時間帯別に流れの変動があるか、また通行者は単に通過する者かそうでないか、その割合はどうか等通行量と併せて地域の実態を通じて判定することが望ましい。
　イ　隣接不動産等周囲の状態
　　（ア）隣接不動産等周囲の状態
　隣接する不動産等には、減価要因となる施設と増価要因となる施設があるが、減価となる施設については地域要因の不適合施設が個別的要因として作用する場合がある。増価要因となる場合は、例えば、次のような施設があってそれによって個別的に収益性が高められている場合が考えられる。
　　a．対象地の隣接地または周囲に次のような顧客等を誘引する施設等があり、その影響を受けて特に顧客の流入等収益性が高められている場合
　　　（a）デパート、著名な老舗等の店舗
　　　（b）学校、官公署、公民館、公園等の公共用の施設
　　　（c）レジャー、レクリエーション施設

第2　商業地

　　（d）著名な神社、仏閣、旧跡、名勝等の特殊な誘引施設
　　b　対象土地が顧客の通行街路が特定される横断歩道、地下道等の施設の近くにあって顧客等の流入等収益性が高められている場合

(4)　画地条件
　この条件には、「間口、形状及び地積」「接面街路との関係」及び「その他」の項目があるが、内容的には住宅地域の適用の場合と同様であるので、住宅地域で述べられた事項に準じて判定するものとする。
　ア　間口、形状及び地積
　（ア）間口狭小
　間口は商業地の場合顧客の流入、商品の宣伝効果等との関連で価格形成要因として特に重要であり、したがって、近隣地域の標準的使用と認められる画地の間口よりも狭小になると減価要素となる。
　（イ）不整形地、三角地
　近隣地域の標準的使用と認められる画地の形状と異なり、それだけ利用効率が低くなることによる減価であるが、地域によっては建物の建築方法等によって軽減されることもあるので、これらの地域の実態及び画地の面積等を考慮して有効利用度を判定して行うものとする。
　（ウ）地積過大
　一般的には、標準的な画地の地積より過大であれば標準的な地積に分割するための減歩や費用を要することとなり、それだけ減価することとなるが、画地の規模が大きくなりつつある地域、あるいは画地の規模が混在している地域では必ずしも減価するとは限らないので、地域の実態に即して適用すべきであろう。
　（エ）面大増価
　面大地とは、地域の標準的画地規模と比較して相対的に大きいと認められる面積を有する土地をいう。本来、地域の標準的な画地が最有効の画地であり、面大地は、商業地として効率の劣る部分が生ずることまたは標準的な地積に分割して使用すると減歩や分割の費用を要することとなるため、一般的には減価することとなる。しかしながら、地域の利用状況の変化等により標準的な面積より大きい面積の画地のほうが容積率等から高度利用が可能となり、かつ、高度利用を図った場合には、これに対応した需要が十分に見込まれる地域及び1フロアー当たりの床面積の大きい

ほうが単位面積当たりの賃料が高くなると認められる地域があり、これらの地域においては、標準的な画地より面大地のほうが収益が高くなる場合が認められる。

そこで、面大増価の適用に当たっては、単に標準的な画地に比較して面積が大きいだけではなく、対象地の一体利用が可能であり、かつ効用または収益の増加が明らかな場合、すなわち、①実効容積率の拡大となり、かつ、高度利用に応じた需要が十分に見込まれる場合、②高度商業地、準高度商業地ではビルを建築した場合に１フロアー当たりの面積規模が大きくなることにより地域の平均的な賃料水準より高い単価の賃料が見込まれる場合または普通商業地域については、店舗が駐車場スペースを確保することにより、効用または収益の増加が見込まれる場合にのみ適用するべきである。

格差率の適用に当たっては、効用の増加が最も大きい場合を前提として設定しているので、効用増加の程度を十分に勘案して運用する必要がる。なお、面大増価を採用した場合には、地積過大と奥行逓減は適用しないこととなる。

イ　接面街路との関係

（ア）高低

画地が接している街路との高低差は出入に不便を生ずるため特に商業地におては減価の要因とされているが、景観、眺望を要する旅館、店舗を中心とする地域等においては、減価要因とならない場合があることに留意する必要がある。

(5)　行政的条件

この条件における項目は「公法上の規制」であり、細項目は「用途地域等の地域、地区等」である。公法上の規制は地域要因で掲げた地域地区に関する規制であり、これらの規制が地域の標準的画地と異なることにより格差が生じることはもちろんだが、同一の地域地区の規制であっても画地の接面道路の幅員の広狭等及び隣地に公園、広場等の空地があるか否か等の個別的な相違によっては、それから受ける影響の度合いが異なってくることに留意しなければならない。

第2　商業地

商業地の地域要因と格差の範囲

条件	項目	細項目	格差の内訳（最大格差率）					備考
			高度商業地域	準高度商業地域	普通商業地域	近隣商業地域	郊外路線商業地域	
街路条件	街路の状態	幅員	2.0	2.0	2.0	2.0	8.0	
		舗装	—	—	1.0	2.0	—	
		歩道	2.0	2.0	3.0	5.0	2.0	
		勾配	1.0	1.0	2.0	2.0	2.0	
		構造	—	—	—	—	3.0	
		系統及び連続性	8.0	8.0	6.0	4.0	20.0	
	街区の状態	街区の整然性	2.0	4.0	2.0	2.0	—	
		街区の施設の状態	1.0	2.0	1.0	1.0	—	
交通・接近条件	顧客の交通手段の状態等	最寄駅の乗降客の数	12.0	12.0	16.0	8.0	—	
		最寄駅への接近性	6.0	6.0	6.0	6.0	—	
		官公署との接近性	2.0	4.0	4.0	4.0	4.0	
		都市中心部への接近性	—	—	—	—	8.0	
		公共公益施設への接近性	—	—	—	—	4.0	
		主要幹線道路等との接近性	—	—	—	—	10.0	
		駐車場の整備の状態	4.0	4.0	4.0	2.0	—	
		交通規制の状態	2.0	2.0	1.0	1.0	—	
環境条件	交通の量沿道の状況	交通量	—	—	—	—	16.0	
		店舗の種類	—	—	—	—	8.0	
		店舗等の連たん性	—	—	—	—	8.0	
	経済施設の配置	デパート、大型店の数、延面積	12.0	12.0	10.0	6.0	—	
		大型店等の有無、進出の程度	—	—	—	—	10.0	
		全国的規模の店舗事務所の数、延面積	12.0	12.0	6.0	2.0	—	
		娯楽施設の状態	2.0	2.0	2.0	4.0	—	
		不適合な施設の状態	2.0	2.0	2.0	2.0	—	
		その他の客等を誘引する施設の状態（営業時間の長短）	—	—	2.0	4.0	5.0	
							2.0	
	背後地及び顧客の購買力等	背後地の人口の状態	14.0	14.0	14.0	10.0	—	
		背後地の状態	—	—	—	—	5.0	
		背後地の範囲	14.0	14.0	15.0	10.0	—	
		顧客の購買力等	6.0	8.0	10.0	6.0	3.0	
	競争の状態と経営者の創意と資力、繁華性の程度	店舗の協業化の状態	2.0	6.0	6.0	8.0	—	
		高度利用の状態	4.0	6.0	6.0	6.0	—	
		顧客の通行量	24.0	24.0	24.0	26.0	—	
		店舗の連たん性	6.0	6.0	6.0	10.0	—	
		営業時間の長短	4.0	4.0	4.0	4.0	—	
		犯罪の発生等の状態	—	—	4.0	4.0	—	
	自然的環境	地質、地盤等	4.0	4.0	4.0	4.0	—	
		洪水・地すべり等の災害発生の危険性	洪水、地すべり、高潮、崖くずれ等	5.0	5.0	5.0	5.0	5.0	
行政的条件	公法上の規制	容積制限による規制	42.0	36.0	36.0	6.0	—	
		高さ制限による規制	6.0	6.0	6.0	2.0	—	
		防火地域等の指定に伴う制限	6.0	6.0	6.0	4.0	—	
		その他の地域、地区による規制	6.0	6.0	6.0	10.0	12.0	
		その他の規制	—	—	—	—	—	
その他	その他	将来の動向その他	20.0	20.0	20.0	20.0	20.0	

各　論

商業地の個別的要因と格差の範囲

条　件	項　　目	細　項　目	格差の内訳（最大格差率）					備考
			高度商業地域	準高度商業地域	普通商業地域	近隣商業地域	郊外商業地域	
街路条件	接面街路の系統・構造等の状態	系統及び連続性	4.0	4.0	4.0	4.0	4.0	
		幅　員	14.0	10.0	10.0	8.0	8.0	
		舗　装	—	—	2.0	4.0	—	
		歩　道	2.0	4.0	4.0	4.0	4.0	
		構　造	—	—	—	—	3.0	
		勾配・カーブ	—	—	—	—	5.0	
交通・接近条件	商業地域の中心への接近性等	商業地域の中心への接近性	46.0	46.0	24.0	24.0	4.0	
		最寄駅への接近性	14.0	14.0	16.0	14.0	—	
	地域内商業施設との関係	中心商業施設への接近性	—	—	—	—	4.0	
環境条件	客足の流動の状態との適合性	客足の流動性	12.0	12.0	10.0	10.0	3.0	
	隣接不動産等周囲の状態	隣接不動産等周囲の状態	6.0	6.0	6.0	6.0	6.0	
	自然的環境	地　盤	4.0	4.0	4.0	4.0	4.0	
画地条件	間口、形状及び地積	間口狭小						
		奥行逓減						
		奥行短小						
		奥行長大						
		不整形地						
		三角地						
		地積過大						
		面大増価						
		地積過小						
		地　積						
	接面街路との関係	高　低						
		角　地						
		二方路						
		三方路						
		四方路						
	その他	袋　地						
		無道路地						
		崖地等						
		その他						
行政的条件	公法上の規制の程度	用途地域等の地域、地区等	18.0	20.0	20.0	20.0	20.0	
その他	その他	その他						

普通商業地の価格算定例

1　対象地の確定

(1)　価格時点　平成27年10月10日

(2)　対象地の所在等
　　ア　所　　在　〇〇県Ａ市〇〇町３丁目48地番
　　イ　地　　目　宅地
　　ウ　利用状況　鉄筋コンクリート３階建店舗兼事務所
　　エ　面　　積　384m^2

(3)　対象地の存する市の概況
　　当市は、県庁所在地Ｂ市の南方約51kmに位置し、人口約130,000人を有し、往時は、城下町として栄えていた。気候は温暖で平坦部も多く、Ｂ市の人口急増に伴い近年同市のベッドタウンとしての性格を帯びるに至っている。
　　交通施設として、当市を南北に縦断するＪＲ〇〇線ならびに国道〇〇号があげられる。本年から快速列車が運行されたことにより、当市～Ｂ市の所要時間は従来より20分も短縮され、利用客は人口膨張に比例して増加している。
　　商業施設としては、当市駅を起点として駅前通り、広小路通りが発展し、これを核として商業地域及び近隣商業地域が形成されている（別図参照）。

(4)　対象地の存する地域の判定
　　ア　地域の判定
　　対象地は、Ａ市駅前の東側約230mに位置し、比較的まとまった商店街であり、鉄筋コンクリート３階建、一部木造建の商店あるいは事務所が大部分を占めている。また、隣り合わせになっている広小路通りと共にＡ市の主要な商業地域を形成している。したがって、地域区分は、普通商業地域と判定した。

各　論

イ　近隣地域の範囲

　対象地の存する近隣地域の範囲は、東西約300m（駅前から国道○○号まで）、南北約80mであり、対象地から西約100mの近隣地域内に地価公示標準地Ａ５－１がある。

ウ　地域要因及び個別的要因の調査表の作成

　対象地の存する地域に係る地域要因及び対象地に係る個別的要因を調査し、調査表（表１及び表２）を作成する。

２　価格比準の基礎となる土地の選定

(1)　標準地及び基準地の調査及び選定

　対象地の存する近隣地域または同一需給圏内の類似地域に対象地の価格比準の基礎となる標準地又は基準地が設定されているかどうかを調査することとなるが、本件の場合、対象地の存する地域の地域的特性から、近隣地域には標準地のＡ５－１があり、また同一需給圏内の類似地域には基準地の（県）Ａ５－２があり、いずれも規範性が高いと判定できるので、標準地Ａ５－１及び基準地（県）Ａ５－２を対象地の価格比準の基礎となる土地として選定した。

(2)　標準地Ａ５－１に係る官報公示事項

標準地番号	標準地の所在及び地番並びに住居表示		標準地の１平方メートル当たりの価格（円）	標準地の地積（m²）	標準地の形状	標準地の利用の現況
	所在及び地番	住居表示				
Ａ５－１			224,000	496	１：1.2	店　舗（RC3F）

標準地の周辺の土地の利用の現況	標準地の前面道路の状況	標準地についての水道、ガス供給施設及び下水道の整備の状況	標準地の鉄道その他の主要な交通施設との接近の状況	標準地に係る都市計画法その他法令の制限で主要なもの
付近にスーパーがある商業地域	南10m 市道	水　道、ガ　ス	JR　Ａ市駅　130m	商　業（400）、防　火

普通商業地の価格算定例

(3) 基準地（県）Ａ５－２に係る公報掲載事項

基準地番号	基準地の所在及び地番並びに住居表示		基準地の１平方メートル当たりの価格（円）	基準地の地積（m²）	基準地の形状	基準地の利用の状況
	所在及び地番	住居表示				
（県）Ａ５－２			196,000	433	1：1.2	店　舗 （RC３F）

基準地の周辺の土地の利用の現況	基準地の前面道路の状況	基準地についての水道、ガス供給施設及び下水道の整備の状況	基準地の鉄道その他の主要な交通施設との接近の状況	基準地に係る都市計画法その他法令の制限で主要なもの
各種店舗が並ぶ商業地域	南８m市道	水　道、 ガ　ス	JR　Ａ市駅 160m	商　業（300）、 防　火

(4) 地域要因及び個別的要因の調査表

　対象地と価格水準の基礎となる土地との比較を容易にするために、土地価格比準表の調査及び算定表に基づいて標準地Ａ５－１に係る個別的要因（当該標準地が対象地の存する近隣地域にあり、対象地の存する地域要因と同じであるため地域要因に係る調査表は作成する必要はない。）の調査表（表３）ならびに基準地（県）Ａ５－２の存する地域に係る地域要因及び当該基準地に係る個別的要因の調査表（表４及び表５）を作成する。

3　比準作業

(1) **対象地の地域区分**

　対象地の商業地としての各条件、地域の標準的使用等を調査した結果、普通商業地域と判定し、普通商業地域の比準表を適用することとする。

(2) **価格比準の基礎となる標準地または基準地が近隣地域に存するための作業**

　標準地Ａ５－１は、対象地の存する地域にあるため、標準地及対象地に係る個別的要因の比較を表２及び表３に基づいて行い、商業地（普通）調査及び算定表（表６）を作成する。

各　論

(3)　価格比準の基礎となる標準地または基準地が同一需給圏内の類似地域に存するための作業

　基準地（県）Ａ５－２は、対象地の存する近隣地域以外の地域（同一需給圏内の類似地域）に存するため、基準地及び対象地に係る地域要因の比較及び個別的要因の比較を表１及び表４ならびに表２及び表５に基づいて行い、商業地（普通）調査及び算定表（表７その１及びその２）を作成する。

(4)　留意事項

　上記(2)及び(3)の場合において、個別的要因（画地条件を除く。）の比較の結果がそれぞれ30％の範囲内にあり、また地域要因の格差が上位50％、下位30％の範囲内にあることを再確認する必要がある。

(5)　時点修正

　比準表を適用して算定を行う前に標準地及び基準地の価格を価格時点に修正することとなる。本事例の場合には、地価公示、都道府県地価調査及び短期地価動向調査を参考とするとともに、直近の取引事例及び一般的な経済的要因等を考慮し、平成27年1月1日から価格時点までの変動率を△4％、平成27年7月1日から価格時点までの変動率を△1.5％とそれぞれ判定して時点修正を行う。

(6)　対象地の価格の算定

　以上により対象地の価格は、それぞれ次のとおり算定される。

　ア　標準地からの比準価格

標準地価格		時点修正		個別的要因の格差率			比準価格	
224,000円	×	$\dfrac{96}{100}$	×	$\dfrac{80.91}{100}$	=	173,988円	≒	173,900円

　イ　基準地からの比準価格

基準地価格		時点修正		地域要因の格差率		個別的要因の格差率			比準価格	
196,000円	×	$\dfrac{98.5}{100}$	×	$\dfrac{111.87}{100}$	×	$\dfrac{80.91}{100}$	=	174,746円	≒	174,700円

(7) **比準価格の調整**

　比準方式により求められたそれぞれの価格はあまり開差はみられず、いずれも妥当な価格であると思料されるが、近隣地域に存する標準地から求められた価格がより規範性が高いと判定し、対象地の比準価格を 1 m² 当たり174,300円と決定した。

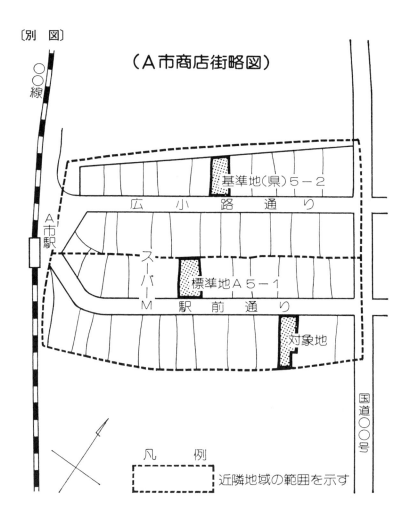

普通商業地の価格算定例

表1　対象地及び標準地Ａ５－１の属する地域の地域要因項目別調査表

条件	項目	細項目	内訳
街路条件	街路の状態	幅員	近隣地域における標準的な幅員約10m
		舗装	全面アスファルト舗装がなされている
		歩道	約2.5m、ほぼ近隣地域における標準的な幅員でバリアフリー無施工である
		勾配	街路の勾配がほとんどない
		系統及び連続性	普通
	街区の状態	街区の整然性	普通
交通・接近条件	顧客の交通手段の状態等	最寄駅の乗降客の数	1日約20,000人程度
		最寄駅への接近性	Ａ市駅まで約130m
		官公署等との接近性	市役所まで約2.5km、小学校まで約1,000m
		駐車場の整備の状態	普通
		交通規制の状態	普通
環境条件	経済施設の配置	デパート、大型店の数、延面積	スーパーが1軒あり、比較的大型店が多い
		全国的規模の店舗、事務所の数、延面積	銀行と証券会社の支店が1つずつある
		娯楽施設の状態	ほとんどない。
		不適合な施設の状態	無
		その他の客等を誘引する施設の状態	無
	背後地及び顧客の購買力等	背後地の人口の状態	Ａ市を中心に約20万人～25万人である
		背後地の範囲	人口に比べやや広い
		顧客の購買力等	普通
	競争の状態と経営者の創意と資力繁華性の程度	店舗の協業化の状態	普通
		高度利用の状態	ほとんどが3階建である
		顧客の通行量	1日約8,000人程度
		店舗の連たん性	ほとんど連たんしている
		営業時間の長短	ほぼ10時00分～20時00分までである
		犯罪の発生等の状態	ほとんどない
	自然的環境	地質、地盤等	普通
	洪水・地すべり等の災害発生の危険性	洪水、地すべり、高潮、崖くずれ等	ほとんどない
行政的条件	公法上の規制	容積制限による規制	商業地域、容積率 $\frac{400}{100}$
		高さ制限による規制	無
		防火地域等の指定に伴う制限	防火地域
		その他の地域、地区による規制	建ぺい率80%
		その他の規制	無
その他	その他	将来の動向	現状で推移するものと考えられる
		その他	

各　論

表2　対象地の個別的要因項目別調査表

条件	項　目	細項目	内　訳
街路条件	接面街路の系統・構造等の状態	街路の系統及び連続性	標準的なものと同程度
		幅　員	北側約10m市道
		舗　装	全面アスファルト舗装がなされている。
		歩　道	約1.5mで維持補修は普通、バリアフリー無施工である
交通・接近条件	商業地域の中心への接近性等	商業地域の中心への接近性	約200m
		最寄駅への接近性	約230m
環境条件	客足の流動の状態との適合性	客足の流動性	近隣地域においてはやや流動性が悪い
	隣接不動産等周囲の状態	隣接不動産等周囲の状態	普　通
	自然的環境	地　盤	普　通
画地条件	間口・形状及び地積	間　口	約16m
		奥　行	約24m
		形　状	長方形
		不整形地	やや不整形
		三角地	該当なし
		地　積	384m²
	接面街路との関係	高　低	高低差なし
		角　地	無
		二方路	〃
		三方路	〃
		四方路	〃
	その他	袋　地	〃
		無道路地	〃
		崖地等	〃
		その他	〃
行政的条件	公法上の規制	用途地域等の地域、地区等	商業地域、容積率 $\frac{400}{100}$、建ぺい率80%、防火地域
その他			

普通商業地の価格算定例

表3　標準地Ａ５－１の個別的要因項目別調査表

条件	項　目	細　項　目	内　　　訳
街路条件	接面街路の系統・構造等の状態	街路の系統及び連続性	標準的なものと同程度
		幅　　　員	南側約10m市道
		舗　　　装	全面アスファルト舗装がなされている。
		歩　　　道	約2.5mで維持補修はややよく、バリアフリー無施工である
交通・接近条件	商業地域の中心への接近性等	商業地域の中心への接近性	約100m
		最寄駅への接近性	約130m
環境条件	客足の流動の状態との適合性	客足の流動性	近隣地域においては普通である。
	隣接不動産等周囲の状態	隣接不動産等周囲の状態	普　通
	自然的環境	地　　　盤	普　通
画地条件	間口・形状及び地積	間　　　口	約20m
		奥　　　行	約25m
		形　　　状	長方形
		不　整　形　地	整　形
		三　　角　　地	無
		地　　　積	496m²
	接面街路との関係	高　　　低	高低差なし
		角　　　地	無
		二　方　路	〃
		三　方　路	〃
		四　方　路	〃
	その他	袋　　　地	〃
		無　道　路　地	〃
		崖　地　等	〃
		そ　の　他	〃
行政的条件	公法上の規制	用途地域等の地域、地区等	商業地域、容積率 $\frac{400}{100}$、建ぺい率80%、防火地域
その他			

各　論

表4　基準地（県）Ａ５－２の属する地域の地域要因項目別調査表

条件	項目	細項目	内訳
街路条件	街路の状態	幅員	近隣地域における標準的な幅員約8m
		舗装	全面アスファルト舗装がなされている
		歩道	約2.0m、ほぼ近隣地域における標準的な幅員でバリアフリー無施工である
		勾配	街路の勾配がほとんどない
		系統及び連続性	普通
	街区の状態	街区の整然性	普通
交通・接近条件	顧客の交通手段の状態等	最寄駅の乗降客の数	1日約20,000人程度
		最寄駅への接近性	A市駅まで約160m
		官公署等との接近性	市役所まで約2.7km、小学校まで約800m
		駐車場の整備の状態	普通
		交通規制の状態	普通
環境条件	経済施設の配置	デパート、大型店の数、延面積	比較的中型の店が多い
		全国的規模の店舗、事務所の数、延面積	ほとんどない
		娯楽施設の状態	パチンコ店が2軒、映画館が1軒ある
		不適合な施設の状態	無
		その他の客等を誘因する施設の状態	無
	背後地及び顧客の購買力等	背後地の人口の状態	A市を中心に約20万人〜25万人
		背後地の範囲	人口に比べやや広い
		顧客の購買力等	普通
	競争の状態と経営者の創意と資力繁華性の程度	店舗の協業化の状態	普通
		高度利用の状態	2階建と3階建とがほぼ同数である
		顧客の通行量	1日約6,000人程度
		店舗の連たん性	ほとんど連たんしている
		営業時間の長短	ほぼ10時00分〜20時00分までである
		犯罪の発生等の状態	ほとんどない。
	自然的環境	地質、地盤等	普通
	洪水・地すべり等の災害発生の危険性	洪水、地すべり、高潮、崖くずれ等	ほとんどない。
行政的条件	公法上の規制	容積制限による規制	商業地域、容積率 $\frac{300}{100}$
		高さの制限による規制	無
		防火地域等の指定に伴う制限	防火地域
		その他の地域、地区による規制	建ぺい率80％
		その他の規制	無
その他	その他	将来の動向	駅前50m付近にMデパートの建設計画があり将来発展する見込みである
		その他	

普通商業地の価格算定例

表5　基準地（県）A5－2の個別的要因項目別調査表

条件	項　目	細項目	内　　　　訳
街路条件	接面街路の系統・構造等の状態	街路の系統及び連続性	標準的なものと同程度
		幅　　員	南側約8m 市道
		舗　　装	全面アスファルト舗装がなされている。
		歩　　道	約2.0mで維持補修はややよく、バリアフリー無施工である
交通・接近条件	商業地域の中心への接近性等	商業地域の中心への接近性	約120m
		最寄駅への接近性	約160m
環境条件	客足の流動の状態との適合性	客足の流動性	近隣地域においては普通である
	隣接不動産等周囲の状態	隣接不動産等周囲の状態	普　通
	自然的環境	地　　盤	普　通
画地条件	間口・形状及び地積	間　　口	約18m
		奥　　行	約24m
		形　　状	長方形
		不整形地	整　形
		三　角　地	無
		地　　積	433m²
	接面街路との関係	高　　低	高低差なし
		角　　地	無
		二　方　路	〃
		三　方　路	〃
		四　方　路	〃
	その他	袋　　地	〃
		無道路地	〃
		崖　地　等	〃
		そ　の　他	〃
行政的条件	公法上の規制	用途地域等の地域、地区等	商業地域、容積率 $\frac{300}{100}$、建ぺい率80%、防火地域
その他			

表6　標準地Ａ５－１から比準する場合

商業地（普通）調査及び算定表　その２

条件	項目	細項目	個別的要因 基準地番号 標準地Ａ５－１ 所在 基準地 内訳	申請番号 所在 対象地 内訳	格差	計
街路条件	接面街路の系統・構造等の状態	街路の系統及び連続性	優る ㊙普通 劣る	優る ㊙普通 劣る	0	
		幅員	接面街路の幅員約(10)m 優る やや優る ㊙普通 やや劣る 劣る	接面街路の幅員約(10)m 優る やや優る ㊙普通 やや劣る 劣る	0	
		舗装	優る ㊙普通 劣る	優る ㊙普通 劣る	0	
		歩道	幅員(2.5)m (バリアフリー無施工) 優る 普通 劣る	幅員(1.5)m (バリアフリー無施工) 優る 普通 ㊙劣る	-2.0	
		構造	優る 普通 劣る	優る 普通 劣る		
		勾配・カーブ	優る 普通 劣る	優る 普通 劣る	―	
		(除雪)施設等				(98)/100
交通・接近条件	商業地域の中心への接近性等	商業地域の中心への接近性	優る やや優る ㊙普通 やや劣る 劣る	優る やや優る 普通 ㊙やや劣る 劣る	-6.0	
		最寄駅への接近性	優る やや優る ㊙普通 やや劣る 劣る	優る やや優る 普通 ㊙やや劣る 劣る	-4.0	(90)/100
環境条件	客足の流動の状態との適合性	客足の流動性	優る やや優る ㊙普通 やや劣る 劣る	優る やや優る 普通 ㊙やや劣る 劣る	-2.5	
	隣接不動産等周囲の状態	隣接不動産等周囲の状態	優る やや優る ㊙普通 やや劣る 劣る	優る やや優る ㊙普通 やや劣る 劣る	0	
	自然的環境	地盤	優る ㊙普通 劣る	優る ㊙普通 劣る	0	(97.5)/100
画地条件	間口・形状及び地積等	間口狭小	間口(20)m 普通 やや劣る 劣る 相当に劣る 極端に劣る	間口(16)m 普通 ㊙やや劣る 劣る 相当に劣る 極端に劣る	0.97	
		奥行逓減	奥行(25)m ㊙普通 やや劣る 劣る 相当に劣る 極端に劣る	奥行(24)m ㊙普通 やや劣る 劣る 相当に劣る 極端に劣る	1.00	
		奥行短小	㊙普通 やや劣る 劣る 相当に劣る 極端に劣る	㊙普通 やや劣る 劣る 相当に劣る 極端に劣る	1.00	
		奥行長大	奥行/間口 ㊙普通 やや劣る 劣る 相当に劣る 極端に劣る	奥行/間口 ㊙普通 やや劣る 劣る 相当に劣る 極端に劣る	1.00	
		不整形地	㊙普通 やや劣る 劣る 相当に劣る 極端に劣る	普通 ㊙やや劣る 劣る 相当に劣る 極端に劣る	0.97	
		三角地	( )角、最小角( )度 普通 やや劣る 劣る 相当に劣る 極端に劣る	( )角、最小角( )度 普通 やや劣る 劣る 相当に劣る 極端に劣る	―	
		地積過小又は過大	面積(496)㎡ ㊙普通 やや劣る 劣る 相当に劣る 極端に劣る	面積(384)㎡ ㊙普通 やや劣る 劣る 相当に劣る 極端に劣る	1.00	
		面大増価	面積( )㎡ 普通 やや優る 優る 相当に優る 極端に優る	面積( )㎡ 普通 やや優る 優る 相当に優る 極端に優る	―	
	接面街路との関係	高低	高低差(0)m 優る やや優る ㊙普通 やや劣る 劣る	高低差(0)m 優る やや優る ㊙普通 やや劣る 劣る	1.00	
		角地	側道の幅員( )m 普通 やや優る 優る 相当に優る 特に優る	側道の幅員( )m 普通 やや優る 優る 相当に優る 特に優る	―	
		二方路	裏面道路の幅員( )m 普通 やや優る 優る 相当に優る 特に優る	裏面道路の幅員( )m 普通 やや優る 優る 相当に優る 特に優る	―	

条件	項目	細項目	基準地 内訳	対象地 内訳	格差	計
画地条件	その他	三方路	他の道路の幅員( )m、( )m 普通 やや優る 優る 相当に優る 特に優る	他の道路の幅員( )m、( )m 普通 やや優る 優る 相当に優る 特に優る	—	
		四方路	他の道路の幅員( )m、( )m、( )m 普通 やや優る 優る 相当に優る 特に優る	他の道路の幅員( )m、( )m、( )m 普通 やや優る 優る 相当に優る 特に優る	—	
		袋地	路地状の奥行( )m、形状	路地状の奥行( )m、形状	—	
		無道路地	取付道路の取得の(可・否)及びその幅員 ( )m、延長( )m	取付道路の取得の(可・否)及びその幅員 ( )m、延長( )m	—	
		崖地等	崖地の地積( )㎡、総地積に対して( )%	崖地の地積( )㎡、総地積に対して( )%	—	
		その他				(94.09)/100
行政的条件	公法上の規制の程度	用途地域等の地域、地区等	用途地域(商業)容積率(40/10) その他( ) 優る やや優る 普通 やや劣る 劣る	用途地域(商業)容積率(40/10) その他( ) 優る やや優る 普通 やや劣る 劣る	0	(100)/100
その他	その他	その他	優る 普通 劣る	優る 普通 劣る	—	(—)/100

個別的要因の比較	街路条件	交通・接近条件	環境条件	画地条件	行政的条件	その他	計
	(98)/100	× (90)/100	× (97.5)/100	× (94.09)/100	× (100)/100	× (—)/100	= (80.91)/100

表7 　基準地（県）Ａ５－２から比準する場合

商業地（普通）調査及び算定表　　　その１

条件	項目	細項目	地域要因 基準地番号　基準地（県）Ａ５－２　所在　基準地の属する地域　内訳	申請番号　所在　対象地の属する地域　内訳	格差	計
街路条件	街路の状態	幅員	当該地域における標準的な街路幅（ 8 ）m 街路の種類（　）名称（　） 優る (普通) 劣る	当該地域における標準的な街路幅（ 10 ）m 街路の種類（　）名称（　） 優る (普通) 劣る	0	
		舗装	優る (普通) 劣る	優る (普通) 劣る	0	
		歩道	幅員（ 2.0 ）m（バリアフリー無施工） 優る (普通) 劣る	幅員（ 2.5 ）m（バリアフリー無施工） (優る) 普通 劣る	1.5	
		勾配	(普通) やや劣る 劣る	(普通) やや劣る 劣る	0	
		構造	優る 普通 劣る	優る 普通 劣る	－	
		系統及び連続性	優る やや優る 普通 やや劣る 劣る	優る やや優る 普通 やや劣る 劣る	－	
	街区の状態	街区の整然性	優る (普通) 劣る	優る (普通) 劣る	0	
		街区の施設の状態	優る (普通) 劣る	優る (普通) 劣る	0	
		除雪施設等				(101.5)/100
交通・接近条件	顧客の交通手段の状態等	最寄駅の乗降客の数	最寄駅名（ Ａ市 ）	最寄駅名（Ａ市）、基準地の属する地域に比較し 多い やや多い (ほぼ同じ) やや少ない 少ない	0	
		最寄駅への接近性	最寄駅（ Ａ市 ）方約（ 160 ）m 優る やや優る (普通) やや劣る 劣る	最寄駅（ Ａ市 ）方約（ 130 ）m 優る やや優る (普通) やや劣る 劣る	0	
		都心中心部への接近性	優る やや優る 普通 やや劣る 劣る	優る やや優る 普通 やや劣る 劣る	－	
		公共公益施設等への接近性	主要な官公署（ 市役所 ） 優る やや優る (普通) やや劣る 劣る	主要な官公署（ 市役所 ） 優る やや優る (普通) やや劣る 劣る	0	
		駐車場の整備の状態	優る (普通) 劣る	優る (普通) 劣る	0	
		交通規制の状態	優る (普通) 劣る	優る (普通) 劣る	0	
		主要幹線道路等との接近性	優る やや優る 普通 やや劣る 劣る	優る やや優る 普通 やや劣る 劣る	－	(100)/100
環境条件	交通の量	交通量	優る やや優る 普通 やや劣る 劣る	優る やや優る 普通 やや劣る 劣る	－	
	沿道の状況	店舗の種類	優る やや優る 普通 やや劣る 劣る	優る やや優る 普通 やや劣る 劣る	－	
		店舗等の連たん性	優る やや優る 普通 やや劣る 劣る	優る やや優る 普通 やや劣る 劣る	－	
	経済施設の配置	デパート、大型店の数、延面積	優る やや優る (普通) やや劣る 劣る	優る (やや優る) 普通 やや劣る 劣る	2.5	
		全国的規模の店舗、事務所の数、延面積	優る やや優る (普通) やや劣る 劣る	優る (やや優る) 普通 やや劣る 劣る	1.5	
		娯楽施設の状態	優る (普通) 劣る	優る 普通 (劣る)	-1.0	

条件	項　目	細項目	基準地 内訳	対象地 内訳	格差	計
環境条件		不適合な施設の状態	⊙普通　やや劣る　劣る	⊙普通　やや劣る　劣る	0	
		その他の客等を誘引する施設の状態	優る　⊙普通　劣る	優る　⊙普通　劣る	0	
	背後地及び顧客の購買力等	背後地の人口の状態	優る　やや優る　⊙普通　やや劣る　劣る	優る　やや優る　⊙普通　やや劣る　劣る	0	
		背後地の範囲	優る　やや優る　⊙普通　やや劣る　劣る	優る　やや優る　⊙普通　やや劣る　劣る	0	
		顧客の購買力等	優る　やや優る　⊙普通　やや劣る　劣る	優る　やや優る　⊙普通　やや劣る　劣る	0	
	競争の状態と経営者の創意と資力	店舗の協業化の状態	優る　やや優る　⊙普通　やや劣る　劣る	優る　やや優る　⊙普通　やや劣る　劣る	0	
		高度利用の状態	優る　やや優る　⊙普通　やや劣る　劣る	優る　⊙やや優る　普通　やや劣る　劣る	1.5	
	繁華性の程度	顧客の通行量	優る　やや優る　⊙普通　やや劣る　劣る	優る　⊙やや優る　普通　やや劣る　劣る	6.0	
		店舗の連たん性	優る　やや優る　⊙普通　やや劣る　劣る	優る　やや優る　⊙普通　やや劣る　劣る	0	
		営業時間の長短	優る　⊙普通　劣る	優る　⊙普通　劣る	0	
		犯罪の発生等の状態	⊙普通　やや劣る　劣る	⊙普通　やや劣る　劣る	0	
	自然的環境	地質、地盤等	優る　⊙普通　劣る	優る　⊙普通　劣る	0	
	洪水・地すべり等の災害発生の危険性	洪水、地すべり、高潮、崖くずれ等	⊙無　小さい　やや小さい　やや大きい　大きい	⊙無　小さい　やや小さい　やや大きい　大きい	0	(110.5)/100
行政的条件	公法上の規制の程度	容積制限による規制	容積率（30/10）優る　やや優　⊙普通　やや劣る　劣る	容積率（40/10）優る　⊙やや優る　普通　やや劣る　劣る	5.0	
		高さ制限による規制	優る　やや優　⊙普通　やや劣る　劣る	優る　やや優　⊙普通　やや劣る　劣る	0	
		防火地域等の指定に伴う制限	優る　やや優　⊙普通　やや劣る　劣る	優る　やや優　⊙普通　やや劣る　劣る	0	
		その他の地域、地区による規制	用途地域（商業）優る　やや優　⊙普通　やや劣る　劣る	用途地域（商業）優る　やや優　⊙普通　やや劣る　劣る	0	
		その他の規制	弱い　普通　強い	弱い　普通　強い	—	(105)/100
その他		将来の動向	優る　⊙やや優る　普通　やや劣る　劣る	優る　やや優る　⊙普通　やや劣る　劣る	-5.0	
		その他	優る　普通　劣る	優る　普通　劣る	—	(95)/100
地域要因の比較			街路条件　交通・接近条件　環境条件　行政的条件　その他			計
			$\frac{(101.5)}{100} \times \frac{(100)}{100} \times \frac{(110.5)}{100} \times \frac{(105)}{100} \times \frac{(95)}{100} =$			$\frac{(111.87)}{100}$

商業地(普通)調査及び算定表　その2

条件	項目	細項目	個別的要因 基準地番号 基準地(県) A5-2 所在 基準地 内訳	申請番号 所在 対象地 内訳	格差	計
街路条件	接面街路の系統・構造等の状態	街路の系統及び連続性	優る ㊞普通 劣る	優る ㊞普通 劣る	0	
		幅員	接面街路の幅員約(8)m 優る やや優る ㊞普通 やや劣る 劣る	接面街路の幅員約(10)m 優る やや優る ㊞普通 やや劣る 劣る	0	
		舗装	優る ㊞普通 劣る	優る ㊞普通 劣る	0	
		歩道	幅員(2)m(バリアフリー無施工) 優る ㊞普通 劣る	幅員(1.5)m(バリアフリー無施工) 優る 普通 ㊞劣る	-2.0	
		構造	優る 普通 劣る	優る 普通 劣る	―	
		勾配・カーブ	優る 普通 劣る	優る 普通 劣る		
		(除雪)(施設等)				(98)/100
交通・接近条件	商業地域の中心への接近性等	商業地域の中心への接近性	優る やや優る ㊞普通 やや劣る 劣る	優る やや優る 普通 ㊞やや劣る 劣る	-6.0	
		最寄駅への接近性	優る やや優る ㊞普通 やや劣る 劣る	優る やや優る 普通 ㊞やや劣る 劣る	-4.0	(90)/100
環境条件	客足の流動の状態との適合性	客足の流動性	優る やや優る ㊞普通 やや劣る 劣る	優る やや優る 普通 ㊞やや劣る 劣る	-2.5	
	隣接不動産等周囲の状態	隣接不動産等周囲の状態	優る やや優る ㊞普通 やや劣る 劣る	優る やや優る ㊞普通 やや劣る 劣る	0	
	自然的環境	地盤	優る ㊞普通 劣る	優る ㊞普通 劣る	0	(97.5)/100
画地条件	間口・形状及び地積等	間口狭小	間口(18)m ㊞普通 やや劣る 劣る 相当に劣る 極端に劣る	間口(16)m 普通 ㊞やや劣る 劣る 相当に劣る 極端に劣る	0.97	
		奥行逓減	奥行(24)m ㊞普通 やや劣る 劣る 相当に劣る 極端に劣る	奥行(24)m ㊞普通 やや劣る 劣る 相当に劣る 極端に劣る	1.00	
		奥行短小	㊞普通 やや劣る 劣る 相当に劣る 極端に劣る	㊞普通 やや劣る 劣る 相当に劣る 極端に劣る	1.00	
		奥行長大	奥行/間口 ㊞普通 やや劣る 劣る 相当に劣る 極端に劣る	奥行/間口 ㊞普通 やや劣る 劣る 相当に劣る 極端に劣る	1.00	
		不整形地	㊞普通 やや劣る 劣る 相当に劣る 極端に劣る	普通 ㊞やや劣る 劣る 相当に劣る 極端に劣る	0.97	
		三角地	( )角、最小角( )度 普通 やや劣る 相当に劣る 極端に劣る	( )角、最小角( )度 普通 やや劣る 相当に劣る 極端に劣る	―	
		地積過小又は過大	面積(433)㎡ ㊞普通 やや劣る 劣る 相当に劣る 極端に劣る	面積(384)㎡ ㊞普通 やや劣る 劣る 相当に劣る 極端に劣る	1.00	
		面大増価	面積( )㎡ 普通 やや優る 優る 相当に優る 極端に優る	面積( )㎡ 普通 やや優る 優る 相当に優る 極端に優る	―	
	接面街路との関係	高低	高低差(0)m 優る ㊞普通 やや劣る 劣る	高低差(0)m 優る ㊞普通 やや劣る 劣る	1.00	
		角地	側道の幅員( )m 普通 やや優る 優る 相当に優る 特に優る	側道の幅員( )m 普通 やや優る 優る 相当に優る 特に優る		
		二方路	裏面道路の幅員( )m 普通 やや優る 優る 相当に優る 特に優る	裏面道路の幅員( )m 普通 やや優る 優る 相当に優る 特に優る		

条件	項目	細項目	基　準　地 内　　　訳	対　象　地 内　　　訳	格差	計
画地条件	その他	三　方　路	他の道路の幅員(　)m、(　)m 普通　やや優る　優る　相当に優る　特に優る	他の道路の幅員(　)m、(　)m 普通　やや優る　優る　相当に優る　特に優る	－	
		四　方　路	他の道路の幅員(　)m、(　)m、(　)m 普通　やや優る　優る　相当に優る　特に優る	他の道路の幅員(　)m、(　)m、(　)m 普通　やや優る　優る　相当に優る　特に優る	－	
		袋　　　地	路地状の奥行(　)m、形状	路地状の奥行(　)m、形状	－	
		無　道　路　地	取付道路の取得の(可・否)及びその幅員 (　)m、延長(　)m	取付道路の取得の(可・否)及びその幅員 (　)m、延長(　)m	－	
		崖　地　等	崖地の地積(　)㎡、総地積に対して(　)%	崖地の地積(　)㎡、総地積に対して(　)%	－	
		そ　の　他				(94.09)/100
行政的条件	公法上の規制の程度	用途地域等の地域、地区等	用途地域(　商業　)容積率(　30／10) その他(　　　　　　　　　　　　　) 優る　やや優る　⦿普通　やや劣る　劣る	用途地域(　商業　)容積率(　40／10) その他(　　　　　　　　　　　　　) 優る　やや優る　⦿普通　やや劣る　劣る	0	(100)/100
その他	そ　の　他	そ　の　他	優る　　普通　　劣る	優る　　普通　　劣る	－	(―)/100
個別的要因の比較		街路条件	交通・接近条件	環境条件	画地条件	行政的条件	その他	計

個別的要因の比較　(98)/100　×　(90)/100　×　(97.5)/100　×　(94.09)/100　×　(100)/100　×　(―)/100　＝　(80.91)/100

各　論

第3　工業地

1　定義及び地域区分

　工業地とは、工業地域内の土地をいう。
　工業地域は、宅地地域のうち工業生産の用に供される建物、構築物等の敷地の用に供されることが、自然的、社会的、経済的及び行政的観点からみて合理的と判断される地域をいう。「……の用に供されることが自然的、社会的、経済的及び行政的観点からみて合理的と判断される地域」とは、既述の住宅地域における用途的観点から判断する方法と同様である。工業の用に供されることを中心にまとまった地域においては、製品の生産及び販売に関する採算性を立地条件としていることから、その地域特性を規模の面からとらえ、土地価格比準表においては、工業地域を大工場地域、中小工場地域に区分している。
　しかしながら、このように区分しても、工業地域が臨海型であるか、内陸型であるか等の立地条件が異なっている場合は、類似性が少ないので、このような工業地域相互については比準すべきでないものと考えられる。
　それぞれの地域の判定にあたって参考となる事項等をあげれば次のとおりとなる。

(1)　**大工場地域**
　一般に工業地の需要者がその土地に対して求めるものは、他の企業の製品との競争に十分太刀打ちできる製品コストの低廉性と生産効率とを保証するような立地条件であり、各地に工場が設置されているが、これは、すべて企業主体の採算性に基づくものであり、業種によりそれぞれ工場の規模が定まることに留意する必要があろう。
　大工場地域にあっては、地域内の画地規模がおおむね30,000m^{2}を標準的規模としているが、約10,000m^{2}から50,000m^{2}までの画地により構成されている地域を目安として適用しうるものとしている。

第3 工業地

(2) 中小工場地域

　工業地は、製品の生産、販売、原材料の仕入れ、労働力等生産上の効率、経済性に係る要因により決定するものであるから、業種によって工場の規模が定まってくる。中小工場地域の場合、単に中小規模工場がある地域を構成しているか、あるいは、大工場の周辺に中小工場がそれを取り巻くようにある地域を構成している。これらは、企業の採算性によりある地域を構成しているものであるから、用途的な機能性を中心として把握し、中小工場地域に区分することとなる。

　中小工場地域にあっては、地域内の画地規模がおおむね3,000m^{2}を標準的規模としているが、約1,000m^{2}から10,000m^{2}までの画地により構成されている地域を目安として適用させるものとしている。

　この場合、都市計画法による用途地域が準工業地域であっても、対象地を含む周辺の利用の状況が工場の多い地域では、中小工場地域の比準表を適用することになる。

　一方、商、住、工が混在し、用途的に完全に純化した地域を示さず、用途の混在を前提として一定の価格水準が形成されている場合には、それを一つの用途的地域として把握したうえでその地域に応じた比準表を適用させる必要がある。たとえば、住工混在地域にあっては混在住宅地域を、商工混在地域にあっては近隣商業地域を、また商住工混在地域にあっては用途の多様性により、弾力的に適用することに留意しなければならない。

2 地域要因の比較項目及び格差率

　工業地域は、工業生産の用に供されることを目的としている地域であるため、製品の生産及び販売に関する採算性にかかわる要因が主要な要因となる。

　これを地域特性によって細分された地域ごとにみると、大工場地域においては、交通・接近条件の細項目に「公共岸壁」を設けているが、これは製品及び原材料の搬出入に関して、特に海運の利便性が高いからである。中小工場地域において、岸壁等がある場合には、海運の利便性について価格に及ぼす影響がないとはいえないが、中小工場本来の規模、性格等から判断すると、内陸交通に対する依存度が高いことから、特に増価要因としては考慮しなかったものである。

　また、中小工場地域にあっては、環境条件の細項目である「水質の汚濁、大気の汚染等」において、大きな格差率を付しているが、これは大工場地域に比して、周辺住

各　論

宅地地域等に与える影響が大であることによるものである。
　なお、工業地域に総じていえることは、製品の販売市場及び原材料の仕入市場等の交通・接近条件に対する格差率が大きくなっていることである。

(1) 街路条件
　街路条件は、街路が工業地におよぼす交通上の利用価値に係る条件である。近来、トラックによる原材料、製品、燃料等の輸送が、工業経営に欠くことのできない条件となるに至り、幹線街路、貨物駅、港湾、インターチェンジなどに通じる街路の幅員、構造等が良好であることは、輸送費の節減を生じ、生産及び販売コストを低減させ、工業地域としての価格に著しい影響を与えるものである。
　街路条件における項目は「街路の幅員・構造等の状態」であり、これを「幅員」「舗装」「配置」及び「系統及び連続性」に細区分している。その具体の運用にあたっては、下記の点に留意する必要がある。
　ア　街路の幅員・構造等の状態
　　幹線街路等の輸送施設の整備状況は、工場敷地が幹線街路に接面していなくても、幹線街路に通じる街路の状態が良好であれば、たとえ幹線街路に遠くても工業地の価格水準にはあまり格差を生じない場合もあり得る。
　イ　幅員
　　街路幅員が広いことは、工業地域においては特に重要な条件としてプラス要因となる。大工場地域にあっては、原材料、製品等の大規模な移動を前提として、標準的な街路幅員を10mから15mに、中小工場地域にあっては、製品の生産及び販売に関する経済性に着目し、8mから12mとしている。この場合の街路幅員とは、地域内の標準的な街路幅員を指し、対象地の前面街路をいうものでない。
　ウ　舗装
　　舗装は種別、舗装率及び維持補修の程度等を総合的に考量して比較を行うことになる。街路の舗装の状態が優れていることは、製品の梱包費、燃料費、時間等の節約につながり、ひいてはコストの低廉性をもたらすことになる。
　エ　配置
　　街路の配置は、いわゆる地域内の街路網の状態をいい、それが整然として均衡がとれているかどうかが判定の指標となろう。街路の配置が整然として均衡がとれていれば、街区も整然としていることになり、工業地の効用を高めることになる。

第3 工業地

オ 系統及び連続性

　系統及び連続性は、製品等の輸送費を節減し、生産及び販売コストに影響を及ぼす。主要幹線街路へ通じる街路の系統が良好であり、連続性においても優れていることは、製品の梱包費、運搬費の節約につながり、製品販売市場等との時間距離の短縮を生じさせ、生産原価を低減させる条件といえる。なお工業地域にあっては、主要幹線街路それ自体の良否が、仕入市場、販売市場との関係位置を明らかにするものであるから、地域の内外にわたって広く見極める必要がある。

(2) 交通・接近条件

　交通施設で重要なものは、主要幹線街路、貨物駅、空港、港湾及び港湾に通じる運河等であり、これらの施設の規模、構造の良否は運送費の上に大きく影響する。

　労働市場に対する接近性は、労働力の確保を容易にし、また関連産業との関係位置は、関連産業との交流を容易にし生産コストの低減につながる。交通・接近条件における項目は「製品販売市場及び原材料仕入市場との関係位置」「輸送施設の整備の状況」「労働力の確保の難易」「関連産業との関係位置」の4項目があり、細項目は「製品販売市場及び原材料仕入市場との関係位置」を「都心への接近性」に、「輸送施設の整備の状況」を「空港との接近性」「高速道路I.C.への接近性」及び大工場地域の増価要因として「公共岸壁」に、「労働力の確保の難易」については「主要交通機関との接近性」に細区分している。その具体の運用にあたっては、下記の点に留意する必要がある。

　ア 都心への接近性

　　製品を生産する工業地域と、当該製品の販売市場との距離が遠隔であるか否かは輸送費との関連で製品の販売コストに影響を来し、原材料仕入市場との関係位置は製品の生産コストに影響することになる。したがって、原材料の生産地、消費地への接近性を、道路あるいは鉄道によって判定することにしている。原材料の生産地及び消費地への接近性は、業種によって異なることになるが、一般的には全国規模となり、それらの関係位置を比較し、判定することはほとんど不可能に近い。したがって、大工場地域にあっても、比較の一方法として「都心への接近性」によって、利便性の優劣を判定することとしている。

　イ 公共岸壁

　　大工場地域における増価要因であるが貿易に依存する度合いの高いわが国におい

ては、原材料を海上輸送で港湾に荷揚げし、製品化して輸出することとなる。したがって、港湾の良否及び港湾と対象地域との関係位置を判定することにしている。

　ウ　空港との接近性

　近年、コンピュータ機器製造業などが、航空輸送を有効な輸送手段として用いており、製品及び原材料の搬出入に関して、空港の利便性が高くなっている。したがって、運航区間、便数を十分検討し、空港と対象地域との関係位置を判定することにしている。

　エ　高速道路I.C.への接近性

　近年、輸送手段としてトラックによる陸上輸送の重要性が増してきたことから、項目を新設したものである。経済産業省の工場立地動向調査によると、工場敷地として取得される土地は、臨海部より内陸部のほうが圧倒的に多く、平成26年工場立地動向調査（経済産業省　地域経済産業グループ）によると全体の約70.0％がI.C.の10km以内に立地している。したがって、高速道路I.C.と対象地域との関係位置を判定することにしている。

　オ　主要交通機関との接近性

　労働力の確保は、生産の基本的条件であり、これを無視した工業経営はあり得ない。したがって、必要な労働力の確保の可能性について、十分検討しなければならない。

　従業員の通勤等に係る利便性の優劣により判定することとし、主要交通機関との接近性を比較することとしている。この場合、労働市場との関係位置により鉄道駅を、バス停留所あるいは船舶発着所等に読み替えることはなんら差し支えない。

　カ　関連産業との関係位置

　近代的な総合産業にあっては、多種多彩の関連産業との間に依存、補完等の関係を保ちつつ機能している場合が多い。したがって、これらの関連産業との関係位置が費用性、生産性に強い影響を与えることになる。たとえば、部品生産工場と組立工場のように相互に関連する産業が良好な関係位置にあるかどうかは、採算性の上からも重要なウエートを占めるものである。

(3)　環境条件

　自然的条件は、その地域一般の立地適否を決定する条件にはなるが、工業地域の環境条件としては、人為的な工業用水、排水施設などが、施設費の多寡に直接影響する

第3 工業地

から、環境条件における項目は「動力資源及び用排水に関する費用等」「公害発生の危険性」「洪水・地すべり等災害発生の危険性」「自然的環境」に区分し、細項目は「動力資源及び用排水に関する費用等」を「動力資源」「工業用水」「工場排水」に、「公害発生の危険性」を「水質の汚濁、大気の汚染等」に、「洪水、地すべり等災害発生の危険性」を「洪水・地すべり、高潮、崖くずれ等」に、「自然的環境」を「地盤、地質等」に細区分している。その具体の運用にあたっては、下記の点に留意する必要がある。

ア 動力資源

電力の引き込みの難易や、重油、石炭等の入手の状態の優劣は、収益性や生産コストに直接影響を及ぼすものである。したがって、それらを総合的に考慮して、優劣を判定する必要がある。

イ 工業用水

工業用水については、その供給能力を判定することにしている。工業用水道の有無は用水型企業にとっては、工業地の価値を決定する重要な要因となる。地下水のくみ上げを規制されている地域にあっては操業率が低下する場合が生じ、工業用水の豊富さの程度及び質の良否は、生産規模まで決定することとなるので留意する必要がある。

ウ 工場排水

工場排水については、地域内における排水施設の整備の状態を処理能力により判定することにしている。工場排水施設の未整備の地域にあっては、公害防止条例等により多額の費用を要することになるので留意する必要がある。

エ 水質の汚濁、大気の汚染等

工場排水や工場の煤煙等によってもたらされる水質の汚濁、大気の汚染等の産業公害の発生の程度及びその危険性が著しい地域については、その防止措置についての費用を十分考慮しなければならない。また、このような地域に立地することにより受ける被害の減価要因についても配慮する必要がある。

オ 地盤、水質等

地盤、水質等は、工業用水の地下水くみ上げによる採取規制等工業立地に密接に関係すること、また、埋め立てを伴う造成地で地盤が軟弱な土地には、建築上多額の費用を要することになるので留意する必要がある。

各　論

(4) 行政的条件

　工業地域が行政上の助成の対象となっているか、規制の対象となっているか、公共施設の整備の状況など、行政的条件は工業立地に重要な影響を及ぼしている。

　行政的条件における項目は「行政上の助成及び規制の程度」があり、細項目は「助成」「規制」「その他の規制」に区分しているが、その具体の運用にあたっては、下記の点に留意する必要がある。

　ア　助成

　　工業立地を促進するための主要な法律としては、下記のものがあるが、これらの法律による助成の程度（工場誘致のための特典等）について判定することとなる。

　　　a．首都圏の近郊整備地帯及び都市開発区域の整備に関する法律
　　　b．近畿圏の近郊整備区域及び都市開発区域の整備及び開発に関する法律

　　　　　　　　　　　　　　　　　　　　　　　　　　　　　　　　　等

　イ　規制

　　工業立地を制限する主要な法律としては、下記のものがあるが、これらによって土地の利用方法に関する公法上の規制の程度を判定することとなる。

　　公法上の制限は主として用途地域があり、工業の種類と規模によっては影響が著しい場合がある。用途地域による建築制限は、準工業地域では、業種によって工場を建築することの出来ないものがあり、工業地域においては反対に工場以外の建築物で建築することの出来ないものを規定している。さらに工業の利便を増進するため必要と認める場合には、工業専用地域の指定が出来ることになっている。したがって、規制の程度からみると、準工業地域が弱く、工業専用地域が強いことになる。

　　　a．都市計画法
　　　b．建築基準法
　　　c．首都圏の既成市街地における工業等の制限に関する法律
　　　d．近畿圏の既成都市区域における工場等の制限に関する法律

(5) その他の条件

　その他の条件は、街路条件、交通・接近条件、環境条件、行政的条件に係る各項目の動向を総合的に考量して比較を行うこととなる「工場進出の動向」と、新たに比較すべき特別の項目があると認められるときは、その項目に応じて適正に格差率を求めるものとする「その他」との細項目に区分しているが、具体の運用にあたっては、下

記の点に留意する必要がある。

　ア　工場進出の動向

　　工場地としての熟成度、工場進出の将来に対する動向等を総合的に考量して、発展的に推移すると認められる地域であるか、あるいは、衰退的に推移すると認められる地域であるかを判定することになる。この場合、留意すべきこととして、他の用途への移行性についても総合的に見極める必要があり、ただ単に工業地のみの発展、あるいは衰退のみで判定すべきではない。

　イ　その他

　　細項目の「その他」には、備考欄に適用上の留意事項等は何も記載されていないが、この細項目は、住宅地の場合と同様、これまでの細項目に該当しない特有の比較項目が現出した場合に、必要に応じて適正な格差率を設定し適用するために設けてあるものであって、これの運用にあたっては、住宅地における留意事項と同じである。

3　個別的要因の比較項目及び格差率

　個別的要因の各項目の格差率の態様は、総論において述べたように、対象地域における標準的な土地と対象地との比較により判定することとなる。

　個別的要因における比較項目のうち、特に配慮した項目としては、大工場地域にあっては、交通・接近条件の中で「鉄道専用引込線」「専用岸壁」及び環境条件の中では「工業用水」、中小工場地域にあっては「工業用水」である。大工場地域では工業用水が確保されることが通常であり、中小工場地域では、その費用性、経済性に着目したものである。また、中小工場地域では「造成の程度」についての項目が設けられているが、これは中小工場地域の場合、規模、画地条件からみて、造成の程度が価格に影響を及ぼすものと考えられる。一方、大工場地域では工場の設備等と併せて施工されるのが通例であるから、その難易程度については、特に配慮すべき必要はないと判断したものである。

(1)　**街路条件**

　工業地の立地条件として重要な位置を占めるものに街路条件がある。原材料及び製品の搬入、搬出に占めるトラック運送のウエートは、ますます大きくなりつつある現状では、その優劣は採算性に直接影響する。

各　論

　街路条件における項目は「接面街路の系統・構造等の状態」があり、細項目は「系統及び連続性」「幅員」「舗装」に区分されており、その具体の運用にあたっては下記の点に留意する必要がある。
　ア　系統及び連続性
　　対象地の接面する正面街路と、標準的な土地のそれを、幹線街路に対する系統及び連続性について比較する。特に工業地にあっては、二方路、三方路に接面する画地が多く見受けられるので、街路はすべて正面街路によってこの判定を行うこととしている。
　イ　幅員
　　対象地の接面する正面街路の幅員を、標準的な土地に接面する街路幅員と比較して、利便性についての優劣を判定する。工業地にあっては、住宅地、商業地と異なり、幅員の広いことによる優位性に留意しなければならない。
　ウ　舗装
　　対象地及び標準的な土地に接面する正面街路の舗装の程度及び状態について、それぞれ比較を行い、優劣を判定する。

(2)　交通・接近条件
　交通・接近条件において、対象地の個別性を生じさせるための要因として、項目は、「主要交通機関との距離」「輸送施設との位置」に区分し、細項目は、前者は「最寄交通機関との接近性」に、後者を「地域内における関係位置」に区分し、さらに大工場地域においては「鉄道専用引込線」「専用岸壁」に優位性を認めているが、具体の運用にあたっては、下記に留意する必要がある。
　ア　最寄交通機関との接近性
　　地域内における社会的、経済的最寄駅等への接近性について対象地と標準的な土地との、それぞれの優劣を判定する。この場合、従業員の通勤等の利便性等を考慮して道路距離のみでなく、バス便等の利用性をも総合的に考量する必要がある。
　イ　地域内における関係位置
　　地域内における関係位置は、地域内における対象地の位置の良否が資材、製品等の輸送の確保にも影響を与える。対象地が地域内で、幹線道路、鉄道、港湾、空港等に近接した好条件の位置にある場合には、利便性も高められ、費用性、生産性に影響を与えることになるので、総合的に判定する必要がある。

　　　　　　　　　第3　工業地

　ウ　鉄道専用引込線
　　鉄道輸送に依存度の高い工業地にあっては、鉄道専用引込線の有無及びその利用の可能性が工場敷地としての利用度に大きな影響を与えるものであるから、その有無についてそれぞれ比較し、判定することとしている。
　エ　専用岸壁
　　臨海工業地の立地条件として、港湾の良否がある。特に接岸可能な岸壁の規模がそれを左右する。その規模を判断するものとしては、水深、バース距離、荷役設備等岸壁の規模についても総合的に勘案して判定する必要がある。

(3)　環境条件
　人為的な整備条件と自然的条件からなる環境条件として、項目は「用排水等の供給処理施設の整備の必要性」「地盤の良否」を掲げ、細項目は、前者は「工業用水」「工場排水」「電力等の動力資源」「上下水道、ガス等」に、後者は「地勢、地質、地盤等」に、さらに中小工場地域では「地盤」「造成の程度」に区分しているが、その具体の運用にあたっては下記の点に留意する必要がある。
　ア　工業用水
　　工業用水道が整備済であるかどうかは、費用の経済性及び生産効率と関連して重要な要因である。大工場地域は、通常確保されているため、その有無のみにて判定することとし、中小工場地域は、その費用性、経済性に着目し、その優劣について比較し、判定する必要がある。
　イ　工場排水
　　工場排水においても、工場排水施設が整備済であるかどうかは、費用の経済性及び生産効率に直接影響する。
　ウ　電力等の動力資源
　　電力、重油等の動力資源が整備済であるかどうかは、費用の経済性及び生産効率と関連して重要な要因である。特に産業基盤指向型工業地の大工場地域はこれらの確保は必要条件である。したがって、入手の状態、引き込みの難易について判定することとしたものである。
　エ　上下水道、ガス等
　　上下水道、ガス等の供給処理施設の有無及び利用の難易は、費用の経済性、生産効率に影響を及ぼすため重要な要因である。したがって、これらについて判定する

各　論

こととしたものである。
　オ　地勢、地質、地盤等
　　自然的条件である地勢、地質、地盤等の良否は、施設費の多寡に直接影響を来すことになるからである。
　カ　造成の程度
　　中小工場地域における比較項目である。大工場地域においては施設費と併せて考慮されるのが通常であることから、造成の程度が価格に影響を及ぼす中小工場地域のみに設けたものである。

(4)　画地条件
　工業地における画地条件としては、住宅地や商業地の場合と異なり、比較項目もわずかである。項目としては「地積及び形状の良否」「その他」があり、細項目としては「地積」「形状」「接面街路との関係」に区分され、具体の運用にあたっては、下記に留意する必要がある。
　ア　地積
　　標準的な土地の面積と、対象地の面積とを利用上の阻害の程度から比較し、判定することとなる。
　イ　形状
　　標準的な土地の形状と、対象地の形状との優劣を比較し、判定することとなる。有効利用度の観点から的確に把握する必要がある。
　ウ　接面街路との関係
　　中小工場地域の増価要因であり、側道等の優位性は工業地として利用可能な街路としての効用を有するものを比較の対象とし、里道等は対象としない。なお、大工場地域については比較項目から削除してあるが、これは、四方路が原則であることにより対象外としたものである。

(5)　行政的条件
　個別性を生じさせる行政的条件としては、規則に係るもののみである（助成は地域全体に及ぶ。）。したがって、都市計画法、建築基準法等における用途地域及びその他の地域地区等、土地の利用方法に関する公法上の規制の程度について比較し、判定することになる。

第3 工業地

工業地の地域要因と格差の範囲

条件	項目	細項目	格差の内訳（最大格差率）		備考
			大工場地域	中小工場地域	
街路条件	街路の幅員・構造等の状態	幅員 舗装 配置 系統及び連続性	14.0 8.0 4.0 8.0	14.0 8.0 4.0 8.0	
交通・接近条件	製品販売市場及び原材料仕入市場との関係位置 輸送施設の整備の状況 労働力の確保の難易 関連産業との関係位置	都心への接近性 公共岸壁 空港との接近性 高速道路 I.C. への接近性 主要交通機関との接近性 関連産業との関係位置	50.0 20.0 20.0 40.0 60.0 10.0	50.0 —— 20.0 20.0 60.0 10.0	
環境条件	動力資源及び用排水に関する費用等 公害発生の危険性 洪水・地すべり等の災害発生の危険性 自然的環境	動力資源 工業用水 工場排水 水質の汚濁、大気の汚染等 洪水・地すべり、高潮、崖くずれ等 地盤、地質等	10.0 10.0 10.0 10.0 5.0 6.0	6.0 10.0 10.0 20.0 5.0 6.0	
行政的条件	行政上の助成及び規制の程度	助成 規制 その他の規制	4.0 20.0 a	12.0 20.0 a	
その他	その他	工場進出の動向 その他	10.0	10.0	

工業地の個別的要因と格差の範囲

条件	項目	細項目	格差の内訳（最大格差率）		備考
			大工場地域	中小工場地域	
街路条件	接面街路の系統・構造等の状態	系統及び連続性 幅員 舗装	8.0 10.0 8.0	8.0 10.0 8.0	
交通・接近条件	主要交通機関との距離 輸送施設との位置	最寄交通機関との接近性 地域内における関係位置 鉄道専用引込線 専用岸壁	20.0 10.0 5.0 20.0	20.0 10.0 5.0 ——	
環境条件	用排水等の供給処理施設の整備の必要性 地盤及び造成の程度	工業用水 工場排水 電力等の動力資源 上下水道、ガス等 地勢、地質、地盤等 造成の程度	5.0 10.0 10.0 4.0 10.0 ——	10.0 10.0 6.0 4.0 10.0 10.0	
画地条件	地積及び形状の良否 その他	地積 形状 接面街路との関係			
行政的条件	行政上の規制の程度	行政上の規制	6.0	12.0	
その他	その他	その他			

各　論

中小工場地の価格算定例

1　対象地の確定

(1)　価格時点　平成27年10月1日

(2)　対象地の所在等
　　ア．所　　　在　〇〇県S市〇〇町〇丁目〇番〇号
　　イ．地　　　目　宅地
　　ウ．利用状況　工場の敷地
　　エ．面　　　積　5,200m²

(3)　対象地の存する市の概況
　　当市は、県庁所在地Y市の西北約20kmに位置し、平坦な〇〇台地上にひろがる住宅と内陸性工業を中心とする都市で、工場の進出、住宅団地の建設等が盛んな人口約30万人（平成27年）を有する県内有数の人口急増都市である。
　　市の中央部を南北にJR、南端には東西に私鉄が貫通し、主要道路は県庁所在地に通じる国道〇〇号、隣接都市へ通じる県道が交差している。
　　商業施設はJR、私鉄各駅を中心とする地域に分散し、JR、S駅、A駅、私鉄S駅が繁華性に富んでいる（S市工場地域図参照）。

(4)　対象地の存する地域の判定
　　ア　地域の判定
　　　当市の工場地域は、JR〇〇線、国道〇〇号沿線にA工業地域からG工業地域にわたって形成されており、工場の規模、性格、土地の利用の形態等の立地条件からA、C、D、F地域を大工場地域、B、E、G地域を中小工場地域と判定した。
　　イ　近隣地域の範囲
　　　対象地はG工業団地に属し、当該近隣地域はJR　S駅西方約1,500m～3,000m

の範囲内で、○○K.Kを中心とするF大工場地域に隣接する中小工場地域で、○○K.Kの関連企業及び金属関係の工場等が多い。また、県道△△が横断し、国道○○号に比較的近く街路条件に恵まれている。このような近隣地域の特性、環境条件、公法上の規制等から判断して、対象地の最有効使用の用途は、中小の工場敷地であると思われる。

ウ　地域要因及び個別的要因の調査表の作成

対象地の存する地域に係る地域要因及び対象地の個別的要因を調査し、調査表（表1及び表2）を作成する。

2　価格比準の基礎となる土地の選定

(1)　標準地及び基準地の調査及び選定

対象地の存する近隣地域または同一需給圏内の類似地域に対象地の価格比準の基礎となる標準地または基準地が設定されているかどうかを調査することとなるが、本件の場合、対象地の存する近隣地域には標準地及び基準地が設定されていないが、同市内の中小工場地域と判定されるB工業団地とE工業団地にそれぞれ標準地のS9-2及び基準地のS（県）9-1が設定されており、これらは同一需給圏内の類似地域に存し、いずれも規範性が高いと判定できるので、価格比準の基礎となる土地として選定した。

(2)　標準地S9-2に係る官報公示事項

標準地番号	所在及び地番	1m²当たり価格	地積	形状	利用の現況	周辺の土地の利用の現況	前面道路	水道、ガス等	接近状況	制限
S9-2		131,800	3,401	1：3	工場	各種工場が進出し、発展途上にある工業地域	南8m市道	水道	国道○○号 1.2km	工業(200)

(3)　基準地S（県）9-1に係る公報掲載事項

基準地番号	所在及び地番	1m²当たり価格	地積	形状	利用の現況	周辺の土地の利用の現況	前面道路	水道、ガス等	接近状況	制限
S（県）9-1		141,300	1,509	1：1.5	工場	中小規模の金属関係工場が多い工業地域	東8m市道	水道	JRA駅 1.7km	工専(200)

各　論

(4)　地域要因及び個別的要因の調査表

　対象地と価格比準の基礎となる土地との比較を容易にするために、土地価格比準表の調査及び算定表に基づいて標準地Ｓ９－２及び基準地Ｓ（県）９－１のそれぞれの存する地域に係る地域要因及び個別的要因の調査表（表３、表４、表５及び表６）を作成する。

3　比準作業

(1)　対象地の地域区分

　工場立地の条件、地域の標準的使用等を調査して、中小工場地域と判定し、中小工場地域の比準表を適用することとする。

(2)　価格比準の基礎となる標準地及び基準地が同一需給圏内の類似地域に存するための作業

　標準地Ｓ９－２及び基準地Ｓ（県）９－１は、対象地の存する近隣地域以外の地域（同一需給圏内の類似地域）に存するため、標準地及び基準地と対象地に係る地域要因の比較並びに個別的要因の比較を表１、表３及び表５並びに表２、表４及び表６に基づいて行い、工業地（中小）調査及び算定表（表７その１、その２及び表８）を作成する。

(3)　留意事項

　上記(2)の場合において、地域要因の比較が上位50％、下位30％の範囲内にあることを再確認する必要がある。また、工業地の場合は、標準地または基準地が面積規模、形状等で必ずしも標準的な土地でなく適正に補正する必要がある場合もあるので留意するものとする。

(4)　時点修正

　比準表を用いて地域要因及び個別的要因の比較をする前に、標準地及び基準地の価格を価格時点に修正する必要がある。本件の場合、Ｓ市における工業地の動向は、現在の経済情勢を反映した一般的な不況などの影響を受けて取引事例等もほとんど見られず、横ばいまたは若干の下落と思われる。そのため、住宅地及び商業地の地価動向

を調査して参考とするほか、地価公示、都道府県地価調査等を勘案して、平成27年1月1日から価格時点までの変動率は3％の下落及び平成27年7月1日から価格時点までは1.2％の下落とそれぞれ判定し、標準地及び基準地の価格を価格時点に修正する時点修正率とした。

(5) 対象地の価格の算定

以上により、対象地の価格はそれぞれ次のとおり算定される。

ア 標準地からの比準価格

標準地の価格　時点修正　地域要因　個別的要因　　　　比準価格
　　　　　　　　　　　　格差率　　格差率

$$131,800円 \times \frac{97}{100} \times \frac{93.48}{100} \times \frac{86.45}{100} = 103,316円 ≒ 103,300円$$

イ 基準地からの比準価格

基準地の価格　時点修正　地域要因　個別的要因　　　　比準価格
　　　　　　　　　　　　格差率　　格差率

$$141,300円 \times \frac{98.8}{100} \times \frac{77.54}{100} \times \frac{92.38}{100} = 100,000円$$

(6) 比準価格の調整

標準地及び基準地から求められた比準価格はほとんど開差はみられず、いずれも妥当な価格と判断されるが、基準地は工業専用地域に存し、また標準的使用の土地と比較して面積規模がやや小さく、格差の判定に困難な点もあったので、標準地からの比準価格を重視し、1 m^2当たり103,300円と決定した。

各 論

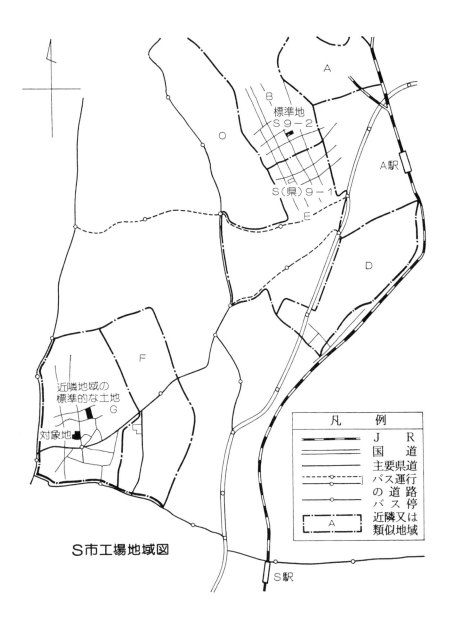

中小工場地の価格算定例

表1 対象地の属する地域の地域要因項目別調査表

条件	項目	細項目	内訳
街路条件	街路の幅員・構造等の状態	幅員	地域内の標準的街路の幅員8m市道
		舗装	60％の舗装率、アスファルト維持補修の程度良好
		配置	やや均衡のとれた街区（G工業団地）
		系統及び連続性	国道○○号県道△△号への連続性良好
交通・接近条件	製品販売市場及び原材料仕入市場との関係位置	都心への接近性	JR S駅西方2.2km、市街地に遠い
	輸送施設の整備の状況	公共岸壁	──
		空港との接近性	──
		高速道路I.C.への接近性	国道○○号に近接
	労働力の確保の難易	主要交通機関との接近性	バス便（3系統 150便）、バス停800m
	関連産業との関係位置	関連産業との関係位置	F工業団地に隣接、G工業団地はF工業団地の関連企業が多い
環境条件	動力資源及び用排水に関する費用等	動力資源	完備、整備の状況等良好
		工業用水	整備、水量等通常の状態（地下水採取可能）、工場用水道なし
		工場排水	工業用下水道、公共下水道なし
	公害発生の危険性	水質の汚濁、大気の汚染等	特に公害の発生に関して危険性なし、大気、水質の汚染はない
	洪水・地すべり等の災害発生の危険性	洪水、地すべり、高潮、崖くずれ等	特になし
	自然的環境	地盤、地質等	普通
行政的条件	行政上の助成及び規制の程度	助成	通常、助成等なし
		規制	工業地域（60, 200）
		その他の規制	無
その他	その他	工場進出の動向	立地条件に恵まれ、労働力の確保等良好。F工業団地の関連企業が中心であり現状の状態で推移
		その他	──

各 論

表2 対象地の個別的要因項目別調査表

条件	項目	細項目	内訳
街路条件	接面街路の系統、構造等の状態	系統及び連続性	国道、県道への連続性良好
		幅員	12m、7m市道角地的
		舗装	アスファルト舗装、維持補修の程度良好
交通・接近条件	主要交通機関との距離	最寄交通機関との接近性	JR S駅西方2km、バス停100m
	輸送施設との位置	地域内における関係位置	標準的位置関係にある
		鉄道専用引込線	――
		専用岸壁	――
環境条件	用排水等の供給処理施設の整備の必要性	工業用水	無
		工場排水	無
		電力等の動力資源	電力引込可能、通常
		上下水道、ガス等	引込可能、通常
	地盤及び造成の程度	地勢、地質、地盤等	通常
		造成の程度	通常
画地条件	地積及び形状の良否	地積	5,200m²
		形状	60m×80m、不整形
	その他	接面街路との関係	街路に二方が接面(角地が一部欠ける)
行政的条件	行政上の規制の程度	行政上の規制	工業地域
その他	その他	その他	――

中小工場地の価格算定例

表3　標準地S9－2の属する地域の地域要因項目別調査表

条件	項目	細項目	内訳
街路条件	街路の幅員・構造等の状態	幅員	地域内の標準的街路の幅員8m市道
		舗装	80％程度の舗装率、アスファルト維持補修の程度は良好
		配置	均衡がとれた整然とした街区（B工業団地S35年○○社開発）
		系統及び連続性	国道○○号県道△△号への連続性良好
交通・接近条件	製品販売市場及び原材料仕入市場との関係位置	都心への接近性	JR A駅西方1.7km、周辺市街地にも近接
	輸送施設の整備の状況	公共岸壁	——
		空港との接近性	——
		高速道路I.C.への接近性	国道○○号に近接
	労働力確保の難易	主要交通機関との接近性	バス便（1系統　60往復）、バス停1.2km
	関連産業との関係位置	関連産業との関係位置	A工業団地に隣接、近くにC、E工業の工業用地もある。
環境条件	動力資源及び用排水に関する費用等	動力資源	完備、整備の状況等良好
		工業用水	整備、水量等通常の状態（地下水採取可能）、工場用水道なし
		工場排水	工業用専用下水道、公共下水道なし
	公害発生の危険性	水質の汚濁、大気の汚染等	特に公害発生に関して危険性なし、大気、水質の汚染はない
	洪水・地すべり等の災害発生の危険性	洪水・地すべり、高潮、崖くずれ等	特になし
	自然的環境	地盤、地質等	普通
行政的条件	行政上の助成及び規制の程度	助成	通常、助成等なし
		規制	工業地域（60，200）
		その他の規制	無
その他	その他	工場進出の動向	立地条件に恵まれている。人口増（年間2万人）、労働力の確保等良好。大工業地域との関係位置よく工場進出も発展性有
		その他	——

各　論

表4　標準地S9－2の個別的要因項目別調査表

条件	項目	細項目	内訳
街路条件	接面街路の系統、構造等の状態	系統及び連続性	国道、県道への連続性良好
		幅員	8m市道
		舗装	アスファルト舗装、維持補修の程度良好
交通・接近条件	主要交通機関との距離	最寄交通機関との接近性	JR A駅西方1.7km、バス停500m
	輸送施設との位置	地域内における関係位置	標準的位置関係にある
		鉄道専用引込線	——
		専用岸壁	——
環境条件	用排水等の供給処理施設の整備の必要性	工業用水	無
		工場排水	無
		電力等の動力資源	電力引込可能、通常
		上下水道、ガス等	引込可能、通常
	地盤及び造成の程度	地勢、地質、地盤等	通常
		造成の程度	通常
画地条件	地積及び形状の良否	地積	3,401m^2
		形状	35m×97m（1：3）、長方形、標準的形状
	その他	接面街路との関係	一方路
行政的条件	行政上の規制の程度	行政上の規制	工業地域
その他	その他	その他	——

中小工場地の価格算定例

表5　基準地S（県）9－1の属する地域の地域要因項目別調査表

条件	項　　　目	細　項　目	内　　　　　　　訳
街路条件	街路の幅員・構造等の状態	幅　　　員	地域内の標準的街路の幅員8m市道
		舗　　　装	100％程度の舗装、アスファルト維持補修の程度良好
		配　　　置	均衡がとれた整然とした街区（E工業団地）
		系統及び連続性	国道○○号、県道△△号への連続性は大変良好
交通・接近条件	製品販売市場及び原材料仕入市場との関係位置	都心への接近性	JR A駅西方1.7km、周辺市街地に近接
	輸送施設の整備の状況	公　共　岸　壁	――
		空港との接近性	――
		高速道路I.C.への接近性	国道○○号に近接
	労働力確保の難易	主要交通機関との接近性	バス便（1系統　60往復）、バス停400m
	関連産業との関係位置	関連産業との関係位置	B、C工業団地に近接、D工場団地がある
環境条件	動力資源及び用排水に関する費用等	動　力　資　源	完備、整備の状態等良好
		工　業　用　水	整備、水量等通常の状態（地下水採取可能）、工場用水道なし
		工　場　排　水	工業用専用下水道、公共下水道なし
	公害発生の危険性	水質の汚濁、大気の汚染等	特に公害の発生に関して危険性なし。大気、水質の汚染はない
	洪水・地すべり等の災害発生の危険性	洪水・地すべり、高潮、崖くずれ等	特になし
	自然的環境	地盤、地質等	普　通
行政的条件	行政上の助成及び規制の程度	助　　　成	通常、助成等なし
		規　　　制	工業専用地域（200％）
		その他の規制	無
その他	そ　の　他	工場進出の動向	立地条件は同一需給圏内の類似地域の中では最も恵まれている。発展性あり
		そ　の　他	――

各 論

表6 基準地S（県）9－1の個別的要因項目別調査表

条件	項目	細項目	内訳
街路条件	接面街路の系統・構造等の状態	系統及び連続性	国道、県道への連続性特に良好
		幅員	8m市道
		舗装	アスファルト舗装、維持補修の程度良好
交通・接近条件	主要交通機関との距離	最寄交通機関との接近性	JR A駅西方1.7km、バス停400m、国道へ500m
	輸送施設との位置	地域内における関係位置	標準的位置関係にある
		鉄道専用引込線	──
		専用岸壁	──
環境条件	用排水等の供給処理施設の整備の必要性	工業用水	無
		工場排水	無
		電力等の動力資源	電力引込可能、通常
		上下水道、ガス等	引込可能、通常
	地盤及び造成の程度	地勢、地質、地盤等	通常
		造成の程度	通常
画地条件	地積及び形状の良否	地積	1,509m^2
		形状	30m×48m（1:1.5）、長方形、やや小画地
	その他	接面街路との関係	一方路
行政的条件	行政上の規制の程度	行政上の規制	工業専用地域
その他	その他	その他	──

表7 標準地Ｓ９－２から比準する場合

工業地（中小工場）調査及び算定表　　その１

条件	項　目	細項目	地　域　要　因		格差	計
			基準地番号　標準地Ｓ９－２	申請番号		
			所　　在	所　　在		
			基準地の属する地域	対象地の属する地域		
			内　　訳	内　　訳		
街路条件	街路の幅員・構造等の状況	幅　員	当該地域における標準的な街路幅員（８）m　街路の種類（　市道　）名称（　　） 優る　やや優る　⦿普通　やや劣る　劣る	当該地域における標準的な街路幅員（８）m　街路の種類（　市道　）名称（　　） 優る　やや優る　⦿普通　やや劣る　劣る	0	
		舗　装	種別(アスファルト)舗装率（　80　）％ 優る　⦿やや優る　普通　やや劣る　劣る	種別(アスファルト)舗装率（　60　）％ 優る　やや優る　⦿普通　やや劣る　劣る	－2.0	
		配　置	⦿優る　　普通　　劣る	優る　　⦿普通　　劣る	－2.0	
		系統及び連続性	優る　⦿やや優る　普通　やや劣る　劣る	優る　⦿やや優る　普通　やや劣る　劣る	0	
		（除雪施設等）				(96)/100
交通・接近条件	製品販売市場及び原材料仕入市場との関係位置	都心への接近性	（　Y　）駅まで(特、急、⦿普)で約(0.5)時間 優る　やや優る　⦿普通　やや劣る　劣る	（　Y　）駅まで(特、急、⦿普)で約(0.5)時間 優る　やや優る　⦿普通　やや劣る　劣る	0	
	輸送施設の整備の状況	公共岸壁	公共岸壁まで約（　　）m 優る　やや優る　普通　やや劣る　劣る	公共岸壁まで約（　　）m 優る　やや優る　普通　やや劣る　劣る	－	
		空港との接近性	空港まで約（　）km 優る　やや優る　普通　やや劣る　劣る	空港まで約（　）km 優る　やや優る　普通　やや劣る　劣る	－	
		高速道路I.C.への接近性	I.C.まで約（　　）km 優る　やや優る　⦿普通　やや劣る　劣る	I.C.まで約（　　）km 優る　やや優る　⦿普通　やや劣る　劣る	0	
	労働力の確保の難易	主要交通機関との接近性	（　A　）駅まで（1.7k）m 優る　やや優る　⦿普通　やや劣る　劣る	（　S　）駅まで（2.2k）m 優る　やや優る　⦿普通　やや劣る　劣る	0	
	関連産業との関係位置の状態	関連産業との関係位置	優る　やや優る　⦿普通　やや劣る　劣る	優る　⦿やや優る　普通　やや劣る　劣る	2.5	(102.5)/100
環境条件	動力資源及び用排水に関する費用等	動力資源	⦿優る　　普通　　劣る	⦿優る　　普通　　劣る	0	
		工業用水	優る　⦿普通　劣る	優る　⦿普通　劣る	0	
		工場排水	優る　普通　⦿劣る	優る　普通　⦿劣る	0	
	公害発生の危険性	水質の汚濁、大気の汚染等	優る　やや優る　⦿普通　やや劣る　劣る	優る　やや優る　⦿普通　やや劣る　劣る	0	
	洪水・地すべり等の災害発生の危険性	洪水、高潮、崖くずれ等	⦿無　小さい　やや小さい　やや大きい　大きい	⦿無　小さい　やや小さい　やや大きい　大きい	0	
	自然的環境	地盤、地質等	優る　⦿普通　劣る	優る　⦿普通　劣る	0	(100)/100
行政的条件	行政上の助成及び規制の程度	助　成	助成の内容（　　　　　　　） 優る　⦿普通　劣る	助成の内容（　　　　　　　） 優る　⦿普通　劣る	0	
		規　制	用途地域(工)建ぺい率(60)％容積率(200)％ その他の地域、地区（　　） 弱い　やや弱い　⦿普通　やや強い　強い	用途地域(工)建ぺい率(60)％容積率(200)％ その他の地域、地区（　　） 弱い　やや弱い　⦿普通　やや強い　強い	0	
		その他の規制	弱い　普通　強い	弱い　普通　強い	－	(100)/100
その他	その他	工場進出の動向	⦿優る　やや優る　普通　やや劣る　劣る	優る　やや優る　⦿普通　やや劣る　劣る	－5.0	
		その他	優る　普通　劣る	優る　普通　劣る		(95)/100

地域要因の比較	街路条件	交通・接近条件	環境条件	行政的条件	その他	計
	(96)/100 ×	(102.5)/100 ×	(100)/100 ×	(100)/100 ×	(95)/100 =	(93.48)/100

その2

条件	項目	細項目	個別的要因					格差	計
			基準地番号 標準地S9-2			申請番号				
			所　在			所　在				
			基　準　地			対　象　地				
			内　　訳			内　　訳				
街路条件	接面街路の系統・構造等の状態	系統及び連続性	優る やや優る ㊤普通㊦ やや劣る 劣る			優る ㊤やや優る㊦ 普通 やや劣る 劣る			2.0	
		幅員	接面街路の幅員(8)m			接面街路の幅員(12)m			2.5	
			優る やや優る ㊤普通㊦ やや劣る 劣る			㊤やや優る㊦ 普通 やや劣る 劣る				
		舗装	種別(アスファルト)補修の必要性(有、㊦無㊦)			種別(アスファルト)補修の必要性(有、㊦無㊦)			0	
			優る やや優る ㊤普通㊦ やや劣る 劣る			優る やや優る ㊤普通㊦ やや劣る 劣る				
		(除雪施設等)								$\frac{(104.5)}{100}$
交通・接近条件	主要交通機関との接近性	最寄交通機関との距離	基準地から(A)駅まで約(1.7k)m			対象地から(S)駅まで約(2k)m			5.0	
			他の交通機関(バス)			他の交通機関(バス)				
			優る やや優る ㊤普通㊦ やや劣る 劣る			㊤やや優る㊦ 普通 やや劣る 劣る				
	輸送施設との位置	地域内における関係位置	優る やや優る ㊤普通㊦ やや劣る 劣る			優る やや優る ㊤普通㊦ やや劣る 劣る			0	
		鉄道専用引込線	有　　　　　　無			有　　　　　　無			—	
		専用岸壁	有(優る、普通、劣る)　　無			有(優る、普通、劣る)　　無			—	$\frac{(105)}{100}$
環境条件	用排水等の供給処理施設の整備の必要性	工業用水	有　　　　　㊦無㊦			有　　　　　㊦無㊦			0	
		工場排水	優る　㊤普通㊦　劣る			優る　㊤普通㊦　劣る			0	
		電力等の動力資源	優る　㊤普通㊦　劣る			優る　㊤普通㊦　劣る			0	
		上下水道、ガス等	優る　㊤普通㊦　劣る			優る　㊤普通㊦　劣る			0	
	地盤及び造成の良否	地盤	優る やや優る ㊤普通㊦ やや劣る 劣る			優る やや優る ㊤普通㊦ やや劣る 劣る			0	
		造成の程度	優る　㊤普通㊦　劣る			優る　㊤普通㊦　劣る			0	$\frac{(100)}{100}$
画地条件	地積及び形状の良否	地積	基準地の面積(3,401)㎡			対象地の面積(5,200)㎡			0.90	
			利用上の阻害、有(過大、大、普通、小、過小)無			利用上の阻害、㊤有㊦(過大、㊤大㊦、普通、小、過小)無				
		形状	優る やや優る ㊤普通㊦ やや劣る 劣る			優る やや優る 普通 やや劣る ㊤劣る㊦			0.85	
	その他	接面街路との関係	四方路　三方路　二方路　㊤一方路㊦			四方路　三方路　㊤二方路㊦　一方路			1.03	$\frac{(78.79)}{100}$
行政的条件	行政上の規制の程度	行政上の規制	用途地域(工)建ぺい率(60)%容積率(200)%			用途地域(工)建ぺい率(60)%容積率(200)%			0	
			その他の地域、地区( )			その他の地域、地区( )				
			弱い　㊤普通㊦　強い			弱い　㊤普通㊦　強い				$\frac{(100)}{100}$
その他	その他	その他	優る　普通　劣る			優る　普通　劣る			—	$\frac{(-)}{100}$

個別的要因の比較	街路条件	交通・接近条件	環境条件	画地条件	行政的条件	その他	計
	$\frac{(104.5)}{100}$ ×	$\frac{(105)}{100}$ ×	$\frac{(100)}{100}$ ×	$\frac{(78.79)}{100}$ ×	$\frac{(100)}{100}$ ×	$\frac{(-)}{100}$ =	$\frac{(86.45)}{100}$

表8 基準地S（県）9－1から比準する場合

工業地（中小工場）調査及び算定表　　その1

条件	項目	細項目	地域要因		格差	計
			基準地番号　基準地S（県）9－1 所在 基準地の属する地域 内訳	申請番号 所在 対象地の属する地域 内訳		
街路条件	街路の幅員・構造等の状態	幅員	当該地域における標準的な街路幅員（8）m 街路の種類（市道）名称（　　） 優る　やや優る　⑲普通　やや劣る　劣る	当該地域における標準的な街路幅員（8）m 街路の種類（市道）名称（　　） 優る　やや優る　⑲普通　やや劣る　劣る	0	
		舗装	種別（ｱｽﾌｧﾙﾄ）舗装率（100）% ⑲優る　やや優る　普通　やや劣る　劣る	種別（ｱｽﾌｧﾙﾄ）舗装率（60）% 優る　やや優る　⑲普通　やや劣る　劣る	-4.0	
		配置	優る　⑲普通　劣る	優る　⑲普通　劣る	0	
		系統及び連続性	優る　⑲やや優る　普通　やや劣る　劣る	優る　⑲やや優る　普通　やや劣る　劣る	0	
		（除雪）施設等				(96)/100
交通・接近条件	製品販売市場及び原材料仕入市場との関係位置	都心への接近性	（Y）駅まで（特、急、⑲普）で約（0.5）時間 優る　やや優る　⑲普通　やや劣る　劣る	（Y）駅まで（特、急、⑲普）で約（0.5）時間 優る　やや優る　⑲普通　やや劣る　劣る	0	
	輸送施設の整備の状況	公共岸壁	公共岸壁まで約（　）m 優る　やや優る　普通　やや劣る　劣る	公共岸壁まで約（　）m 優る　やや優る　普通　やや劣る　劣る	—	
		空港との接近性	空港まで約（　）km 優る　やや優る　普通　やや劣る　劣る	空港まで約（　）km 優る　やや優る　普通　やや劣る　劣る	—	
		高速道路I.C.への接近性	I.C.まで約（　）km 優る　やや優る　⑲普通　やや劣る　劣る	I.C.まで約（　）km 優る　やや優る　⑲普通　やや劣る　劣る	0	
	労働力の確保の難易	主要交通機関との接近性等	（A）駅まで（1.7k）m 優る　⑲やや優る　普通　やや劣る　劣る	（S）駅まで（2.2k）m 優る　やや優る　⑲普通　やや劣る　劣る	-13.0	
	関連産業との関係位置の状態	関連産業との関係位置	優る　やや優る　⑲普通　やや劣る　劣る	優る　⑲やや優る　普通　やや劣る　劣る	2.5	(89.5)/100
環境条件	動力資源及び用排水に関する費用等	動力資源	⑲優る　普通　劣る	⑲優る　普通　劣る	0	
		工業用水	優る　⑲普通　劣る	優る　⑲普通　劣る	0	
		工場排水	優る　普通　⑲劣る	優る　普通　⑲劣る	0	
	公害発生の危険性	水質の汚濁、大気の汚染等	優る　やや優る　⑲普通　やや劣る　劣る	優る　やや優る　⑲普通　やや劣る　劣る	0	
		洪水、地すべり等の災害発生の危険性	⑲無　小さい　やや小さい　やや大きい　大きい	⑲無　小さい　やや小さい　やや大きい　大きい	0	
	自然的環境	地盤、地質等	優る　⑲普通　劣る	優る　⑲普通　劣る	0	(100)/100
行政的条件	行政上の助成及び規制の程度	助成	助成の内容（　　　　　） 優る　⑲普通　劣る	助成の内容（　　　　　） 優る　⑲普通　劣る	0	
		規制	用途地域（工）建ぺい率（—）%容積率（200）% その他の地域、地区（　） 弱い　⑲やや弱い　普通　やや強い　強い	用途地域（工）建ぺい率（60）%容積率（200）% その他の地域、地区（　） 弱い　やや弱い　⑲普通　やや強い　強い	-5.0	
		その他の規制	弱い　普通　強い	弱い　普通　強い	—	(95)/100
その他	その他	工場進出の動向	⑲優る　やや優る　普通　やや劣る　劣る	優る　やや優る　⑲普通　やや劣る　劣る	-5.0	
		その他	優る　普通　劣る	優る　普通　劣る	—	(95)/100

地域要因の比較	街路条件	交通・接近条件	環境条件	行政的条件	その他	計
	(96)/100 ×	(89.5)/100 ×	(100)/100 ×	(95)/100 ×	(95)/100 =	(77.54)/100

— 177 —

その2

条件	項目	細項目	個別的要因 基準地番号 基準地S（県）9-1 所在 基準地 内訳	申請番号 所在 対象地 内訳	格差	計
街路条件	接面街路の系統・構造等の状態	系統及び連続性	ⓤ優る やや優る 普通 やや劣る 劣る	優る ⓤやや優る 普通 やや劣る 劣る	-2.0	
		幅員	接面街路の幅員（ 8 ）m 優る やや優る ⓤ普通 やや劣る 劣る	接面街路の幅員（ 12 ）m 優る ⓤやや優る 普通 やや劣る 劣る	2.5	
		舗装	種別（アスファルト）補修の必要性（有、ⓤ無） 優る やや優る ⓤ普通 やや劣る 劣る	種別（アスファルト）補修の必要性（有、ⓤ無） 優る やや優る ⓤ普通 やや劣る 劣る	0	
		（除雪施設等）				(100.5)/100
交通・接近条件	主要交通機関の距離	最寄交通機関との接近性	基準地から（ A ）駅まで約(1.7k)m 他の交通機関（　　　　　　） 優る やや優る ⓤ普通 やや劣る 劣る	対象地から（ S ）駅まで約(2k)m 他の交通機関（　　　　　　） 優る ⓤやや優る 普通 やや劣る 劣る	5.0	
		輸送施設との位置	地域内における関係位置 優る やや優る ⓤ普通 やや劣る 劣る	優る やや優る ⓤ普通 やや劣る 劣る	0	
		鉄道専用引込線	有　　　　無	有　　　　無		
		専用岸壁	有（優る、普通、劣る）　　無	有（優る、普通、劣る）　　無	―	(105)/100
環境条件	用排水等の供給処理施設の整備の必要性	工業用水	有　　ⓤ無	有　　ⓤ無	0	
		工場排水	優る ⓤ普通 劣る	優る ⓤ普通 劣る	0	
		電力等の動力資源	優る ⓤ普通 劣る	優る ⓤ普通 劣る	0	
		上下水道、ガス等	優る ⓤ普通 劣る	優る ⓤ普通 劣る	0	
	地盤及び造成の良否	地盤	優る やや優る ⓤ普通 やや劣る 劣る	優る やや優る ⓤ普通 やや劣る 劣る	0	
		造成の程度	優る ⓤ普通 劣る	優る ⓤ普通 劣る	0	(100)/100
画地条件	地積及び形状の良否	地積	基準地の面積（ 1,509 ）㎡ 利用上の阻害（ⓤ有、過大、大、普通、小、過小）無	対象地の面積（ 5,200 ）㎡ 利用上の阻害（ⓤ有、過大、ⓤ大、普通、小、過小）無	1.00	
		形状	優る やや優る ⓤ普通 やや劣る 劣る	優る やや優る 普通 やや劣る ⓤ劣る	0.85	
	その他	接面街路との関係	四方路　三方路　二方路　ⓤ一方路	四方路　三方路　ⓤ二方路　一方路	1.03	(87.55)/100
行政的条件	行政上の規制の程度	行政上の規制	用途地域(工)建ぺい率(―)%容積率(200)% その他の地域、地区（　　―　　） 弱い　ⓤ普通　強い	用途地域(工)建ぺい率(60)%容積率(200)% その他の地域、地区（　　　　　） 弱い　ⓤ普通　強い	0	(100)/100
その他	その他	その他	優る 普通 劣る	優る 普通 劣る	―	(―)/100
個別的要因の比較			街路条件　交通・接近条件　環境条件　画地条件　行政的条件　その他　計 (100.5)/100 × (105)/100 × (100)/100 × (87.55)/100 × (100)/100 × (―)/100 = (92.38)/100			

第4　宅地見込地

1　定義及び地域区分

　地域の種別の区分には宅地地域、農地地域、林地地域等の大分類があるが、これらのなかにはある種別の地域から他の種別の地域へと転換しつつある地域があり、これを「見込地地域」と称している。この場合、転換後の種別の名称を冠して呼ぶのが通例である。

　宅地見込地とは農地地域、林地地域等宅地地域以外の他の種別の地域から宅地地域へと転換しつつある地域（宅地見込地地域）の内にある土地をいう。

　宅地見込地は鑑定評価上の分類であって、宅地見込地という地目があるわけではない。また「転換しつつある地域内の土地」とは、価格時点において造成中であるとの意味ではなく、現況は農地、山林等であるが、社会的、経済的、行政的観点からみて将来は宅地地域としての使用収益が合理的であると認められる地域内の土地を意味するものである。

　見込地地域はある用途性をもった地域から、他の用途性をもった地域へと用途性が変化しつつある一種の用途的地域を示すものであるが、これらの地域内に存在する土地も将来のある時点においては、その用途性が一応定着するはずのものである。しかも、土地は、永続性をもつ財であって、現在よりむしろ将来において発揮されるところの効用が重要な意味をもつ場合もあるから、その価格は通常将来の経済価値の予測を織り込んで価格形成される。したがって、そのような用途的地域について着目すべき地域要因は、用途性が変化した後に定着するのであろう用途性に関して重要な影響を与える要因であるということがいえよう。しかし、転換の程度の低い場合においては、転換前の用途的地域の地域要因をより重視すべきである。これは転換の程度が低い見込地地域においては、当該地域の用途性が完全に変化し終わる期間が、今後相当長期にわたり、したがってこの間は、転換前の用途的地域に即した土地の利用方法をとることがむしろ合理的とされ、これが価格形成に大きく反映するものにほかならないからである。

各 論

　比準表は、宅地見込地のうち、住宅見込地について作成されたものであるが、比較の項目からも明らかなように、転換後の要因を重視して作成されたものである。したがって転換の程度の低い見込地には、そのまま適用することは妥当でなく、この場合においては独自評価によることが適切であろう。
　比準表では個別的要因比準表において「大・中規模開発地域」と「小規模開発地域」に区分されているが、これは地域的特性により要因の作用の振幅（格差率）が異なることに着目してなされたものである。すなわち、市街地に近接し、宅地への転換度合が高く、対象地単独または隣接地と併せた程度の小規模な開発で宅地化が可能と判断される熟成度のより高い宅地見込地地域ほど、個別的要因の作用の振幅が大きく、その反面、周辺の宅地化率が低く、道路等も未整備で、地域内の他の土地とともに相当規模で宅地開発することが合理的と判断される地域ほど、個別的要因の作用の程度は少なくなることを反映して作成されている。
　小規模開発地域と大・中規模開発地域とは開発面積についてどの程度が基準となるか、比準表では必ずしも明確にしていないので、実態に応じた判断をすべきであるが、目途づけを行うとすれば、小規模開発地域はおおよそ3,000m^{2}以下で開発が可能と判断されるような熟成度のきわめて高い見込地地域ということになろう。大・中規模開発地域は、おおむね3,000～10,000m^{2}程度の規模で開発されることが適当と判断されるような地域を含む広がりのある地域が標準として考えられよう。

2　地域要因の比較項目及び格差率

　宅地見込地地域において着目すべき地域要因は、既述のように用途性が変化した後に定着するであろう用途性に関して重要な影響を与える要因であるので、住宅見込地の地域要因も基本的には住宅地の地域要因と異なるものではないということになろう。すなわち、快適性が高く、利便性のよいもの（転換後・造成後の更地価格としての価格水準が高いもの）は素地としての価格水準も高いのが通常であろう。
　しかしながら、宅地見込地には宅地にするための造成費用の大小（造成の難易及びその必要の程度）、造成後において宅地として利用し得る面積がどれだけあるか（宅地としての有効利用度）、宅地化するために必要な地域要因の変化に要する時の経過（熟成度）といった宅地見込地に特有の要因が大きく作用することに注意する必要がある。宅地見込地の価格水準はこうした予測的な要素に大きく左右されることになる

第4 宅地見込地

ので、慎重な適用が要請される。

(1) **交通・接近条件**

　交通・接近条件とは、駅等の交通施設、商店街、学校・公園等の公共関係施設との接近の状態をいうが、住宅見込地においても住宅地の地域要因と同様に重視される項目となっている。

　この条件における項目は「都心との距離及び交通施設の状態」「商業施設の配置の状態」「学校・公園・病院等の配置の状態」及び「周辺街路等の状態」の4項目に分けられ、このうち「都心との距離及び交通施設の状態」は、「最寄駅への接近性」「最寄駅の性格」「最寄駅から都心への接近性」の細項目に、「商業施設の配置の状態」は、「最寄商業施設への接近性」と「最寄商業施設の性格」の細項目に区分される。

　ア　**都心との距離及び交通施設の状態**

　宅地見込地地域は、都心の外延的発展に伴う受け皿の役目を果たすものであるので、「都心との距離及び交通施設の状態」は住宅地域の場合と同様にその配点のウエートは高くなっている。都心との距離は時間的距離に重点をおいて考察すべきであるが、都心との距離及び交通施設の状態は、都心への行程から最寄駅への距離及び交通施設の状態と最寄駅から都心への距離及び交通施設の2つに分解することができる。前者が「最寄駅への接近性」であり、後者は「最寄駅の性格」と「最寄駅から都心への接近性」の細項目に分けられる。これらの細項目における優劣の判断は住宅地の場合とほぼ同様に考えてよいが、住宅地においては細項目「最寄駅から都心への接近性」のなかで最寄駅の性格も含めて判断することに対し、宅地見込地においては「最寄駅の性格」が細項目の1つとしてとりあげられている。これは最寄駅が本線の始発駅や急行の停車駅であるか、本線の普通駅か、支線の駅か等により宅地化の促進に及ぼす影響度合いがかなり異なってくるので、独立の細項目としたものである。

　イ　**学校・公園・病院等の配置の状態及び周辺街路等の状態**

　宅地見込地地域が宅地地域へと転換をとげるためには、付近における公共施設の整備がされなければならず、宅地見込地の価格に影響を及ぼす要因として付近における公共施設の整備動向がある。比準表では「幼稚園、小学校、公園、病院、官公署等」と「周辺幹線街路への接近性及び周辺街路の状態」の細項目として掲げられている。

各 論

「幼稚園、小学校、公園、病院、官公署等」については、住宅地の判断基準と同様でよいが、優劣の判断には現存する施設だけでなく今後の整備動向を含めて行うことも必要となろう。

「周辺幹線街路への接近性及び周辺街路の状態」については、幹線街路の整備状況と接近性、周辺街路の配置、系統、舗装の状態等を総合して判断することになる。周辺街路網等の状態が整備されていることは市街化を促進する要因であり、市街化がどのような速度で進むかを予測する場合の判断材料となる。

付近における公共施設の整備の動向は、宅地見込地地域の熟成度の判断にかかわるものである。

(2) 環境条件

環境条件は宅地見込地地域の自然的環境、電気・上下水道施設等の供給処理施設の状態、周辺地域の状態、市街化進行の程度等である。これらは宅地見込地がどのような宅地へと転換をとげるのか、また宅地化するのにどの程度の時間を要するかといったいわば質的な予測と時間的な予測が主たる内容となっているといえよう。環境条件には「日照、温度、湿度、風向等の気象の状態」「眺望、景観等の自然的環境の良否」「上下水道・ガス等の供給処理施設の状態」「周辺地域の状態」「市街化進行の程度」「都市の規模及び性格等」「変電所、汚水処理場等の危険施設・処理施設等の有無」「洪水、地すべり等の災害発生の危険性」「騒音・大気汚染等の公害発生の程度」の9項目がある。

ア 上下水道・ガス等の供給処理施設の状態

既存供給処理施設から引き込みが可能か否かは、宅地化の速度及びどのような質の宅地となるかということに影響を与えることになる。

イ 周辺地域の状態

宅地見込地地域は宅地地域へと転換する可能性をもった地域であるので、当該地域が将来どのような宅地地域になるかを予測しなければならない。環境のよい、住宅地として条件のととのったものとなることが予測される地域は、見込地としての価値も当然のことながら高くなるであろう。この項目はいわばどのような宅地となるか、質的な面での予測を行う項目ともいえる。この将来の予測は周辺の既存の住宅地域の状況、付近の住宅等の建設動向等周辺の状況を調査したうえで行うことになる。

第4　宅地見込地

　この判断を具体的に示すとすれば、一般的には大手不動産会社、都市再生機構などが計画的に宅地開発を行っている地域は住宅団地の規模もまとまっており、住環境も整備されているため、これが周辺の開発の好指標となり、宅地化を促進する一因となると考えられるので、本細項目では「優る」の判断基準として記載されている（従来から名声があり、建物等の建築の施工の質等が優れている地域を含む）。
　標準的な一般住宅が建ち並ぶ地域については、その地域における交通接近条件、環境条件等を勘案して住環境の程度を判断し、「やや優る」「普通」の分類を行うこととなる。
　一方、スプロール的に発展している住・商・工等の混在する地域や、農地の中に農家が点在している地域の周辺では、ややもすると住環境の整備も立ち遅れ、今後供給されるであろう宅地についてもあまり住宅地として環境条件の整備されたものが期待されがたい面もあるので、このような総合的な判断に基づいて「やや劣る」「劣る」としている。なお、比較を行う際には、周辺地域における住宅等の建設動向等も勘案することとなるため、周辺の状況を十分に調査し、どのような住宅地域となるかという将来の予測を総合的に行い、的確な判断をくだすように努める必要があろう。

ウ　市街化進行の程度

　この項目は、宅地化に要する時間の要素であるいわゆる「熟成度」に関する判断項目である。イの「周辺地域の状態」が周辺の状況からどのような宅地となるかを総合的に判断する項目であるとするならば、本項目は市街地からの距離、周辺地域の状態、造成の難易及び必要の程度、宅地としての有効利用度、土地の利用に関する公法上の規制の程度等から、宅地化するのに要する時間的判断を総合的にくだす項目であるといえよう。
　宅地化に要する期間について具体的数字で示すことは長期にわたる予測を伴い、判断も困難ではあるが、目安として示せば「優る」はおおむね2年以内で宅地化がされると予測される場合、「やや優る」は3年程度、「普通」は4～5年程度、「やや劣る」「劣る」は10年を限度として判断することになるであろう。ただし、優劣はあくまでも相対的な比較であるので、総合的に判断する際に検討することとなる各項目の優劣等も踏まえて、総合的に判断すべきである。

エ　都市の規模及び性格等

　基準地は対象地と類似性のより強いものを選択することが要請されるので、同一

都市内に属する地域からの比準が望ましいのであるが、やむを得ず異なる都市間で比準することもあろう。

　個別の不動産の価格は近隣地域の価格水準を土台として、また近隣地域の価格水準はその属する都市の価格水準を土台として形成されているので、異なる都市間での比較においては他の項目で読みきれない要因のあることも考慮し、設けられたのが本項目である。したがって、都市の財政の状態、教育文化施設の充実の程度等、都市相互間の地価に影響を与える要因を総合的に考慮して相対的な比較を行うことになる。

(3) 宅地造成条件

　本項目は宅地化するための造成費用に関連する要因である。宅地見込地は近い将来において造成工事が行われ、宅地に転換するであろうと考えられる土地であるので、同程度の価値を有する宅地に造成されるとした場合、造成の容易な素地の価格が高くなるのが通常である。比準表においては造成の難易を「所要造成工事費」の大小によって判定することとした。これは価格水準別に区分したものである。細項目における「宅地見込地としての価格水準」は、対象地域の価格水準を推定し適用することになる。

　造成工事費が宅地見込価格の決定に与える影響度合いは価格水準の低い地域ほど大きく、価格水準が高くなるにつれ小さくなる。したがって、「価格水準の低い地域」にあっては各ランク間の格差率が大きくなり、より慎重な比較が要求されるところである。比準表では価格水準の低い地域の判断基準として、宅地見込地としての価格水準を示しているが、このようなことから造成工事は「易しい」の標準額を適用の限界点とすべきであろう。価格水準が低くなると、造成工事費の差異による格差率への影響度合いが一層大きくなり、算定誤差の増大が懸念され、比較困難となり独自評価を行うことが望まれるからである。

　しかしながら、地方においては価格水準が低い場合もあり、そのような場合は比準表の適用が困難となり汎用性が狭められる。そこで適用範囲を拡大する一方策として、比準表の考え方を踏襲して、例えば、価格水準の低い所にあっても適用できるものを定めた場合（工事費5,000円／m²を標準としたランクを設けた場合）は次のようになるので参考にされたい。

　なお、適用にあたっては前述の理由を十分に配慮する必要がある。

第4　宅地見込地

宅地見込地地域としての価格水準が4,000円／m²以上で6,000円／m²未満の地域	対象地域＼基準地域	易しい	やや易しい	普通	やや難しい	難しい
	易　し　い	1.00	0.84	0.68	0.52	0.36
	やや易しい	1.20	1.00	0.81	0.62	0.43
	普　　　通	1.47	1.24	1.00	0.76	0.53
	やや難しい	1.93	1.62	1.31	1.00	0.70
	難　し　い	2.81	2.35	1.90	1.45	1.00

　なお、造成工事費に差異がなく、本条件を適用する必要のない場合には、価格水準が低い地域であっても比準表を適用して差し支えない。
　宅地造成条件の細項目は前述のように造成工事費による影響度合を、価格水準別に分けたものであるが、この格差率は、造成工事費が変動した場合に宅地見込地価格に及ぼす影響を、転換後造成後の更地価格から見込地価格を求める方法にあてはめて求めているので、時間的要素等が織り込まれた計算となっている。
　これを、造成工事費の増減額すなわち見込地価格の増減額と割り切ると計算は簡単になるので、見込地の価格水準だけでなく造成工事費も比準表が示している額より低い地域にある場合も計算が簡単で、その地方にあった数値で表式化できるので、簡便計算法として掲げることとする。

〔例〕　宅地見込地の価格水準を5,000円／m²として、
　　総面積当たり造成工事費
　　　　易しい　　　2,000　円／m²　　　やや難しい　5,000　円／m²
　　　　やや易しい　3,000　　〃　　　　難しい　　　6,000　　〃
　　　　普通　　　　4,000　　〃
　　と仮定したとき、これについて対応する宅地見込地の価格水準は、
　　　　易しい　　　7,000　円／m²　　　やや難しい　4,000　円／m²
　　　　やや易しい　6,000　　〃　　　　難しい　　　3,000　　〃
　　　　普通　　　　5,000　　〃
　　となるので、格差率は次表のとおりとなる。

各　　論

基準地域＼対象地域	易　し　い (7,000円／m²)	やや易しい (6,000円／m²)	普　　通 (5,000円／m²)	やや難しい (4,000円／m²)	難　し　い (3,000円／m²)
易　し　い (7,000円／m²)	1.00	0.86	0.71	0.57	0.43
やや易しい (6,000円／m²)	1.17	1.00	0.83	0.67	0.50
普　　通 (5,000円／m²)	1.40	1.20	1.00	0.80	0.60
やや難しい (4,000円／m²)	1.75	1.50	1.25	1.00	0.75
難　し　い (3,000円／m²)	2.33	2.00	1.67	1.33	1.00

　格差率の計算を例示すると、基準地域「易しい」(価格水準7,000円／m²)に対し、対象地域「やや易しい」(価格水準6,000円／m²)の場合は、6,000円÷7,000円＝0.857、すなわち格差率0.86となる。

(4) 宅地としての有効利用度

　宅地見込地を造成して宅地とする場合、道路など公共用施設のため有効面積が減少する。いわゆるつぶれ地が出るため有効宅地面積(販売可能な宅地面積)は取得した見込地の面積より少なくなる。有効宅地化率は、備考記載のとおり、販売可能な宅地面積を、開発区域面積から既存公共用地面積を引いたもので除して求めるわけである。比準表は5ランクすなわち「高い」を77％、「やや高い」を71％、「普通」を65％、「やや低い」を59％、「低い」を53％として、これを表式化したものである。

$$有効宅地化率 = \frac{販売可能な宅地面積}{(開発区域の面積 - 既存公共用地の面積)}$$

$$= \frac{(開発区域の面積 - 既存公共用地の面積 - 設置を想定する公共用地の面積)}{(開発区域の面積 - 既存公共用地の面積)}$$

※　開発区域内における有効宅地化率の算出が困難な場合には、類似の宅地開発地の有効宅地化率等を参考にして定める。

　なお、備考記載の標準数値から差が大きい場合や、より厳密な適用を行う場合は下記の計算式で格差率を求めてよい。

第4　宅地見込地

$$宅地としての有効利用度の格差率＝\frac{対象地域の有効宅地化率}{基準地域の有効宅地化率}$$

(5)　その他

　比較すべき特別の項目があると認められるときは、その項目に応じて適正に格差率を求めることになる。

　なお、住宅地域の比準表にある「将来の動向」の細項目が宅地見込地地域に設けられていないのは、将来の宅地化を前提に比準を行うので、各細項目の中で予測的要素は織り込まれているところであり、あらためて「将来の動向」を設ける必要性は認められないからである。

3　個別的要因の比較項目及び格差率

　個別的要因比準表には、住宅地におけるように地域要因に対応した個別的要因の項目が掲げられておらず、画地条件が冒頭に掲げられている。宅地見込地にあっては、基準地も市街化区域の田畑で、適正開発規模が3,000～10,000m²程度の地域から選定することとされており、広大な開発が想定されるような地域には設定されていない。当該比準表は、このような基準地が設定されているような地域を対象に作成したものであるので、広大な開発を必要とする熟成度の低い地域については独自評価によることが適当と考えられる。

　本比準表では、個別的要因は主として道路との位置関係で読めればよいとされているが、これは換言すれば、近隣地域の範囲を道路との位置関係を除いては考慮する必要のない程度の範囲としてとらえているともいえるのである。

(1)　画地条件

　宅地見込地地域は用途性が転換しつつある地域であるので、着目すべき要因も、用途性が変化した後に定着するであろう用途性に関して重要な要因であるということになるが、個別的要因も基本的には地域要因の場合の考え方と異なるものでなく、宅地としての要因に着目されることになる。

　比準表は熟成度のきわめて高い小規模開発地域においては、地域内の他の土地とともに相当規模で宅地開発をする必要のある大・中規模開発地域に比して、個別的要因

各　論

の格差率も大きく働くことに着目し、作成されている。
　ア　道路との関係位置
　　道路との関係位置については、接面の有無または道路との遠近だけでなく、当該道路がどのような系統の道路か、幅員及び舗装の状況等を総合して優劣の判断をくだすことになる。小規模開発地域は対象地単独または隣接土地とあわせた程度で宅地化が可能と判断される地域であるので、接面の有無、幅員等の及ぼす影響度合いはより大きくなっている。
　イ　画地の形状等
　　宅地見込地は宅地のように周囲の環境等が定まっておらず、宅地に変容される過程で調整される余地のあるものなので、整形、不整形の度合いや間口奥行の関係が価格に及ぼす度合いは比較的ゆるやかとみるのが一般的であろう。小規模開発地域は熟成度のきわめて高い地域であるので、整形、不整形、間口奥行の関係等の価格に及ぼす影響度合いが大・中規模開発地域に比し、より大きく働くことになる。

(2)　その他
　　地盤・地質・地勢の状態
　　地盤の高低、地質、地勢等の自然的条件が造成工事との関係で、個別的に影響を及ぼすと判断される場合等を総合的に判断して適用するものである。

中規模開発住宅見込地の価格算定例

1 対象地の確定

(1) 価格時点　平成27年10月10日

(2) 対象地の所在等
　　ア　所　　在　〇〇県A市〇〇町〇〇番
　　イ　地　　目　田
　　ウ　利用状況　水稲耕作
　　エ　面　　積　1,020m²

(3) 対象地の有する市の概況
　当市は県庁所在地H市より約15km西方に位置し、農地や平地林の多い起伏に乏しい地域で、古くは宿場町として栄えたところである。近年交通施設の整備、拡充に伴い、緑の多い自然的環境に恵まれた宅地地域として着目され、県庁所在地のベッドタウンとして開発されてきており、人口は約13万人に及んでいる。
　交通施設としては、県庁所在地と結ぶ私鉄本線及び隣接の〇〇町を終着駅とする同私鉄支線が走っており、また国道〇〇号がほぼ市の中央部を東西に貫き、これと並行して北に県道△△線、さらに南北に県道××線が通過している。
　商業施設はA駅、B駅、C駅の駅前にそれぞれ商店街が形成されており、A駅前には百貨店、大型スーパー等が進出している。B駅、C駅の駅前には自然発生的に形成された日用品中心の併用小売店舗が形成されているが、B駅前には最近スーパーが開発された。

(4) 対象地の存する地域の判定等
　　ア　地域及び適正開発規模の判定
　　　対象地は私鉄支線のC駅南方約1.2km、バス停まで約300mにあり周辺は一面の

水田であるが、北方には一昨年分譲された大手○○不動産 K.K による建売分譲の住宅団地（30戸）があり、西方に県供給公社の中層分譲住宅（100戸）が建設中で対象地域は今後環境のよい住宅地域へと発展するものと判断される。
　また、開発規模としては田を造成して8,000m²程度の住宅地とすることが適当と判断される地域である（別図参照）。
　イ　地域要因及び個別的要因の調査表の作成
　対象地の存する地域に係る地域要因及び対象地に係る個別的要因を調査し、調査表（表1及び表2）を作成する。

2　価格比準の基礎となる土地の選定

(1)　標準地または基準地の調査
　対象地の存する近隣地域または同一需給圏内の類似地域に、対象地の価格比準の基礎となる標準地または基準地が設定されているかどうかを調査することとなるが、本件の場合、対象地の存する地域の地域的特性から、同市内にある標準地のＡ３－１が同一需給圏内の類似地域に存し、規範性が高いと判定されるので、これを価格比準の基礎となる土地として選定した。なお、同市内に県地価調査の基準地は存しなかった。
　標準地Ａ３－１は対象地単独または隣接地とあわせた程度での宅地化は不可能で、おおむね5,000m²程度の開発規模が適当と判定されるような地域にあり、地域区分は対象地同様、中規模開発地域と判断される。

(2) 標準地Ａ３－１に係る官報公示事項

標準地番号	標準地の所在及び地番並びに住居表示	標準地の１平方メートル当たりの価格（円）	標準地の地積（m²）	標準地の形状	標準地の利用の現況
Ａ３－１	○○町○○××番	26,300	900	１：２	畑

標準地の周辺の土地の利用の現況	標準地の前面道路の状況	標準地についての水道、ガス供給施設及び下水道の整備の状況	標準地の鉄道その他の主要な交通施設との接近の状況	標準地に係る都市計画法その他法令の制限で主要なもの
周辺が開発されつつある宅地見込地地域			Ｂ駅1.5km	二　住　居 (200)

(3) 地域要因及び個別的要因の調査表

　対象地と価格比準の基礎となる土地との比較を要因にするために、標準地Ａ３－１の存する地域に係る地域要因及び当該標準地に係る個別的要因の調査表（表３及び表４）を作成する。

3　比準作業

(1) 対象地の地域区分

　対象地の宅地見込地としての各条件を調査した結果、中規模開発住宅見込地と判定されたので、個別的要因については大・中規模開発地域の個別的要因比準表を適用するものとする。

(2) 価格比準の基礎となる基準地が同一需給圏内の類似地域に存する場合

　標準地Ａ３－１は対象地の存する近隣地域以外の地域（同一需給圏内の類似地域）に存するため、標準地及対象地に係る地域要因、個別的要因の比較を表１及び表３ならびに表２及び表４に基づいて行い、宅地見込地調査及び算定表を作成する。

(3) **時点修正**

比準表を適用し算定を行う前に標準地の価格を価格時点に時点修正する。本事例の場合においては、地価公示、都道府県地価調査及び短期地価動向調査を参考にするとともに、直近の取引事例及び一般的、経済的要因等を総合的に考慮したうえ、当該地域及び周辺地域の実情を分析し、当該標準地に係る変動率を平成27年1月1日から価格時点まで△5％と判定した。

(4) **対象地の価格の算定**

以上により対象地の価格は次のとおり算定される。

$$\underset{\text{標準地の価格}}{26,300円} \times \underset{\text{時点修正}}{\frac{95}{100}} \times \underset{\substack{\text{地域要因の}\\\text{格差率}}}{\frac{96.4}{100}} \times \underset{\substack{\text{個別的要因}\\\text{の格差率}}}{\frac{100}{100}} = 24,085 \fallingdotseq \underset{\text{比準価格}}{24,000円}$$

（注）本事例は、対象地と標準地との間に、地域要因の条件及び項目（細項目）では格差が認められたが、結果的には相殺され、ほとんど格差がなくなったものである。これは価格水準が同様であっても、その価格形成要因が異なっていることを示しており、不動産の価格はつねに変化の過程にあるものなので、その時点に対応する価格形成要因を十分に分析する必要があるということを示している。

中規模開発住宅見込地の価格算定例

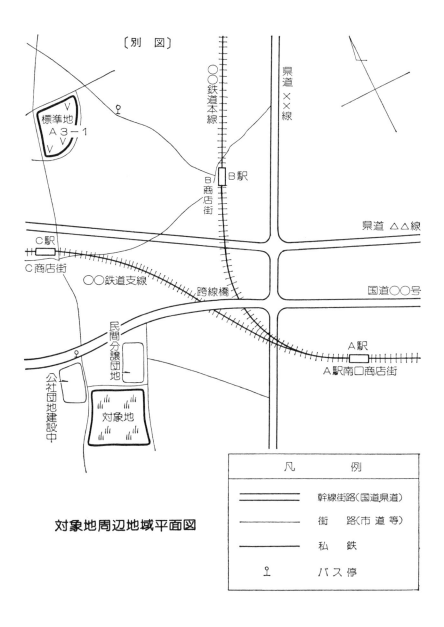

対象地周辺地域平面図

各　論

表1　対象地の属する地域の地域要因項目別調査表

条件	項　目	細　項　目	内　　訳
交通・接近条件	都心との距離及び交通施設の状態	最寄駅への接近性	最寄駅（C駅）まで約1.2km、バス停まで約300m（バスでA駅へも出られるが運行回数が少ない。）
		最寄駅の性格	私鉄〇〇鉄道〇線C駅（支線の途中駅）
		最寄駅から都心への接近性	〇〇駅まで約16km、所要時間約30分
	商業施設の配置の状態	最寄商業施設への接近性	C駅前商店街まで約1.2km
		最寄商業施設の性格	日用品小売店舗中心の商店街
	学校・公園・病院等の配置の状態	幼稚園、学校、病院等	幼稚園約1.3km、小学校約0.8km、中学校約1.1km、病院0.3km
	周辺街路等の状態	周辺幹線街路への接近性及び周辺街路の状態	県庁所在地へ連なる国道〇〇号に近い。〇〇号周辺の整備状況は普通
環境条件	気象の状態	日照、温度、湿度、風向、通風等	特記するものなし
	自然的環境の良否	眺望、景観、地勢、地盤等	特記するものなし
	供給処理施設の状態	上下水道、ガス、電気等	引込距離、電気約250m、上水道約250m
	周辺地域の状態	住宅地域等性格規模等	北方に一昨年造成された大手不動産の建売分譲住宅30戸があり、また西方に県住宅供給公社の中層分譲住宅100戸が建設中で、団地の規模は大きくないが質のよい住宅が多い。
	市街化進行の程度	市街化進行の程度	周囲は田であり、主要道路街道へは近く周辺の街路網も整備されつつある。周辺の宅地開発はかなりまとまったスケールで徐々に進むと思われる。
	都市の規模及び性格等	人口、財政、教育施設等	同一市
	危険施設・処理施設等の有無	変電所、ガスタンク等	特記するものなし
	災害発生の危険性	洪水、地すべり等	特記するものなし
	公害発生の程度	騒音、大気汚染等	特記するものなし
宅地造成条件	造成の難易及び必要の程度	宅地見込地としての価格水準	価格水準は中位の地域。地盤良好な田で道路との高低もそれほどなく、盛土は、0.8m程度、造成工事費は総面積当たり18,000円見当
	宅地としての有効利用度	宅地としての有効利用度	有効宅地化率は、ほぼ70%
行政的条件	土地の利用に関する公法上の規制の程度	用途地域及びその他の地域、地区等	二中専、建ぺい率60%、容積率200%
		その他の規制	特記するものなし
その他	その他	その他	特記するものなし

中規模開発住宅見込地の価格算定例

表2　対象地の個別的要因項目別調査表

条件	項　　目	細　項　目	内　　　　　訳
画地条件	道路との関係位置	道路の位置、規模、系統等	道路には接面していない。街路（5m）まで約50m
画地条件	画地の形状等	画地の形状、間口、奥行等	やや不整形であるが価格に影響のない程度
画地条件	その他	高圧線下地	特記するものなし
行政的条件	公法上の規制の程度	用途地域及びその他の地域、地区等	二中専、建ぺい率60％、容積率200％
その他	地盤・地質・地勢等の状態	地盤の高低、地質、地勢等	地盤、地質、地勢等は当該地域で標準的
その他	その他	その他	特記するものなし

各 論

表3 標準地A3-1の属する地域の地域要因項目別調査表

条件	項目	細項目	内訳
交通・接近条件	都心との距離及び交通施設の状態	最寄駅への接近性	最寄駅（B駅）まで約1.5km、バス停まで500m
		最寄駅の性格	私鉄○○線B駅（本線）
		最寄駅から都心への接近性	○○駅まで約17km、所要時間約25分
	商業施設の配置の状態	最寄商業施設への接近性	B駅前商店街まで約1.5km
		最寄商業施設の性格	日用品小売店舗中心であるが、スーパーも進出してきている。
	学校・公園・病院等の配置の状態	幼稚園、小学校、公園、病院、官公署等	幼稚園約1.2km、小学校約0.9km、中学校約1.0km、病院約0.5km
環境条件	周辺街路等の状態	周辺幹線街路への接近性及び周辺街路の状態	県道○○号へ約1km、周辺街路の整備状況は普通
	気象の状態	日照、温度、湿度、風向、通風等	特記するものなし
	自然的環境の良否	眺望、景観、地勢、地盤等	特記するものなし
	供給処理施設の状態	上下水道、ガス、電気等の引込の難易	引込距離、電気約 200m、上水道約 200m
	周辺地域の状態	周辺既存住宅地域等の性格規模等	東方約200mで、農業集落に接し、周辺は小規模な一般住宅、アパートがかなり速いテンポで立ちつつある
	市街化進行の程度	市街化進行の程度	主要道路への連絡性も悪くなく、周辺街路網も整備されつつあり、やや無秩序に開発が行われて来ているが、周辺の市街地化は比較的速く進むと思われる
	都市の規模及び性格等	都市の人口、財政、社会福祉、文化教育施設等	同一市
	危険施設・処理施設等の有無	変電所、ガスタンク、汚水処理場、焼却場等	特記するものなし
	災害発生の危険性	洪水、地すべり等、高潮、崖くずれ等	特記するものなし
	騒音・大気汚染等の公害発生の程度	騒音、振動、大気汚染、じんあい、悪臭等	特記するものなし
宅地造成条件	造成の難易及び必要の程度	宅地見込地としての価格水準	価格水準は中位の地域で、道路との高低差も少なく盛土0.2m程度、造成工事費は総面積当たり13,500円見当
	宅地としての有効利用度	宅地としての有効利用度	有効宅地化率は、ほぼ70%
行政的条件	土地の利用に関する公法上の規制の程度	用途地域及びその他の地域、地区等	二住居、建ぺい率60%、容積率200%
		その他の規制	特記するものなし
その他	その他	その他	特記するものなし

中規模開発住宅見込地の価格算定例

表4　標準地A3-1の個別的要因項目別調査表

条件	項目	細項目	内訳
画地条件	道路との関係位置	道路の位置、規模、系統等	道路には接面していない。街路（4m）へ約40m
	画地の形状	画地の形状、間口、奥行等	ほぼ長方形
	その他	高圧線下地	特記するものなし
行政的条件	公法上の規制の程度	用途地域及びその他の地域、地区等	二住居、建ぺい率60％、容積率200％
その他	地盤・地質・地勢等の状態	地盤の高低、地質、地勢等	地盤、地質、地勢等は当該地域で標準的
	その他	その他	特記するものなし

宅地見込地調査及び算定表　その1

条件	項目	細項目	地域要因　基準地番号 標準地A3-1　所在　基準地の属する地域　内訳	申請番号　所在　対象地の属する地域　内訳	格差	計
交通・接近条件	都心との距離及び交通施設の状態	最寄駅への接近性	(B)駅まで約(1.5)km　バス停まで約(500)m　優る ⓨや優る (普通) やや劣る 劣る	(C)駅まで約(1.2)km　バス停まで約(300)m　優る (やや優る) 普通 やや劣る 劣る	2.0	
		最寄駅の性格	優る (普通) 劣る	優る 普通 (劣る)	-1.5	
		最寄駅から都心への接近	(○○)駅までの鉄道距離約(17)km　優る (普通) 劣る	(○○)駅までの鉄道距離約(16)km　優る (普通) 劣る	-1.0	
	商業施設の配置の状態	最寄商業施設への接近性	(B駅前商店街)まで約(1.5)km　優る (普通) 劣る	(C駅前商店街)まで約(1.2)km　優る (普通) 劣る	1.0	
		最寄商業施設の性格	(優る) 普通 劣る	優る (普通) 劣る	-0.5	
	学校・公園・病院等の配置の状態	幼稚園、学校、病院等	幼稚園約(1.2)km、小学校約(0.9)km　中学校約(1.0)km、病院約(0.5)km　優る (普通) 劣る	幼稚園約(1.3)km、小学校約(0.8)km　中学校約(1.1)km、病院約(0.3)km　優る (普通) 劣る	0	
	周辺幹線街路等の状態	周辺幹線街路への接近性等	優る (普通) 劣る	(優る) 普通 劣る	1.5	(101.5)/100
環境条件	気象の状態	日照、温度、湿度、通風等	優る (普通) 劣る	優る (普通) 劣る	0	
	自然的環境の良否	眺望、景観、地勢、地盤等	(平坦地) 丘陵地(南面・北面　　)　優る (普通) 劣る	(平坦地) 丘陵地(南面・北面　　)　優る (普通) 劣る	0	
	供給処理施設の状態	上下水道、電気等	引込距離、電気約(200)m、上水道約(200)m　優る (普通) 劣る	引込距離、電気約(250)m、上水道約(250)m　優る (普通) 劣る	0	
	周辺地域の状態	住宅地等の性格規模	(説明は末尾記載のこと)　優る やや優る 普通 (やや劣る) 劣る	(説明は末尾記載のこと)　優る (やや優る) 普通 やや劣る 劣る	9.5	
	市街化進行の程度	市街化進行の程度	(説明は末尾記載のこと)　優る (やや優る) 普通 やや劣る 劣る	(説明は末尾記載のこと)　優る やや優る (普通) やや劣る 劣る	-4.0	
	都市の規模及び性格	人口、財政教育施設等		(基準地の属する地域に比較して)　優る やや優る (普通) やや劣る 劣る	―	
	危険施設・処理施設等の有無	変電所、ガスタンク等	(無) 有・小さい　有・やや大きい　(　)約(　)m、(　)約(　)m	(無) 有・小さい　有・やや大きい　(　)約(　)m、(　)約(　)m	0	
	災害発生の危険性	洪水、地すべり等	洪水、地すべり、その他(　)　(無) 有・小さい　有・やや大きい	洪水、地すべり、その他(　)　(無) 有・小さい　有・やや大きい	0	
	公害発生の程度	騒音、大気汚染等		(基準地の属する地域に比較して)　騒音、大気汚染、その他(　)　やや小さい　(ほぼ同じ)　やや大きい	0	(105.5)/100
宅地造成条件	造成の難易及び必要の程度	難易及び必要の程度	1㎡当たりおおよその造成費約(13,500)円　盛土高約(0.2)m、切土高約(　)m　(易しい) やや易しい　普通　やや難しい　難しい	1㎡当たりおおよその造成費約(18,000)円　盛土高約(0.8)m、切土高約(　)m　易しい　やや易しい　普通　(やや難しい)　難しい	0.90	
	宅地としての有効利用度	宅地としての有効利用度	宅地化率おおよそ(70)%　高い (やや高い) 普通 やや低い 低い	宅地化率おおよそ(70)%　高い (やや高い) 普通 やや低い 低い	1.00	(90)/100
行政的条件	土地の利用に関する公法上の規制の程度	用途地域及びその他の地域、地区等	用途地域(二住居)建ぺい率(60)%　容積率(200)%　弱い やや弱い (普通) やや強い 強い	用途地域(二中専)建ぺい率(60)%　容積率(200)%　弱い やや弱い (普通) やや強い 強い	1.00	
		その他の規制	(　　　―　　　)　弱い 普通 強い	(　　　　　　　)　弱い 普通 強い	―	(100)/100
その他	その他	その他	(　　　　　　　)　優る 普通 劣る	(　　　　　　　)　優る 普通 劣る		(―)/100

地域要因の比較	交通・接近条件	環境条件	宅地造成条件	行政的条件	その他	計
	(101.5)/100	× (105.5)/100	× (90)/100	× (100)/100	× (―)/100	= (96.37)/100

第5　林　地

1　定義及び地域区分

　林地地域とは、林業生産活動のうち、木竹の生育に供されることが自然的、社会的、経済的及び行政的観点からみて合理的と判断される地域をいう。

　「………の用に供されることが、自然的、社会的、経済的及び行政的観点からみて合理的と判断される地域」とは、既述の住宅地域における用途的観点から判断する方法と同様である。特に林地にあっては、「木竹の生育」の用に供されるという形態は、すべて同一であるところから、比準表における地域区分については、その経済地理的位置による区分になっているので、対象地の存する地域の判断にあっては、下記に留意する必要がある。

　林地地域の地域区分はその地域的特性により次のとおり区分されている。

(1)　都市近郊林地地域
　都市の近郊にある林地地域で、宅地化の影響を受けている地域

(2)　農村林地地域
　農家集落の周辺にある林地地域で、いわゆる「さとやま」とよばれ、当該地域にあっては、一般に農業を主に林業を兼業している農家の多い地域

(3)　林業本場林地地域
　林業経営を主とする林家の多い地域または地方の有名林業地で、有名林業地としての銘柄の用材またはこれに準ずる用材を生産している林地地域

(4)　山村奥地林地地域
　農家集落への距離等の交通接近条件の劣る地域で、林家は少なく、かつ、散在している林地地域

各 論

　林地は、宅地や農地等に利用困難な土地、例えば、傾斜地とか奥地で著しく不便なところが多く、その地域的特性は、特定の自然的条件と人文的条件の結合として構成されているが、林地地域にあっては、宅地地域と異なり、木竹の生育のみの用に供して利用されるため、自然的条件に対する比重がより大きくなることは、農地の場合と同様である。

2　林地価格の比準方法

　林地地域は、宅地地域と異なり、地価公示に係る標準地が設定されていない。したがって、基準地あるいは取引事例地の価格から比準して求めることとなる。この場合、物的、時間的、場所的同一性を備えているものを選択すべきことは当然であるが、取引事例は、それぞれ個々に事情を持って取引されているものであるから、適正な事情補正を行ったうえで比準することになる。

　林地価格の比準方法は、宅地の場合と同様、基準地もしくは取引事例地の存する地域に対象地が存在する場合には、個別的要因の比較により、また同一需給圏内の類似地域にある場合には、地域要因及び個別的要因の比較を行い林地価格を算定することになる。

　個別的要因比準表は、基準地、対象地がともに同一近隣地域内に存する場合に適用し、地域要因比準表は、基準地域内における標準的な土地（一般的には基準地に体現されている）と対象地域内における標準的な土地を比較することを想定して作成されている。したがって同一需給圏内の類似地域における基準地から比準する場合は、個別的要因比準表においては、対象地の存する地域内の標準的な土地を「普通」の状態におき、対象地との格差を判定することになる。

　これは、林地価格比準表の格差率の判断基準が客観的な表現により備考欄に記載されているためである。

　また、林地の同一需給圏は、交通機関の発達及び機械化による経営合理化のため、林業生産活動がますます広域化してきており、ことに有名林産地においては、他府県までにも拡大する傾向にあるが、一般的には、林業経営の主体が、通常の形態で林業経営を行うことが可能な距離の範囲によって定まることになる。

第5　林　地

3　地域要因の比較項目及び格差率

　林地地域において着目すべき地域要因は、林業生産性を高め、あるいは低めることとなる要因である。そこで比準表においては、それを生産活動及び生産物搬出等に係る交通・接近条件、木竹の生育状態を支配する気候的因子及び位置的因子としての気象・地勢及び土壌等に係る自然的条件、宅地化、観光地化等の影響を考慮するための宅地化条件及び生産性に影響をもたらす森林法を中心とした行政上の助成または規制の程度を行政的条件にそれぞれ区分し、都市近郊林地地域にあっては宅地化等の影響を考慮し、宅地化条件について、そのウエートを高め、また山村奥地林地地域にあっては自然的条件についてそのウエートが高められている。したがって、対象地域に対応されるための判断基準の作成にあたっては、その点に留意して作成されている。格差率を定めるにあたっての一般的な判断基準について比較項目ごとに主なものを取り上げてみよう。

(1)　交通・接近条件

　交通・接近条件は、林業経営に関して費用性、あるいは生産性に係る条件である。近年、交通機関の発達にしたがい、重要性が増大した要因であり、比準表においてはその項目を「交通の便否及び林産物搬出の便否」とし、「最寄駅への接近性」「最寄集落への接近性」「林道等の配置、構造等の状態」及び「最寄市場への接近性」に細区分している。

　その具体の運用にあたっては、次の点に留意する必要がある。

ア　最寄駅への接近性

　　林業経営に係る生産性あるいは宅地化観光地化等の影響により重要視されている最寄駅への接近性は、当該地域における社会的、経済的な最寄駅に対する影響を考慮して比較の態様に即応させるための判断基準を定める必要がある。仮に、林業本場林地地域において標準的な距離（比準表では「普通」の状態）が20kmであるとしたならば、およそ次のような判断基準を定め、比準表の適用を図ることとなろうが、各地域の実情に適応した判断基準を作成の上運用すべきである。

判断基準表（最寄駅への接近性）

項目 区分	優る km	やや優る km	普通 km	やや劣る km	劣る km	摘要
都市近郊林地地域	0.5以内	1.5程度	3程度	4.5程度	6以上	
農村林地地域	2	5	10	13	15	
林業本場林地地域	5	10	20	25	30	
山村奥地林地地域	10	15	30	35	40	

イ　最寄集落への接近性

　林産物の搬出能率に大きく影響する。対象地域における標準的な土地から搬出地点（当該林地の木材を集材し、運搬車両等に積み込む場所）までの距離と、搬出方法は人力か、または集材機あるいは鉄索等搬出の便否について比較することとなるが、その程度は地域によって異なると思われるが、1例を示すと次のとおりである。

判断基準表（最寄集落への接近性）

項目	優る	やや優る	普通	やや劣る	劣る	摘要
距離(m)	200	500	800	1200	1500	

ウ　最寄市場への接近性

　搬出地点から最寄市場までの距離は、林業経営上費用性に係る項目であり、林産物の輸送との関連で格差を生じる。林道等の連続性、搬出施設の構造等も考慮して判定すべきものであり、その距離に対する概念は地域によって異なるが、例えば次のような格差をつけることもできよう。

判断基準表（搬出地点から最寄市場までの距離）

項目	優る	やや優る	普通	やや劣る	劣る	摘要
距離(km)	5以内	10程度	20程度（標準）	30程度	40以上	

(2)　自然的条件

　自然的条件は、林地地域を区分する重要な要素であるばかりでなく、木竹の生育に影響を及ぼし、さらに生産コストに決定的なウエートを占める要因である。

第5　林　地

　林地地域における自然的条件に対して比準表では、「日照・気温等の気象の状態」「標高・傾斜等の地勢の状態」及び「土壌の状態」「災害の危険性」の項目に分け、さらに「日照・気温等の気象の状態」は「日照、気温」「降雨量、霧」「積雪」「風」の細項目に、「標高・傾斜等の地勢の状態」は「標高」「傾斜」「斜面の型」の細項目に、「土壌の状態」は「土壌の良否」の細項目に、「災害の危険性」は「獣害の危険性」の細項目にそれぞれ区分されている。その具体の運用にあたっては次の点に留意する必要がある。

　ア　日照・気温等の気象の状態
　　日照の確保、気温の適否は、木竹の生育に不可欠のものであり、降雨、降霧の量の多少とともに考慮する必要がある。また、積雪地帯で積雪の過多によっては、木竹が弯曲する傾向があり、風の強弱は、生育に対する影響が大きいところから、それぞれ細項目の比較の態様は、広い視野に立って判断する必要がある。
　　判定にあたっては、各種の気象データを参考にすることとなる。

　イ　標高、傾斜等の地勢の状態
　　地勢の状態は、木竹の生育に大きく影響を及ぼしている。
　　標高（対象地域における標準的な土地の標高）については搬出地点（土場）までの搬出に対する費用性に係る細項目として取り上げられている。また傾斜角度は平坦地は排水、急峻地は利水にそれぞれ難があり、木竹の生育に影響する。
　　斜面の型では複合型も考慮されるが、地域の実態に応じて比較する必要がある。凸型より凹型が優れている理由としては、風、土壌の堆積状態等に表れ木竹の生育に与える影響が大きいためである。

　ウ　土壌の状態
　　木竹の生育は土壌の良否によって大きく左右される。具体的には、表土、全土層の厚さ及び粘土含有量の多少による土性の良否ならびに肥沃度等により比較し判定することとなる。
　　判定にあたっては、例として土壌図や森林組合等に当該地域における土壌の状態や林木の生育、活着状況について聞き取った内容を参考にすることとなる。

　エ　獣害の危険性
　　野生動物による食害は、木竹の生育に大きく影響を及ぼしている。木竹の生育に悪影響を及ぼすクマ、シカ等の野生動物の生息状況により比較し判定することとなる。
　　判定にあたっては、例として同一状況地域及び周辺の獣害対策状況や森林組合等

各　論

に聞き取った内容を参考にすることとなる。

(3) 宅地化条件

　林地は、林業生産性に係る要因のほか宅地化条件も重要な要因である。

　林地については農地のような所有権移動の制限にあたる法規制がなく、林地の売買は自由であるが、林地の価格はその収益性のほか転用後の価格形成要因も影響して価格が形成されるものである。比準表においては、この転用後の価格形成要因を「宅地化等の影響の程度」として考慮することにしている。

　判定にあたっては、同一状況地域周辺の宅地開発や建設動向を確認することとし、同一状況地域周辺の林地価格への影響の有無により判断することとなる。

(4) 行政的条件

　林地地域に関する行政的条件としては、助成では、植林の奨励等があり、規制では、国立、国定、県立公園の指定、保安林の指定及び砂防等の指定がある。比準表においては「行政上の助成及び規制の程度」の項目を「行政上の助成」「国立、国定、県立公園、保安林、砂防指定地等の規制」「その他の規制」に細区分している。その具体の運用にあたっては次の点に留意する必要がある。

　ア　行政上の助成

　　行政上の助成としては、主に植林に対する奨励制度がある。林業経営上、その影響を強く享受する地域にあっては、その費用性において好結果を生むことになる。したがって、地域の実情を調査し、価格に影響を与えると認められる場合には適正に格差率を定め、比較することとなる。

　イ　国立、国定、県立公園、保安林、砂防指定地等の規制

　　行政上の規制としては、自然公園法、森林法を中心としているが、規制の内容としては、木竹の伐採に対する制限が課されている。備考に記載されている伐採の指定の程度については下記のとおりである。

　　（ア）皆伐

　　　皆伐とは全面積を全部伐採する場合と、一部を区分して伐採する区分皆伐とがあり、指定の程度としては優位にある。

　　（イ）択伐

　　　単木的にぬき切り選伐する単木択伐と、群団状に樹群を伐採する群団状択伐が

第5　林　地

あるが、群団状択伐は区分皆伐より一般に群団の面積が小さい。用材林において は普通30％程度の択伐率が多い。したがって、指定の程度としては（ア）より低 位にある。

　（ウ）　禁伐

　　原則として伐採は禁じられているが、一般に枯損木、森林保育のための伐採は 許容される。最低位に属する。

(5)　その他

　「その他」は、新たに比較すべき特別の項目があると認めるときはその性格に応じ、 適正に格差率を定め適用するものとする。なお、その取り扱いについては住宅地の場 合と同様である。

4　個別的要因の比較項目及び格差率

　個別的要因の各項目の格差率は既述のとおり客観的判断基準により判定することに している。

　個別的要因における比較の細項目のうち、特有のものは、交通・接近条件における 「搬出地点までの距離」ならびに自然的条件における「方位」及び「斜面の位置」で ある。

(1)　交通・接近条件

　個別的要因に係る項目は「交通の便否及び林産物搬出の便否」であり、細項目とし ては地域要因の中の細項目のほか、「搬出拠点（搬出するための集材機等の場所）か ら搬出地点までの距離」を比較することとしているが、搬出拠点が定位置に定められ ていない場合については、画地の中心からの距離を計測することとなる。個別的要因 は、いうまでもなく、対象地の属する地域における標準的な画地と対象地とを比較す るものであり、対象地の当該地域における関係位置を交通との便否により判定するも のである。したがって、幅員においては接面道路により比較を行い、距離の判定につ いても対象地との比較になる。

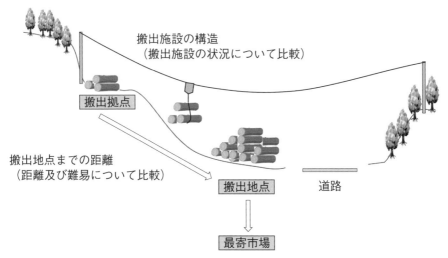

(2) 気象・地勢及び土質等の自然的条件

　自然的条件は地域要因として考慮されるものが多いが、細項目としては地域要因の中の細項目のほか、「方位」及び「斜面の位置」を比較することとしている。「方位」については、例えば杉は山麓の土層の厚い北向傾斜地が良く、松、広葉樹にあっては陽光が生育を助長するため南または西向傾斜地が適地である等のように主な樹種によって格差が設けられている。また、気象の状態で、近隣地域の標準的雨量より特に多いとか、局部的に凹地等のため積雪量が深い等、個別格差を生じさせる要因が認められる場合もあるので、留意する必要がある。

(3) 宅地化条件

　宅地化、観光地化等の影響の程度も、自然的条件と同様に地域全体に及ぶものと思われるが、林地地域の近隣地域は、広くなる場合もあり、例えば、対象地は、近隣地域の中では特に良好な道路に接面しているとすれば、宅地化等の実現可能の時期を特に早める等格差を生じさせる場合もあるから、比較することとしている。

第5　林　地

(4) 行政的条件

　個別的要因としては、規制のみである。植林の奨励等の助成は地域全体に及ぶものであり、個別的要因としては考慮しないこととしている。規制としては、対象地のみの場合もあり、例えば、対象地に崩壊部分があるため、土砂流出防備林に編入された択伐が指定され、施業が制限されることもある。したがって、個別的要因においても考慮する必要が出てくることになる。

各 論

農村林地の価格算定例

1 対象地の確定

(1) 価格時点　平成28年4月1日

(2) 対象地の所在等
　ア　所　　　在　〇〇県〇〇郡A町字H19番
　イ　地　　　目　山林
　ウ　利用状況　杉植林
　エ　面　　　積　2,973m²

(3) 対象地の存する地域の概況
　対象地は、JR〇〇線A駅から約6km、最寄りのH地区から約2kmの地点に位置し、標高300～400m前後の山地の麓にある農村林地地域の20年生杉の植林地である。対象地の属する地域は、杉及び桧の植林地で、東側は町道をはさんで田地域が広がり、西側は10～20°の傾斜面を有する植林が南北に連なる尾根まで続いている。この地域の林道は、前記町道より分岐し、幅員は3～5mまであり、対象地は5mの林道に接している（別図参照）。

(4) 対象地の存する地域の判定
　ア　地域の判定
　　対象地は、A駅から6km、最寄地区から2kmに位置し、しかも、標高300～400mの範囲内にある管理のゆきとどいた植林地であるので、この地域の地域区分を農村林地地域と判定した。
　イ　近隣地域の範囲
　　対象地の存する近隣地域の範囲は、南北に連なる尾根の東斜面で南は約1km、北は約2kmにある沢までである。

ウ 地域要因及び個別的要因の調査表の作成

対象地の存する地域に係る地域要因及び対象地に係る個別的要因を調査し、調査表（表1及び表2）を作成する。

2 価格比準の基礎となる土地の選定

(1) 基準地の調査

比準するにあたっては、対象地の価格を比準する基礎となる基準地を調査し、選定する必要があるが、本件の場合は、比準可能な基準地は、隣町のC町にある基準地（県）・（林）－5が対象地と同じく農村林地としての特性を有し、しかも比較的近い距離にあるので、これを基準地とすることとした。

(2) 基準地（県）・（林）－5に係る公報記載事項

基準地番号	基準地の所在地番	10アール当たり価格（円）	地積（m²）	基準地の利用状況	交通事情	道路事情	公法上の規則	地域的特性
県（林）－5	C町字G105番	700,000	3,388	周辺がゴルフ場化の影響を受けている北向用材林地	JR B駅まで約10km	西側4m未舗装林道		里林地

(3) 地域要因及び個別的要因の調査表

対象地と基準地との比較を容易にするために、土地価格比準表の調査表に基づいて、当該基準地の存する地域に係る地域要因及び当該基準地に係る個別的要因の調査表（表3及び表4）を作成する。

3 比準作業

(1) 対象地の地域区分

対象地の林地としての特性、立地条件等から農村林地と判定し、農村林地の比準表を適用することとする。

(2) 価格比準の基礎となる土地が同一需給圏内の類似地域に存する場合

基準地（県）・（林）－5は、同一需給圏内の類似地域にあると認められるため、基

各　　論

準地と対象地に係る地域要因の比較及び個別的要因の比較を表5（その1及びその2）の林地（農村林地）調査及び算定表を作成して行う。

(3) 留意事項

個別的要因の比準表の適用は、地域の標準的な林地と比較し、個別性がある場合に適用する。例えば、林道の幅員についてみると、対象地の属する地域では4mが標準的幅員であるが、対象地の接面林道は5mの幅員がある場合においては、対象地の個別的要因としての幅員は、地域要因としての幅員より「優る」と判定するものとする。なお、地域要因と同じになる個別的要因については、比較するまでもないので、本例では算定表の格差欄には一印を付した。

(4) 時点修正

比準表を適用して算定を行う前に基準地の価格を価格時点に修正する必要がある。本件における土地価格の変動率は、平成27年7月1日から平成28年4月1日までに、住宅地、商業地、市街化調整区域内宅地の平均で1％下落している。これは、全国的傾向と一致しているので、一般的要因と考えることができる。対象地は林地であるが、A町及びC町における林地について特別の要因があるとは考えられないので、一般的要因△1％で時点修正を行う。

(5) 対象地の価格の算定

以上により、対象地の価格は次のとおり算定される。

基準地の価格 （10a 当たり）	時点修正	地域要因 格差率	個別的要 因格差率	比準価格
700,000円 ×	$\dfrac{99}{100}$ ×	$\dfrac{67.11}{100}$ ×	$\dfrac{98.45}{100}$ =	457,863 ≒ 457,800円

農村林地の価格算定例

〔別 図〕 地域概況図

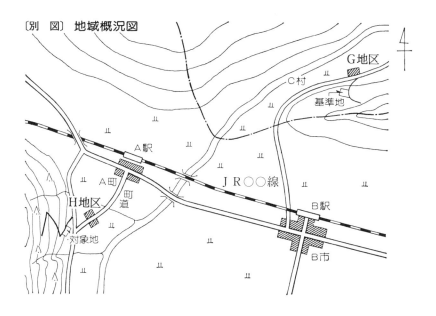

各 論

表1 対象地の属する地域の地域要因項目別調査表

条件	項目	細項目	内訳
交通・接近条件	交通の便否及び林産物搬出の便否	最寄駅への接近性	JR A駅まで約6km
		最寄集落への接近性	A町H地区まで約2km
		林道等の配置、構造等の状態	林道の配置、連続性は普通、標準的幅員約4m
		最寄市場への接近性	B市まで約25km
自然的条件	日照・気温等の気象の状態	日照、気温	普通
		降雨量、霧	普通
		積雪	普通
		風	普通
	標高・傾斜等の地勢の状態	標高	海抜約380m
		傾斜	斜面の傾斜角度10°～20°
		斜面の型	直線状に傾斜
	土壌の状態	土壌の良否	表土10cm～30cm、全土層40cm～1m、壌土又は砂壌土、肥沃度普通
	災害の危険性	獣害の危険性	無
宅地化条件	宅地化等の影響の程度	宅地化等の影響	宅地化の影響をやや強く受けている
行政的条件	行政上の助成及び規制の程度	行政上の助成	助成あり
		国立、国定、県立公園、保安林、砂防指定地等の規制	無
		その他の規制	無
その他	その他	その他	－

農村林地の価格算定例

表2 対象地の個別的要因項目別調査表

条件	項目	細項目	内訳
交通・接近条件	交通の便否及び林産物搬出の便否	最寄駅への接近性	JR A駅まで約6km
		最寄集落への接近性	A町H地区まで約2km
		搬出施設の構造	接面道路、幅員5m林道
		搬出地点までの距離	約1kmで、搬出が比較的容易
		搬出地点から最寄市場までの距離	B市まで約25km
自然的条件	積雪等の気象の状態	積　　雪	比較的多い
		風	普通
	標高・傾斜等の地勢の状態	標　　高	海抜約380m
		方　　位	樹種杉、東面に傾斜
		傾　　斜	傾斜角度約10°
		斜面の位置	山麓
		斜面の型	凹型状に傾斜
	土壌の状態	土壌の良否	表土10cm〜30cm、全土層40cm〜1m、壌土又は砂壌土、肥沃度普通
宅地化条件	宅地化等の影響の程度	宅地化等の影響	宅地化の影響をやや強く受けている
行政的条件	行政上の規制の程度	国立、国定、県立公園、保安林、砂防指定地等の規制	無
		その他の規制	無
その他	その他	その他	──

各 論

表3 基準地（県）・（林）－5の属する地域の地域要因項目別調査表

条件	項　　目	細　項　目	内　　　　　訳
交通・接近条件	交通の便否及び林産物搬出の便否	最寄駅への接近性	JR B駅まで約10km
		最寄集落への接近性	C町G地区まで約1km
		林道等の配置、構造等の状態	林道の配置、連続性は普通、標準的幅員約4m
		最寄市場への接近性	B市まで約10km
自然的条件	日照・気温等の気象の状態	日照、気温	普通
		降雨量、霧	普通
		積雪	普通
		風	普通
	標高・傾斜等の地勢の状態	標高	海抜約380m
		傾斜	斜面の傾斜角度10°～20°
		斜面の型	凹型状に傾斜
	土壌の状態	土壌の良否	表土10cm～30cm、全土層40cm～1m、壌土又は砂壌土、肥沃度普通
	災害の危険性	獣害の危険性	無
宅地化条件	宅地化等の影響の程度	宅地化等の影響	宅地化の影響を強く受けている
行政的条件	行政上の助成及び規制の程度	行政上の助成	助成あり
		国立、国定、県立公園、保安林、砂防指定地等の規制	無
		その他の規制	無
その他	その他	その他	—

農村林地の価格算定例

表4　基準地（県）・（林）−5の個別的要因項目別調査表

条件	項目	細項目	内訳
交通・接近条件	交通の便否及び林産物搬出の便否	最寄駅への接近性	JR B駅まで約10km
		最寄集落への接近性	C町G地区まで約1km
		搬出施設の構造	接面道路、幅員4m林道
		搬出地点までの距離	約1km
		搬出地点から最寄市場までの距離	B市まで約10km
自然的条件	積雪等の気象の状態	積　雪	普　通
		風	普　通
	標高・傾斜等の地勢の状態	標　高	海抜約380m
		方　位	樹種杉、北面に傾斜
		傾　斜	傾斜角度約10°
		斜面の位置	山　麓
		斜面の型	凹型状に傾斜
	土壌の状態	土壌の良否	表土10cm〜30cm、全土層40cm〜1m、壌土又は砂壌土、肥沃度普通
宅地化条件	宅地化等の影響の程度	宅地化等の影響	宅地化の影響を強く受けている
行政的条件	行政上の規制の程度	国立、国定、県立公園、保安林、砂防指定地等の規制	無
		その他の規制	無
その他	その他	その他	――

表5　基準地（県）・（林）－5から比準する場合

林地（農村林地）調査及び算定表

その1

条件	項目	細項目	地域要因 基準地の属する地域 内訳	地域要因 対象地の属する地域 内訳	格差	計
交通・接近条件	交通の便否及び林産物搬出の便否	最寄駅への接近性	（　B　）駅まで約（　10　）km 優る　やや優る　⦿普通⦿　やや劣る　劣る	（　A　）駅まで約（　6　）km 優る　⦿やや優る⦿　普通　やや劣る　劣る	1.5	
		最寄集落への接近性	（　G　）まで約（　1　）km 優る　⦿普通⦿　劣る	（　H　）まで約（　2　）km 優る　普通　⦿劣る⦿	-6.0	
		林道等の配置、構造等の状態	当該地域における標準的な道路幅員約（4）m 優る　やや優る　⦿普通⦿　やや劣る　劣る	当該地域における標準的な道路幅員約（4）m 優る　やや優る　⦿普通⦿　やや劣る　劣る	0	
		最寄市場への接近性	（　B市　）まで約（　10　）km 優る　やや優る　⦿普通⦿　やや劣る　劣る	（　B市　）まで約（　25　）km 優る　やや優る　普通　やや劣る　⦿劣る⦿	-14.0	$\frac{(81.5)}{100}$
自然的条件	日照・気温等の気象の状態	日照、気温	優る　⦿普通⦿　劣る	優る　⦿普通⦿　劣る	0	
		降雨量、霧	優る　⦿普通⦿　劣る	優る　⦿普通⦿　劣る	0	
		積雪	優る　⦿普通⦿　劣る	優る　⦿普通⦿　劣る	0	
		風	優る　⦿普通⦿　劣る	優る　⦿普通⦿　劣る	0	
	標高・傾斜等の地勢の状態	標高	基準地の属する地域は海抜（300～400）m 優る　やや優る　⦿普通⦿　やや劣る　劣る	対象地の属する地域は海抜（300～400）m 優る　やや優る　⦿普通⦿　やや劣る　劣る	0	
		傾斜	当該地域の標準的な傾斜角度（10°～20°）	当該地域の標準的な傾斜角度（10°～20°）		
		斜面の型	斜面の型は（　凹　）型 ⦿優る⦿　普通　劣る	斜面の型は（　直　）型 優る　⦿普通⦿　劣る	-9.0	
	土壌の状態	土壌の良否	優る　やや優る　⦿普通⦿　やや劣る　劣る	優る　やや優る　⦿普通⦿　やや劣る　劣る	0	
	災害の危険性	獣害の危険性	優る　⦿普通⦿　劣る	優る　⦿普通⦿　劣る	0	$\frac{(91.0)}{100}$
宅地化条件	宅地化等の影響の程度	宅地化等の影響	⦿優る⦿　やや優る　普通　やや劣る　劣る	優る　⦿やや優る⦿　普通　やや劣る　劣る	-9.5	$\frac{(90.5)}{100}$
行政的条件	行政上の助成及び規制の程度	行政上の助成	優る　⦿普通⦿　劣る	優る　⦿普通⦿　劣る	0	
		公園、保安林、砂防指定地等の規制	規制の内容（　　―　　） 優る　普通　劣る	規制の内容（　　―　　） 優る　普通　劣る	―	
		その他の規制			―	$\frac{(100)}{100}$
その他	その他	その他	優る　普通　劣る	優る　普通　劣る	―	$\frac{(―)}{100}$
地域要因の比較			交通・接近条件 $\frac{(81.5)}{100}$	自然的条件 $\frac{(91.0)}{100}$　宅地化条件 $\frac{(90.5)}{100}$　行政的条件 $\frac{(100)}{100}$　その他 $\frac{(―)}{100}$	=	計 $\frac{(67.11)}{100}$

その2

条件	項目	細項目	個別的要因		格差	計
			基準地 内訳	対象地 内訳		
交通・接近条件	交通の便否及び林産物搬出の便否	最寄駅への接近性	(B)駅まで約(10)km 優る ㊀普通㊀ 劣る	(A)駅まで約(6)km 優る ㊀普通㊀ 劣る	0	
		最寄集落への接近性	(G)まで約(1)km 優る ㊀普通㊀ 劣る	(H)まで約(2)km 優る ㊀普通㊀ 劣る	0	
		搬出施設の構造	搬出施設の構造(4)m 優る ㊀普通㊀ 劣る	搬出施設の構造(5)m ㊀優る㊀ 普通 劣る	5.0	
		搬出地点までの距離	優る やや優る ㊀普通㊀ やや劣る 劣る	優る ㊀やや優る㊀ 普通 やや劣る 劣る	5.0	
		搬出地点から最寄市場までの距離	(B市)まで約(10)km 優る やや優る ㊀普通㊀ やや劣る 劣る	(B市)まで約(25)km 優る やや優る ㊀普通㊀ やや劣る 劣る	0	(110.0)/100
自然的条件	積雪等の気象の状態	積雪	優る ㊀普通㊀ 劣る	優る 普通 ㊀劣る㊀	-3.0	
		風	優る ㊀普通㊀ 劣る	優る ㊀普通㊀ 劣る	0	
	標高・傾斜等の地勢の状態	標高	基準地は海抜(300〜400)m 優る やや優る ㊀普通㊀ やや劣る 劣る	対象地は海抜(300〜400)m 優る やや優る ㊀普通㊀ やや劣る 劣る	0	
		方位	基準地の樹種(杉) 方位(東 西 南 ㊀北㊀)	対象地の樹種(杉) 方位(㊀東㊀ 西 南 北)	-7.5	
		傾斜	基準地の傾斜角度(10 °) 優る ㊀普通㊀ 劣る	対象地の傾斜角度(10 °) 優る ㊀普通㊀ 劣る	0	
		斜面の位置	㊀山麓㊀ 山腹 山頂	㊀山麓㊀ 山腹 山頂	0	
		斜面の型	優る ㊀普通㊀ 劣る	優る ㊀普通㊀ 劣る	0	
	土壌の状態	土壌の良否	優る やや優る ㊀普通㊀ やや劣る 劣る	優る やや優る ㊀普通㊀ やや劣る 劣る	0	(89.5)/100
宅地化条件	宅地化等の影響の程度	宅地化等の影響	優る やや優る ㊀普通㊀ やや劣る 劣る	優る やや優る ㊀普通㊀ やや劣る 劣る	0	(100)/100
行政的条件	行政上の規制の程度	公園、保安林、砂防指定地等の規制	指定の内容(―) 優る 普通 劣る	指定の内容(―) 優る 普通 劣る	―	
		その他の規制			―	(―)/100
その他	その他	その他	優る 普通 劣る	優る 普通 劣る	―	(―)/100

個別的要因の比較	交通・接近条件	自然的条件	宅地化条件	行政的条件	その他	計
	$\frac{(110.0)}{100}$ ×	$\frac{(89.5)}{100}$ ×	$\frac{(100)}{100}$ ×	$\frac{(―)}{100}$ ×	$\frac{(―)}{100}$ =	$\frac{(98.45)}{100}$

各　論

第6　農　地

　農地を農地として取り引きする場合は、国土利用計画法施行令第6条第7号及び第17条第1号の規定により、国土利用計画法の取引規制の対象外とされているが、同令第7条第1項第3号のロのカッコ書（他の条において準用する場合を含む。）の規定により、宅地見込地、雑種地等の基準価格を算定する過程において農地の価格を求める必要がある。

　ここで求められる農地価格は、農業上の利用を前提としているので、取引事例としては、転用目的及び転用ふくみのものは除外されるべきである。

　なお、国土利用計画法の価格審査の過程で、この比準表により求められた農地価格を適用する場合を例示すれば次のとおりである。

(1) 農地地域内にある池沼、原野、雑種地等・（農地価格－農地に造成するための開墾費）× a

(2) 農地地域内にある建物敷地・（農地価格＋建物敷地に造成するための造成費）× a

1　定義及び地域区分

　農地地域とは、農業生産活動のうち耕作の用に供されることが、自然的、社会的、経済的及び行政的観点からみて合理的と判断される地域をいう。

　「……の用に供されることが自然的、社会的、経済的及び行政的観点からみて合理的と判断される地域」とは、既述の住宅地域の用途的観点から判断する方法と同様である。

　農地は現実の利用が耕作の用に供されるという利用形態の面では同じであっても、宅地地域内の農地（いわゆる造成前宅地）、宅地見込地域内の農地（宅地見込地）、農地地域内の農地というように所在する地域の性格に大きな幅があるので対象農地の存する地域の判断にあたっては特に留意する必要がある。

　農地地域は、その地域特性により田地地域、畑地地域、果樹園地域等に区分されるが、農地価格比準表はとりあえず田地地域及び畑地地域について作成されている。

第6 農　地

　地域特性は、特定の自然的条件と人文的条件の結合として構成されるが、農地地域にあっては、宅地地域と異なり、直接土地を耕作の用に供して利用されるため、自然的条件の比重が地域特性に大きく作用し、その農地地域内の田地地域、畑地地域の細区分は専ら自然的条件により区分されることとなる。

(1)　田地地域

　農地地域の中にあって、地域の自然的条件からみて大部分の土地が水田として利用されている地域である。
　したがって、陸稲が作付けされる地域は、畑地地域であり、また、水田的形態で利用されるイグサ等の作付けされる地域は、田地地域となる。

(2)　畑地地域

　農地地域の中にあって、地域の自然的条件からみて大部分の土地が畑地として利用されている地域である。

2　農地価格の比準方法

　農地地域内における農地の価格は宅地または林地と異なり、農地の標準地または基準地がないので、取引事例の価格から比準して求めることとなる。一般に取引事例は各々個別の事情を反映して取り引きされているものであるから、取引価格について適正な事情補正が必要であり、また、取引時点が異なるので、価格時点に時点修正を行う必要がある。このため多数の取引事例の収集とその内容の把握が肝要であり、取引事例についての時間的、場所的な確認を行って、その取引の事情を調査のうえ、規範性の高い事例を選択しなければならない。
　農地価格の比準方法は、宅地価格の比準方法と同様、取引事例地の存する地域が近隣地域の場合は、個別的要因の比較を行い、同一需給圏内の類似地域の場合は、地域要因及び個別的要因の比較を行うことにより行う。この場合、地域要因比準表の基準地域は、「取引事例地の存する地域」と、個別的要因比準表の基準地は「取引事例地」と読み替えて適用する（したがって、「基準地価格」とは、事情補正、時点修正後の取引事例価格を、「基準地域」とは、事例地の存する地域を意味する。）。
　農地は、宅地と異なり、直接その土地を耕作の用に供することにより生産を行うた

各　　論

め、自然的条件がその生産性に与える影響が大きく、またその耕作の形態も地方による差異は少ない。さらに農地の同一需給圏も他の種別の土地に比べて狭い。このため、生産性の格差を客観的基準により判断することが可能であり、比準表の格差率の判断基準も出来るだけ客観的なものとして備考欄に記載されている。したがって、宅地の場合と異なり、同一需給圏内の類似地域の基準地から比準を行う場合、特に次の点に留意しなければならない。

　すなわち、個別的要因の比準表は、基準地、対象地とも同一近隣地域内に存する場合に適用することを標準として作成されている。したがって、同一需給圏内の類似地域の基準地から比準を行う場合は、基準地の基準地域における個別的要因の態様と、対象地の対象地域における個別的要因の態様との比較を個別的要因の比準表を用いて行うこととなる。

　このことは、基準地の個別的要因について基準地域において標準的なものであるか否かを判定し当該地域における、優る、普通、劣る等の判定をし、対象地の個別的要因については、対象地域において標準的なものであるか否かを判定し、当該地域における優る、普通、劣る等の判定をし、その各々の判定結果を比較して、「優ると普通」「普通と劣る」等その組み合わせを個別的要因の比準表に適用して格差率を判定する必要がある。

　例えば、田地地域における「土壌の良否」の細項目で具体的に示すと次のとおりである。

　　基準地域　「稲作にかなり適している」
　　対象地域　「稲作に適している」
　　基準地　　「稲作に適している」
　　対象地　　「稲作にかなり適している」

　　地域要因の比準　「やや優る」と「普通」対象地域が $-5\ \left(\dfrac{100-5}{100}=\dfrac{95}{100}\right)$

　　個別的要因の比準　　基準地域内で基準地「やや劣る」
　　　　　　　　　　　　対象地域内で対象地「やや優る」

　　　　　「やや劣る」と「やや優る」 $+10.5\ \left(\dfrac{100+10.5}{100}=\dfrac{110.5}{100}\right)$

　　　　　$\dfrac{95}{100} \times \dfrac{110.5}{100} = \dfrac{104.975}{100} \fallingdotseq \dfrac{105}{100}$

　　　　　　　　第6　農　　地

　以上により対象地が5％優っていることとなる。
　なお、基準地と対象地が、各々画地条件を除き基準地域及び対象地域の標準的な土地と判断される場合でこの比準表を適用するときは、各比較項目は、地域要因の比準表で比準し、個別的要因の比準表は、画地条件の比準のみ行えば足りる。

3　留意事項

(1)　農地の同一需給圏内
　農地の同一需給圏は、個人農家による通勤耕作可能性により定まる。したがって、対象地を中心にして、その対象地に通作可能な各集落からの通作限界地の範囲となる。これは、おおむね対象地を中心とする通作可能距離の2倍を半径として描かれる円内の地域にあたる。
　なお、通作距離は、自動車による通作が一般化するに従い遠くなる傾向にあり、したがって同一需給圏の範囲も広がる傾向にある。

(2)　農地の近隣地域の範囲
　近隣地域の判定は、考え方により広狭がある。これは多くの条件項目のうち、どの程度の条件項目の同質性により判断するかによる差異である。農地の場合、自然的条件を中心に近隣地域の範囲を判定することとなるが、重要なものは、地勢、土壌、水利条件である。これらの自然的条件の同質性を中心に交通・接近条件等を考慮し、近隣地域の範囲を判定するものとする。この場合、田地地域にあっては、特に水利体系の同一性に留意して判定するものとする。
　なお、この比準表は、近隣地域の判定の広狭による差異が価格算定に影響しないよう作成されているので、同一集落の通作範囲であり、かつ、農地が連続して集団として存する地域にあっては、近隣の地域の判定を弾力的に運用することが出来る。

(3)　その他
　農地は、通常その有効農地部分を対象として取り引きされるが、畦畔等も含めて取り引きされる場合で、その占める割合が異なることにより価額に影響を与えるときは、

各　論

$\dfrac{\text{対象地有効農地割合}}{\text{基準地有効農地割合}}$ により補正するものとする。

4　地域要因の比較項目及び格差率

　農地地域の地域要因は、農業生産性を高めあるいは低める原因となる要因である。これは、作物の収穫高に影響を与える要因と、農業生産活動に要する費用性に影響を与える要因である。
　これを地域特性によって細分された地域ごとにみると、畑地地域になくて、田地地域にあるものは、自然的条件の細項目の「かんがいの良否」「水害の危険性」がある。
　田地地域に「かんがいの良否」を設けているのは当然であるが、畑地地域の「災害の危険性」を田地地域では「水害の危険性」と「その他の災害の危険性」に分けて設けているのは、田地地域がその地域特性から、おおむね水利条件の良い河川流域の沖積平野に存しているため、畑地地域より水害の危険性が大きな比重を占めているためである。
　なお、農地地域は総じて自然的条件に対する格差率が大きくなっているが、特に田地地域にあっては「土壌の良否」「かんがいの良否」に、畑地地域にあっては「土壌の良否」に対する格差率が大きくなっている。

(1)　交通・接近条件

　交通・接近条件は農業生産性の費用性に係る条件である。近年、自動車による通作が一般化するにしたがい重要性が増大した要因である。特に畑地地域にあっては、農産物の収穫がひんぱんに行われるため、出荷に際しての費用性に影響を与えるとともに、普通の通作回数も、田地地域に比べ多いことから費用性に対する影響が大きい。
　このため、交通・接近条件の各細項目に対する格差率は、畑地地域の方が田地地域より大きくなっている。交通・接近条件における項目は、「交通の便否」であり、これを「集落との接近性」「出荷的集荷地との接近性」及び「農道の状態」に細区分されている。その具体の運用にあたっては、次の点に留意する必要がある。

ア　集落との接近性

　集落との遠近関係は、耕作者が耕作地へ通う場合の便否と費用に影響を与える。判定は原則として最寄集落から対象地域の中心部への通作経路による距離に基づく

第6 農 地

ものとする。この場合、通作農道の幅員、構造、傾斜等により通作の便否に影響があるときは、その程度により、通作距離を補正し、比準するものとする。

イ　出荷的集荷地との接近性

出荷に際しての費用性に影響を与える要因であり、原則として最寄集落から最寄農協倉庫等までの距離により比較を行う。この場合、輸送経路の幅員、構造、勾配、舗装等の状況により、輸送の便否に影響があるときは、その程度により距離を補正し、比準するものとする。

なお、畑地地域では、農協倉庫が出荷的集荷地としての機能を果たさないことが考えられるが、この場合、当該同一需給圏内の農家が対象とする出荷市場までの距離について比較を行うものとする。

ウ　農道の状態

農道の整備の状態いかんは、「集落の接近性」と関連し、作業条件の便否に影響し費用性に係る要因である。

また農道とは、通作に利用される道路の意味であり、国道、県道、市道等であっても、通作に利用される限りにおいて農道として取り扱うものである。

判定は地域内の農道の整備状況について、幅員、構造、傾斜、配置、連続性等から総合的に行うものとする。この場合、幅員、構造、傾斜については、「車両の走行が良好」「車両の走行が出来る」という総合的観点から判定し、配置、連続性等については、当該近隣地域全体が、碁盤目状に整備されているか、屈曲が多く雑然としているか等から判定するものとする。

なお、「車両の走行が良好」とは普通トラックまたは大型コンバイン等の走行が出来る場合をいい、また「車両の走行が出来る」とは、軽トラックまたはリヤカー等の走行が出来る場合をいう。

(2)　自然的条件

自然的条件は、農地地域を田地地域、畑地地域等に細分する最も重要な要素であるだけでなく、直接作物の収穫高に影響を及ぼし、さらに生産コストにも影響を与え農業生産性に決定的な影響力を持つ要因である。

特に畑地の場合、適する作物を決める要因であり、また通常収穫回数が多いため、各細項目においては、おおむね田地地域に比較し、畑地地域の格差率が大きくなっている。

各　論

　田地地域の自然的条件における項目は「地勢」「土壌の状態」「かんがい排水の状態」「災害の危険性」があり、細項目は「傾斜の方向」「傾斜の角度」「土壌の良否」「かんがいの良否」「排水の良否」「水害の危険性」及び「その他の災害の危険性」に細区分している。畑地地域の自然的条件における項目は「地勢」「土壌の状態」「災害の危険性」があり、細項目は、「傾斜の方向」「傾斜の角度」「土壌の良否」「排水の良否」及び「災害の危険性」に細区分している。その具体の運用にあたっては、次の点に留意する必要がある。

　ア　傾斜の方向
　　傾斜の方向は基準地または対象地の存する地域としての傾斜の方向であり、日照、温度、湿度等に影響を及ぼすことにより、農業生産性に影響を与える要因がある。
　　なお、3°未満の傾斜の場合は、傾斜の方向に係わらず「優る」と判定して差し支えない。
　イ　傾斜の角度
　　傾斜の角度も地域的要因にあっては、地域としての傾斜の角度であり、基準地、対象地そのものの角度ではない。これは、傾斜の方向と関連し、日照、温度、湿度等に影響を及ぼすと同時に、作業条件に影響を及ぼすことにより農業生産性に影響を与える要因である。
　ウ　土壌の良否
　　土壌の農業生産性への影響は、保肥力、保水力、通気性、通水性等直接収穫に影響を及ぼすものと作業効率の良否により影響を及ぼすものとがある。これらは互いに相反する要素を含んでおり、多面的影響を与えるので、これらの要素が均衡を得ている土壌が良い土壌ということが出来る。したがって土壌の良否は、土性、作土の厚さ等から総合的に判定する必要がある。土性により良否の順位を付すと、おおむね次のとおりである。
　　(ｱ)　壌土、埴壌土、埴土
　　(ｲ)　砂壌土、火山灰性壌土、火山灰性埴壌土
　　(ｳ)　重粘土、砂土、火山灰性砂壌土、泥炭土

　また、田地地域にあっては、作土の厚さ、基層までの深さも併せて判断することとなるが、通常作土の厚さは15cm程度必要であり、また、基層までの深さは、40cm程度は必要である。したがって、例えば、基層までの深さも40cm未満の場

第6　農　地

合において、他の条件が同一であれば1ランク下に判定する必要がある。

　なお、判定に当たっては、例として土壌図や農業試験場、当該地域において営農指導を行っている農業改良普及センター等に必要に応じて聞き取った内容を参考にすることとなる。

エ　かんがいの良否

　かんがいの良否は、作物の収穫高に影響するとともに、費用性にも影響を与え、水田からの収益に直接的に影響を与える要因である。これに、水量の多少、水量の調節、水温の適否、水質の良否、かんがい費の多寡等から総合的に判定するものとする。水量の多少は量的判断であり、特に水稲の植付期を中心に水利体系が整備されていることにより、不足のおそれがないか、あるいは、降雨量によっては不足することがあるか等を判断するものとする。この場合、水量の調整、いわゆる落水が任意に出来るかどうかも併せて判断し、適正に補正するものとする。水温は、水稲の生育に直接影響し、収穫高を左右する要素であり、水量とともに、重要な要素である。

　特に水路等を表流する時間が短く、水温が低い場合は留水させる等の処置が必要となり、特別の労力を要する場合がある。水質の良否は、鉱毒、酸性水、あるいは雑排水の流入等による農業生産性への影響の程度を判断するものとする。上記を総合的に判定したうえでかんがい費の異なる地域を比較する場合は、その多少により調整するものとする。

　なお、判定にあたっては、例として水量の多少、水量の調節及びかんがい費の多少については、水量調節のための施設や揚水機場の整備状況を、水温の適否及び水質の良否については、用水を自然水としているか井戸水としているか（自然水の方が養分を多く含んでいることから良いとされている。）等を農業試験場や当該地域において営農指導を行っている農業改良普及センター等に聞き取った内容を参考にすることとなる。

オ　排水の良否

　田地地域にあっては、落水を行った後の状態において排水の良否を比較するものとし、主に作業効率に関連する要因である。判定は、乾田か、半湿田か、湿田か、たん水田かの別を中心に、地下水位までの深さ、湧水の有無等から総合的に行うものとする。

　畑地地域にあっては、排水の良否は、田地地域の「保水の良否」「排水の良否」

各　論

に相当する要因であり、項目としても土壌の状態に分類している。したがって、排水が悪く湿潤である場合は、田地地域と同様であるが、保水性が悪く、いわば排水過度の程度を判定する場合には、適する作物の選択の範囲あるいは、利水に要する費用等を総合的に判定するものとする。

なお、判定にあたっては、かんがいの良否と同様とする。

カ　災害の危険性

畑地地域の細項目であり、次の田地地域の「水害の危険性」及び「その他の災害の危険性」を総合的に判定するものとする。

キ　水害の危険性

水害の危険性は地勢及び堤防の整備状況等から判断するものとする。この場合、危険性の程度は、被害の大小と、可能性の確率とを過去の災害の事例やハザードマップを参考に総合的に判定するものとする。

ク　その他の災害の危険性

その他の災害は、塩害、煙害、鳥獣害のほか、風害、霜害等による災害を含むものである。この危険性の程度の判断は、前記水害の危険性と同様である。

ただし、その他の災害の危険性を排除するため、何らかの対策を講じている場合は、その費用性により判定するものとする。

(3)　行政的条件

農地に関する助成または規制についての法律としては、農地法、農業振興地域の整備に関する法律、土地改良法等がある。これらの法律による助成または規制の程度は、農地の生産条件等に大きな影響をもたらす。この比準表においては、転用価格または転用含みの価格については、対象としていないので、これらの法律による助成または規制は、用途に対する規制を中心としたものであり、農業生産性に直接影響しないものと考えられる。農地に関する行政上の助成は、土地改良等の場合は、農地の自然的条件として具体化すること、また補助金、融資金の場合は、農家を対象とするか、特定の作物を対象としていることが多く、農地の価格形勢に直接影響しない場合が多いので留意しなければならない。

行政的条件における項目は「行政上の規制の程度」「行政上の助成の程度」があり、細項目は「行政上の規制の程度」「補助金、融資金等による助成の程度」に細区分している。その具体の運用にあたっては、次の点に留意する必要がある。

第6 農　地

　ア　行政上の規制の程度
　　行政上の規制は用途的観点からの規制が中心であるが、農地または農産物に対する規制、例えば生産調整等が、農地としての需給関係、あるいは農業生産性に影響を与える場合に考慮するものとする。この場合にあっても、全国的規模で規制されることが多く、地域により影響の程度が異なる場合は少ないと考えられる。ただし、今後の農業政策の動向によっては、影響が異なることも考えられるので留意する必要がある。
　イ　補助金、融資金等による助成の程度
　　補助金、融資金等の存否が価格形成に影響を与える場合に適用する要因であり、通常は適用しないものとする。
　　特定の農産物に対する補助金が、適する作物の選択に影響を与え、当該作物に適した農地について増価要因となる場合が考えられる。

(4)　宅地化条件
　農地については所有権移動の制限にあたる法規制があるものの、その収益性のほか転用の期待感も影響して価格が形成される場合もある。比準表においては、この転用の期待感の価格形成要因を「宅地化等の影響の程度」として考慮することにしている。
　判定にあたっては、同一状況地域周辺の宅地開発や建設動向を確認することとし、同一状況地域周辺の農地価格への影響の有無により判断することとなる。

(5)　その他
　「その他」は、新たに比較すべき特別の項目があると認められるときは、その性格に応じ適正に格差率を与え適用するものとする。その取り扱いについては住宅地の場合と同様とする。

5　個別的要因の比較項目及び格差率

　個別的要因の各項目の格差率の態様は、2の農地価格の比準方法において述べたように、基準地、対象地とも同一近隣地域に存する場合には、客観的判断基準を中心とした備考欄により判定するものとし、同一需給圏内の類似地域の基準地から比準を行う場合には、基準地は、基準地域の標準的な土地と個別的要因を比較して当該地域に

各　論

おける、優る、普通、劣る等を判定し、対象地域の標準的な土地と個別的要因を比較し、当該地域における、優る、普通、劣る等を判定し、その「優ると普通」等の組み合わせを比準表に適用して格差率を判定するものである。

　したがって、以下、地域要因の説明との重複を避け、同一近隣地域内において比較を行う場合を中心として留意点を述べることとする。

　個別的要因における比較項目のうち、特に配慮した項目としては、畑地の画地条件に「傾斜の角度」を細項目として設けたことである。地域要因としては、田地地域、畑地地域とも自然的条件として、「傾斜の方向」「傾斜の角度」を設けているが、個別的要因としては、田地の場合には、画地は平坦であるが、畑地の場合は、画地そのものにも傾斜があるので、画地条件に「傾斜の角度」を設けたものである。

　なお、「傾斜の方向」については同一近隣地域内においては、おおむね同一であるので、個別的要因では特に配慮すべき必要はないと判断し、比較項目としては設けなかったものである。

(1)　**交通・接近条件**

　地域要因においては、その細項目に「出荷的集荷地との接近性」を設けているが、個別的要因においては、比較項目に取り上げていない。これは、出荷的集荷地との接近の程度が、基準地及び対象地の最寄集落からの距離により比較するため、同一近隣地域であれば、同一の最寄集落となり、また同一需給圏内の基準地から比準する場合においても、基準地と基準地域の標準的な土地、対象地と対象地域の標準的な土地について、同一の最寄集落となるので、比較の必要がないためである。

　交通・接近条件における項目は「集落との接近の程度及び農道の状態」であり細項目は、「集落との接近性」「農道の状態」に区分されており、その具体の運用にあたっては、次の点に留意する必要がある。

　ア　**集落との接近性**

　　基準地及び対象地とその最寄集落との通作経路による距離に基づき判定するものとする。この場合、対象地と基準地について、通作経路を異にする部分があり、その部分の幅員、構造等により通作の便否に影響があるときは、その程度により通作距離を比較するものとする。

　イ　**農道の状態**

　　基準地及び対象地の接面農道について比較を行う。近年自動車による通作と、農

第6 農 地

業の機械化が進展してきたため、接面道路の有無及びその状態が重要な要因となってきた。

なお、基準地及び対象地と接面道路に高低差がある場合には、作業条件に対するその影響の程度に応じて適正に補正するものとする。

また接面農道か、幹線的農道か、その分岐農道か等、連続性に差異が認められる場合も必要に応じ補正するものとする。

(2) **自然的条件**

自然的条件は、農地地域の特性からおおむね地域要因と同様の判断基準による場合が多い。このため、個別的要因として特に留意すべき事項が存する場合について記述する。

自然的条件で地域要因にあって、個別的要因にない細項目は「傾斜の方向」「傾斜の角度」であり、その理由については、すでに記述したとおりである。

田地の自然的条件における項目は「日照の状態」「土壌の状態」「かんがい排水の状態」「災害の危険性」があり、細項目は、「日照の良否」「土壌の良否」「保水の良否」「礫の多少」「かんがいの良否」「排水の良否」「水害の危険性」及び「その他の災害の危険性」に細区分している。畑地の自然的条件における項目は「日照の状態」「土壌の状態」「災害の危険性」があり、細項目は「日照の良否」「土壌の良否」「礫の多少」「作土の深さ」「排水の良否」及び「災害の危険性」に細区分している。

その具体の運用にあたっては、次の点に留意する必要がある。

ア 日照の良否

基準地及び対象地そのものの日照の良否を比較する。したがって、地形的条件と併せて樹木、工作物等による太陽光線の遮蔽の状況により判定することとなる。

イ 土壌の良否

基準地及び対象地そのものの比較を行うものであるが、留意事項は、地域要因の各細項目に記載した事項と同一である。

ウ 保水の良否、礫の多少

基準地及び対象地そのものの比較を行うものであるが、判定にあたっては、例として農業試験場及び当該地域において営農指導を行っている農業改良普及センター等に、保水の状況及び礫の多少について聞き取った内容を参考にすることとなる。

エ 作土の深さ

各　論

　基準地及び対象地そのものの比較を行うものであるが、作物によって必要な作土の深さが異なることから、例として、当該地域で主に栽培されている作物、必要な作土の深さ及び対象地の作土の深さを農業試験場や当該地域で営農指導を行っている農業改良普及センター等に聞き取った内容を参考にすることとなる。
　オ　かんがいの良否
　　留意事項は、地域要因の場合と同様であるが、谷水をかんがい水として利用する場合で、基準地または対象地が、その取水地点に近いときには、水温が低く収量に影響し、また、流末に近いときは、水量が不足を生じることがある。
　カ　排水の良否
　　留意事項は、地域要因の場合と同様である。
　キ　災害の危険性の程度の各細項目
　　基準地及び対象地そのものの比較を行うものであるが、留意事項は地域要因の各細項目に記載した事項と同様である。
　　ただし、その他の災害の危険性にあっては、画地によっては、特に被害を受ける場合がある。

(3)　画地条件
　農地における画地条件は、費用性に係る「耕うんの難易」に関連する要因である。
　既述のとおり、画地条件は同一需給圏内の類似地域に存する基準地から比準する場合にあっても、基準地と対象地の画地条件と直接比較し、判定することとなる。
　畑地は、田地と異なり「傾斜の角度」を細項目として特に採用した。なお、画地条件のみが耕うんの難易に影響を与えるものではないことは、土壌の状態等で記したとおりである。
　画地条件の細項目は、田地にあっては、「地積」「形状」「障害物による障害度」であり、畑地にあっては、「地積」「傾斜の角度」「形状不整及び障害物による障害の程度」である。その具体の運用にあたっては、次の点に留意する必要がある。
　ア　地積
　　地積の大小は、作業効率に影響を与え、大きければ大きいほど良いということが出来る。これは、一か所で広い面積の作業が行えることだけでなく、耕うんの手間を要する部分の割合が相対的に低下するからである。
　イ　形状

第6　農　地

　形状の優劣は、整形か不整形かにより判定するものとする。不整形の場合、手間を要する部分の割合が大きくなり、作業効率に影響を与えるためである。
　ここでいう整形か不整形かの判断は、単に形状のみに着目するのではなく、画地全体に対して機械耕作が可能な範囲がどれだけの割合を占めているか等、作業効率に与える影響との関係性に着目して総合的に判定することとなる。

ウ　障害物による障害度

　画地中に電柱、鉄塔、岩石等の障害物が存する場合、それだけ不整形になったのと同様であり、作業効率に影響を与える。

エ　傾斜の角度

　畑地の特有の細項目であり、画地の傾斜角度により判定する。畑地の場合、これが耕うんの難易に与える影響が最も大きく、また作業の機械化を田地に比較し、相対的に低めている原因でもある。

オ　形状不整及び障害物による障害の程度

　畑地においては、相対的に作業の機械化率が低いため、田地の「形状」と「障害物による障害度」をまとめて一つの細項目としている。前記のイ及びウを総合的に判定するものとする。

カ　管理の程度

　耕作されなくなった農地については、再度、農地として利用するために復旧作業を要し、その費用が土地価格に影響する。耕作するにあたり復旧作業の要否や程度により判定するものとする。
　優劣の判定にあたっては、復旧作業の程度の判断として、草木の刈り払い程度、灌木の抜根の要否、圃場面の均平の要否、畦畔等の復旧まで必要といった段階に応じて判定を行うこととなる。

各　論

田地の価格算定例

1　対象地の確定

(1)　価格時点　平成28年4月1日

(2)　対象地の所在等
　　ア．所　　　在　　○○県○○郡A町字M200番
　　イ．地　　　目　　田
　　ウ．利用状況　　水稲耕作地
　　エ．面　　　積　　495m^2

(3)　対象地の存する地域の概況
　　対象地は、JR○○線A駅から約5km、M地区から約500mの地点に位置し、対象地の属する地域は、地域の西方に隣接する山地から流出する谷水を用水として取水する田地地域で、東になだらかに傾斜している。地域の画地は、地形なりに畦畔を造っており、不整形地が多く、対象地も多角形でやや細長い画地である。また、地域の農道は幅員約2.5m前後で、屈曲箇所及びやや勾配の急な箇所があり、対象地は幅員2.0mの農道に接している（別図参照）。
　　なお、対象地は、近隣地域内の代表性のある標準的な農地である。また、本地域は○○県住宅供給公社による大規模開発予定地とされている。

(4)　対象地の存する地域の判定
　　ア　地域の判定
　　　対象地の存する地域は、A駅から約5km離れ、最寄集落からも約500m離れた、宅地化傾向のない純然たる水田耕作地域であり、当然開発計画がなければ未だ数年以上は現在の状況で推移するものと思われる。
　　イ　近隣地域の判定

田地の価格算定例

対象地の存する近隣地域の範囲は、西は山地に接するところまで、東はM地区とN地区とを結ぶ町道まで、南は対象地から約1km離れた圃場整備地区端まで、北は畑地地域に接するところまでである。

ウ　地域要因及び個別的要因の調査表の作成

対象地の存する地域に係る地域要因及び対象地に係る個別的要因を調査し、調査表（表1及び表2）を作成する。

2　価格比準の基礎となる取引事例地の決定

(1)　取引事例地の調査

対象地の近隣地域または同一需給圏の類似地域から事情補正等の可能な適当な取引事例をできるだけ多く調査するものとする。

本件の場合、同一需給圏のA町の西部地域と考えられるので、その範囲で調査したところ適当な事例として次の2例があり、これらを価格比準に用いる事例地と決定した。

(2)　取引事例地の概要

採用した取引事例地の概要は、次のとおりである。

番号	所在・地番	取引年月日	取引価格	取引の事情	地域の状況	事例地の個別的要因
1	A町字M19番	28.3.3	1,000円／m²	売り急ぎ	対象地の東方100mにあり、おおむね対象地に存する地域に同じ	面積605m²、多角形、接面道路3.0m、M地区より400m
2	A町字J30番	28.1.10	1,400円／m²	代替地取得	戦前の土地改良地域で、農用地区域内	面積991m²、長方形(1:3)、接面道路2.5m、J地区より約500m

3　比準作業

(1)　対象地の地域

対象地は田地地域に属するので、田地の比準表を適用する。

各　論

(2)　**価格比準の基礎となる取引事例地が近隣地域に存するための作業**
　番号1の事例地は、対象地の近隣地域に存すると認められるため、事例地及び対象地に係る個別的要因の比較を調査に基づいて行い、田地調査及び算定表（表3）を作成する。

(3)　**価格比準の基礎となる取引事例地が同一需給圏内の類似地域に存するための作業**
　番号2の事例地は、対象地の存する近隣地域以外の地域（同一需給圏内の類似地域）に存すると認められるため、事例地と対象地に係る地域要因の比較及び個別的要因の比較を調査に基づいて行い、田地調査及び算定表（表4その1及びその2）を作成する。

(4)　**留意事項**
　近隣地域内の代表性のある標準的な農地であり、かつ、同一需給圏内の類似地域に存する取引事例地から比準する場合には、当該事例地もその地域において標準的であるときは、画地条件を除き個別的要因の比準は必要ない。したがって、番号2の事例地は土地改良地区内の土地であるので、個別的要因算定表の格差欄は比較をせず──で示した。

(5)　**時点修正**
　農地価格の時点修正は、農業収益の動向に大きく影響を受けるが、本件の場合農業収益を高めまたは低める要因が認められないので、平成28年1月以降4月までは時点修正率を0とした。

(6)　**事情補正**
　現実の土地の売買には、それぞれの取引にあたっての事情が存在するが、その事情いかんにより売買価格が高められたり、または低められたりすることから、取引事情を正常なものとし、正常な状態による取引価格を把握する必要がある。
　本件の場合、番号2の事例では、他の自己所有地を公共事業に売却し、その代替地として農地を買入れたという事情があることから高めの価額（15％程度）となったものと判断した。

(7) 対象地の価格の算定

以上により、対象地の価格は次のとおり算定される。

ア　事例地1からの比準価格

事例地の価格　事情補正　時点修正　個別的要因格差率　　比準価格

$$1,000円 \times \frac{100}{100} \times \frac{100}{100} \times \frac{83.94}{100} = 839円$$

イ　事例地2からの比準価格

事例地の価格　事情補正　時点修正　地域要因格差率　個別的要因格差率　比準価格

$$1,400円 \times \frac{85}{100} \times \frac{100}{100} \times \frac{85.95}{100} \times \frac{88.40}{100} = 904円$$

(8) 比準価格の調整

比準価格は、1m²当たり839円、904円と開差が小さく、いずれの事例地の価格も信頼でき、かつ、補正率、修正率及び格差率の適正なものであるが、近隣地域に存する番号1の事例地の価格を重視し、830円を比準価格と決定した。

〔別　図〕

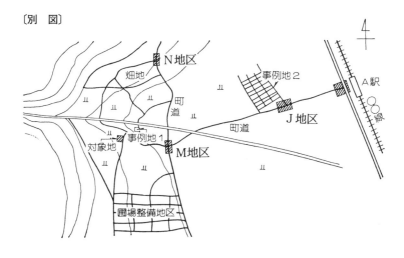

各 論

表1 対象地の地域要因項目別調査表

条件	項目	細項目	内訳
交通・接近条件	交通の便否	集落との接近性	最寄集落まで約500m
		出荷的集荷地との接近性	A駅まで約5km
		農道の状態	幅員約2.5m、急勾配及び屈曲箇所あり
自然的条件	地勢	傾斜の方向	東
		傾斜の角度	5°
	土壌の状態	土壌の良否	普通
	かんがい排水の状態	かんがいの良否	普通
		排水の良否	適度である
	災害の危険性	水害の危険性	ほとんどない
		その他の災害の危険性	ほとんどない
宅地化条件	宅地化等の影響の程度	宅地化等の影響	やや有る
行政的条件	行政上の規制の程度	行政上の規制の程度	普通
	行政上の助成の程度	補助金・融資金等による助成の程度	——
その他	その他	その他	——

田地の価格算定例

表2　対象地の個別的要因項目別調査表

条件	項目	細項目	内　　　訳
交通・接近条件	集落との接近の程度及び農道の状態	集落との接近性	最寄集落まで約500m
		農道の状態	A駅まで約5km
自然的条件	日照の状態	日照の良否	普通
	土壌の状態	土壌の良否	普通
		保水の良否	1.5日
		礫の多少	普通
	かんがい排水の状態	かんがいの良否	普通
		排水の良否	普通
	災害の危険性	水害の危険性	ほとんどない
		その他の災害の危険性	ほとんどない
画地条件	耕うんの難易	地積	495m^2
		形状	不整形
		障害物による障害度	普通
	管理の程度	価格水準が低い地域	
		価格水準が中位の地域	特段の復旧作業が不要
		価格水準が高い地域	
行政的条件	行政上の規制の程度	行政上の規制の程度	――
	行政上の助成の程度	補助金・融資金等の助成の程度	――
その他	その他	その他	――

表3　番号1の取引事例地から比準する場合

田地調査及び算定表　その2

条件	項目	細項目	取引事例地No.1 内容	評価対象地 内容	格差	計
交通・接近条件	集落との接近の程度及び農道の状態	集落との接近性	最寄集落まで約（400）m　優る　(やや優る)　普通　やや劣る　劣る	最寄集落まで約（500）m　優る　やや優る　(普通)　やや劣る　劣る	-1.0	
		農道の状態	優る　(やや優る)　普通　やや劣る　劣る	優る　やや優る　(普通)　やや劣る　劣る	-5.0	(94)/100
自然的条件	日照の状態	日照の良否	優る　やや優る　(普通)　やや劣る　劣る	優る　やや優る　(普通)　やや劣る　劣る	0	
	土壌の状態	土壌の良否	優る　やや優る　(普通)　やや劣る　劣る	優る　やや優る　(普通)　やや劣る　劣る	0	
		保水の良否	保水の日数約（1.5）日　優る　やや優る　(普通)　やや劣る　劣る	保水の日数約（1.5）日　優る　やや優る　(普通)　やや劣る　劣る	0	
		礫の多少	優る　(普通)　劣る	優る　(普通)　劣る	0	
	かんがい排水の状態	かんがいの良否	優る　やや優る　(普通)　やや劣る　劣る	優る　やや優る　(普通)　やや劣る　劣る	0	
		排水の良否	優る　やや優る　(普通)　やや劣る　劣る	優る　やや優る　(普通)　やや劣る　劣る	0	
	災害の危険性	水害の危険性	優る　(普通)　劣る	優る　(普通)　劣る	0	
		その他の災害の危険性	優る　(普通)　劣る	優る　(普通)　劣る	0	(100)/100
画地条件	耕うんの難易	地積	画地の地積（6.05）アール　優る　(やや優る)　普通　やや劣る　劣る	画地の地積（4.95）アール　優る　やや優る　普通　やや劣る　(劣る)	0.95	
		形状	(普通)　やや劣る　相当に劣る　極端に劣る	普通　(やや劣る)　相当に劣る　極端に劣る	0.94	
		障害物による障害度	優る　(普通)　劣る	優る　(普通)　劣る	1.00	
	管理の程度	価格水準が低い地域	普通　やや劣る　相当に劣る　極端に劣る	普通　やや劣る　相当に劣る　極端に劣る	―	
		価格水準が中位の地域	普通　やや劣る　相当に劣る　極端に劣る	普通　やや劣る　相当に劣る　極端に劣る	―	
		価格水準が高い地域	(普通)　やや劣る　相当に劣る　極端に劣る	(普通)　やや劣る　相当に劣る　極端に劣る	1.00	(89.3)/100
行政的条件	行政上の規制の程度	行政上の規制の程度	(弱い)　普通　強い	(弱い)　普通　強い	0	
	行政上の助成の程度	補助金、融資金等による助成の程度	優る　普通　劣る	優る　普通　劣る	―	(100)/100
その他	その他	その他	優る　普通　劣る	優る　普通　劣る	―	(―)/100

個別的要因の比較	交通・接近条件	自然的条件	画地条件	行政的条件	その他	計
	(94)/100 ×	(100)/100 ×	(89.3)/100 ×	(100)/100 ×	(―)/100 =	(83.94)/100

表4　番号2の取引事例地から比準する場合

その1　　　　　　　　　　　田地調査及び算定表

条件	項目	細項目	地域要因 取引事例地No.2 の属する地域 内容	評価対象地の属する地域 内容	格差	計
交通・接近条件	交通の便否	集落との接近性	最寄集落まで約（500）m 優る やや優る (普通) やや劣る 劣る	最寄集落まで約（500）m 優る やや優る (普通) やや劣る 劣る	0	
		出荷の集荷地との接近性	集落から集荷地まで約（4k）m 優る (普通) 劣る	集落から集荷地まで約（5k）m 優る 普通 (劣る)	-1.5	
		農道の状態	優る (やや優る) 普通 やや劣る 劣る	優る やや優る (普通) やや劣る 劣る	-3.0	(95.5)/100
自然的条件	地勢	傾斜の方向	（東）向 優る (普通) 劣る	（東）向 優る (普通) 劣る	0	
		傾斜の角度	（2）度 (優る) 普通 劣る	（5）度 優る (普通) 劣る	-2.0	
	土壌の状態	土壌の良否	優る やや優る (普通) やや劣る 劣る	優る やや優る (普通) やや劣る 劣る	0	
	かんがい排水の状態	かんがいの良否	(優る) やや優る 普通 やや劣る 劣る	優る やや優る (普通) やや劣る 劣る	-5.5	
		排水の良否	(優る) やや優る 普通 やや劣る 劣る	(優る) やや優る 普通 やや劣る 劣る	0	
	災害の危険性	水害の危険性	(優る) 普通 劣る	優る (普通) 劣る	-2.5	
		その他の災害の危険性	優る (普通) 劣る	優る (普通) 劣る	0	(90)/100
宅地化条件	宅地化等の影響の程度	宅地化等の影響	有る (やや有る) 無し	有る (やや有る) 無し	0	(100)/100
行政的条件	行政上の規制の程度	行政上の規制の程度	(弱い) 普通 強い	(弱い) 普通 強い	0	
	行政上の助成の程度	補助金、融資金等による助成の程度	優る 普通 劣る	優る 普通 劣る	―	(100)/100
その他	その他	その他	優る 普通 劣る	優る 普通 劣る	―	(―)/100
地域要因の比較			交通・接近条件 (95.5)/100	自然的条件 (90)/100 ／ 宅地化条件 (100)/100 ／ 行政的条件 (100)/100 ／ その他 (―)/100	=	計 (85.95)/100

その2

個別的要因

条件	項目	細項目	取引事例地No.2 内容	評価対象地 内容	格差	計
交通・接近条件	集落との接近の程度及び農道の状態	集落との接近性	最寄集落まで約(500)m　優る・やや優る・⦿普通・やや劣る・劣る	最寄集落まで約(500)m　優る・やや優る・⦿普通・やや劣る・劣る	0	
		農道の状態	優る・やや優る・⦿普通・やや劣る・劣る	優る・やや優る・⦿普通・やや劣る・劣る	0	(100)/100
自然的条件	日照の状態	日照の良否	優る・やや優る・⦿普通・やや劣る・劣る	優る・やや優る・⦿普通・やや劣る・劣る	0	
	土壌の状態	土壌の良否	優る・やや優る・⦿普通・やや劣る・劣る	優る・やや優る・⦿普通・やや劣る・劣る	0	
		保水の良否	保水の日数約(1.5)日　優る・やや優る・⦿普通・やや劣る・劣る	保水の日数約(1.5)日　優る・やや優る・⦿普通・やや劣る・劣る	0	
		礫の多少	優る・⦿普通・劣る	優る・⦿普通・劣る	0	
	かんがい排水の状態	かんがいの良否	優る・やや優る・⦿普通・やや劣る・劣る	優る・やや優る・⦿普通・やや劣る・劣る	0	
		排水の良否	優る・やや優る・⦿普通・やや劣る・劣る	優る・やや優る・⦿普通・やや劣る・劣る	0	
	災害の危険性	水害の危険性	優る・⦿普通・劣る	優る・⦿普通・劣る	0	
		その他の災害の危険性	優る・⦿普通・劣る	優る・⦿普通・劣る	0	(100)/100
画地条件	耕うんの難易	地積	画地の地積(9.91)アール　優る・やや優る・普通・⦿やや劣る・劣る	画地の地積(4.95)アール　優る・やや優る・普通・やや劣る・⦿劣る	0.95	
		形状	⦿普通・やや劣る・劣る・相当に劣る・極端に劣る	普通・やや劣る・⦿劣る・相当に劣る・極端に劣る	0.94	
		障害物による障害度	⦿優る・普通・劣る	優る・⦿普通・劣る	0.99	
	管理の程度	価格水準が低い地域	普通・やや劣る・劣る・相当に劣る・極端に劣る	普通・やや劣る・劣る・相当に劣る・極端に劣る	―	
		価格水準が中位の地域	普通・やや劣る・劣る・相当に劣る・極端に劣る	普通・やや劣る・劣る・相当に劣る・極端に劣る	―	
		価格水準が高い地域	⦿普通・やや劣る・劣る・相当に劣る・極端に劣る	⦿普通・やや劣る・劣る・相当に劣る・極端に劣る	0	(88.40)/100
行政的条件	行政上の規制の程度	行政上の規制の程度	⦿弱い・普通・強い	⦿弱い・普通・強い	0	
	行政上の助成の程度	補助金、融資金等による助成の程度	優る・普通・劣る	優る・普通・劣る	―	(100)/100
その他	その他	その他	優る・普通・劣る	優る・普通・劣る	―	(―)/100

個別的要因の比較	交通・接近条件	自然的条件	画地条件	行政的条件	その他	計
	(100)/100 ×	(100)/100 ×	(88.40)/100 ×	(100)/100 ×	(―)/100 =	(88.40)/100

資料編

資料編

〔1〕 国土事務次官通達

国土利用計画法の施行に際し不動産の鑑定評価上とくに留意すべき事項についての建議について(通達)

(49国土地第105号の3)
(昭和49年11月11日)

　従来、不動産の鑑定評価の基準としては、昭和44年9月29日付け住宅宅地審議会答申に係る「不動産鑑定評価基準」が用いられてきたところであるが、国土利用計画法の成立、土地税制の強化等により地価の形成に関係する社会的、経済的環境が変化しつつあることにかんがみ、現行不動産鑑定評価基準の運用の強化、整備を図るという観点から、このたび国土庁土地鑑定委員会から国土庁長官に対し、別添のとおり建議がなされた。

　今後不動産の鑑定評価の実務においては不動産鑑定評価基準を活用するほか、本建議に従って行うことが適当と考えるので、その内容について、貴所属の職員のほか、貴職の登録に係る不動産鑑定業者、所管の各機関及び公益法人等で不動産の評価、公共用地の取得等に関連を有するものに対し周知させるよう指導願いたい。

　また、貴管下市町村に対しても周知の措置をとられたい。

　なお、社団法人日本不動産鑑定協会に対しては別紙(写)のとおり通知済みである。

(上記別紙(写)については省略)

〔1〕国土事務次官通達

49国鑑委第 5 号
昭和49年11月 6 日

国土庁長官　西村英一殿

国土庁土地鑑定委員会

委員長　櫛田光男

建　議　書

　国土利用計画法（昭和49年法律第92号）の成立をはじめ地価の安定に対する国民的要望に答えるためには土地価格の適切な分析、把握が重要であるので、政府において不動産の鑑定評価の運用の強化整備のための方策を講ぜられたい。
　以上、国土庁設置法（昭和49年法律第98号）第 8 条第 2 号の規定に基づき建議する。

国土利用計画法の施行に際し不動産の鑑定評価上とくに留意すべき事項について（建議）

ま　え　が　き

　不動産の鑑定評価制度は、不動産の鑑定評価に関する法律（昭和38年法律第152号）、地価公示法（昭和44年法律第49号）、不動産鑑定評価基準（昭和44年住宅宅地審議会答申）により整備拡充され、適正な地価形成のための努力がなされてきた。
　ところで、第72国会において成立した国土利用計画法（昭和49年法律第92号。以下「法」という。）は本年中に全面的施行の運びとなっているが、本法により全国にわたり土地取引の規制に関する措置の強化が図られることになる。さらに、最近におけるわが国の経済的、社会的環境のもとにおいて地価の安定に対する国民的な関心と要望がとくに高まっている。このような諸般の事情に適切に対処するためには、土地価格の分析・判定を本旨とする不動産の鑑定評価の使命はますます重要なものとなっている。このため、当委員会は、不動産とくに土地の適正な価格を求めるあたり、鑑定評価上とくに留意すべき基本的事項をより一層具体的に整備強化することが当面重要であると考える。
　このような観点に立って、当委員会は、国土庁の発足以来数次にわたる会議を開催し、不動産の鑑定評価上とくに留意すべき事項を調査審議し、その結果を別紙のとお

りまとめたので、これを国土庁長官に建議するものである。
　もとより、この建議は、現行の不動産鑑定評価基準で規定されている事項のうち、鑑定評価上当面重要と思われる事項を指摘したものである。この意味において、この建議は不動産鑑定評価基準の理解にあたり、今後とくに重要と考えられる事項を特記したものということができる。
　したがって、この建議は、不動産鑑定士及び不動産鑑定士補が不動産の鑑定評価にあたりその指針とすべきものであるが、すでに述べたとおり、不動産の鑑定評価は、本法の施行により新たに行政上もまた必要不可欠のものとなるので、この建議は、国及び地方公共団体等が適正な地価を判定する場合においても、不動産鑑定評価基準とともに活用し、指針とされるべきものと考える。この趣旨に基づき、当委員会は、この建議が関係者によって十分に活用されるよう、政府において所要の措置を講ずることを要望する。
　当委員会の委員は、次のとおりである。

　　　　　有泉　　亨　　　樺山　俊夫　　　櫛田　光男
　　　　　黒澤　　清　　　嶋田　久吉　　　三澤　　勝
　　　　　吉野　公治　　　　　　　　　　（五十音順）

国土利用計画法の施行に際し不動産の鑑定評価上とくに留意すべき事項について

　不動産とくに土地は、国土そのものを形成し、すべての国民の生活と活動に、欠くことのできない基盤である。個人の幸福も、社会の成長、発展及び福祉も、不動産とくに土地及びその価格のあり方に大きく依存している。したがって、土地は国民全体の限りある資産であり、土地に価格が生ずるのは、国民にとって土地が有用であること、すなわち有限の資源として活用されることによる価値に基づくものであり、土地を商品化したり、投機の対象とする考え方や行動はこれを厳しく排除しなければならない。
　土地の持つこのような社会的、公共的意義及び適正な地価の形成に資するという不動産鑑定評価制度に課せられた責務に鑑みるとき、不動産とくに土地の価格の適正なあり方を把握し、指摘することにより、適正な地価の形成を誘導するという不動産の鑑定評価の役割は、きわめて重大である。
　土地のあり方及び不動産の鑑定評価の使命に関するこのような基本的認識に立脚し

〔1〕国土事務次官通達

たうえで、以下に述べる事項を銘記し、かつ、不動産の鑑定評価の活動にとり入れなければならない。

1 適正な価格としての正常な価格のあり方

(1) 適正な価格としての正常な価格を求めるためには、投機的及び思惑的要素はこれを厳しく排除するとともに、評価の基礎となる土地の使用方法についても社会一般が通常採用するであろうと認められる使用方法を前提とし、特別の使用方法は考慮しないという考え方を基本とすべきである。

(2) 正常な価格とは、売手と買手の双方に売り急ぎ、買い進み等の特殊な事情がない取引において成立する価格であり、土地利用計画との適合の下に通常最も一般的に認められる使用状態（最有効使用の状態）において実現する不動産の経済価値を価額に表わしたものである。したがって、正常な価格とは、売手と買手のいずれにもかたよらず、社会一般が最も通常妥当と認める価格でなければならない。

(3) 正常な価格は、市場性のある不動産について成立するものであるが、このことは、正常な価格が売買実例のみにより求められることを意味するものではない。正常な価格は、不動産の原価から求める価格、取引事例から求める価格、収益（効用）から求める価格の三つの価格の把握調整により求められるものである。

2 不動産の価格に関する諸原則の活用

(1) 不動産の価格形成過程において認められる基本的な法則性として、不動産鑑定評価基準において規定されている11項目にわたる不動産の価格に関する諸原則は、不動産の価格の形成過程を分析し、不動産の経済価値を把握する手順の全過程において常に念頭におき指針とするとともに、手順の各段階において案件に即応した活用が図られるべきである。

(2) とくに、最有効使用の原則及び適合の原則は、正常な価格を求めるにあたっての前提条件となるものであり、かつ、本法をはじめとする土地利用計画に関する法制度の整備に伴う行政的要因の明確化とあいまって、地域的な特性の下における不動産の最も通常妥当と認められる使用状態を判断し、不動産の経済価値を判定するにあたり、きわめて重要なものであり、地域分析及び個別分析にあたり常に活用、考慮すべきものである。

(3) 予測の原則は、不動産の価格を大きく左右するものであるが、予測においては投機、思惑等の要素は排除するとともに、近い将来確実に実現するという保証ができる範囲での現実性に立脚した予測でなくてはならない。

3　価格形成要因の分析にあたり考慮すべき事項

(1) 不動産の価格を形成する要因（価格形成要因）のうち一般的要因は、地域分析にあたりまず考慮されるものであるが、個別分析及びそれに続く手順の全過程においても考慮されるべきものであり、絶えず価格判定の妥当性を検証する有力な基準として活用されなければならない。

(2) とくに、所得水準、国民所得等の経済的要因の動向は、価格を分析し、追求する全過程において常に考慮されるべきであるとともに、これらに関連する資料の収集、分析を常時行わなければならない。

(3) 土地利用に関する計画及び規制等の行政的要因は、不動産とくに土地の経済価値の判定に大きく作用するものであり、かつ、正常な価格を求めるための最有効使用の原則及び適合の原則を適用するにあたっての制約条件となるものであるから、絶えず法制の整備運用の実態、規範性等の把握に努めなければならない。

(4) 地域分析における近隣地域の把握、分析は、個別分析のあり方を規定すると同時に、対象不動産の価格の水準を第1次的に位置づけることになる。また、近隣地域の把握は、これと前後する鑑定評価の手順のすべてに影響を与え、資料の収集、鑑定評価方式の適用の仕方をも制約する。

したがって、価格形成要因の分析にあたっては、確認資料、要因資料及び事例資料の収集整理と並行し、現地の踏査に基づく適確な近隣地域の把握を行い、かつ、以後の分析と手順の過程を通じ、常に近隣地域の設定が正しいものであるか否かの検討を行うものとする。

(5) 近隣地域内に必要にして十分な資料がある場合においても、価格形成要因の分析にあたっては、その周辺地域及び類似地域との地域要因の分析、比較を行い、その作業を通じて近隣地域の価格水準の把握を行うものとする。

4　鑑定評価方式の適用方針

(1) 鑑定評価方式の適用にあたっては、原則として、原価法、取引事例比較法及び収益還元法の三手法を併用すべきであり、対象不動産の種類、所在地の実情、資料の信頼性等により、一又は二の手法によらざるを得ない場合においても、他の手法の考え方をできるかぎり参酌するように努めるべきである。

(2) 各手法により求めた価格はあくまで試算価格であるから、正常な価格を求めるためには、採用した資料の点検とあわせて価格形成要因の再分析を行い、それぞれの価格の妥当性を検討しなければならない。

〔1〕国土事務次官通達

(3) 必要にして十分な資料をそなえ、三手法の適用に誤りがなく、したがって適切な判断の下に導きだされた三価格はいずれも等しく正常な価格を指定するものであるから、三価格の調整においては、いたずらにある価格を切り捨てて一の価格のみを採用する等の方法によるべきではなく、求められた価格の相違の理由を十分検証し適用に誤りがなければ三価格は等しく妥当性があるものとして尊重し活用すべきものである。
(4) 三手法により求めた価格の調整と最終判断を行うにあたっては、とくに、価格形成要因の分析における不動産の価格に関する諸原則の活用の適否とりわけ予測の原則の考慮並びに所得水準、国民所得等の経済的要因と価格との関連性の検討を行うものとする。

5 鑑定評価方式の個別的な適用について
(1) 原価法
　一　最近において造成された土地（造成地・埋立地等）について常に適用されるべきものであるが、宅地見込地及び地目転換を伴う土地についても附近の宅地の価格から造成に要する費用を控除するという方法で原価法を援用すべきである。
　二　再調達原価には、土地の値上がりによる利益、仲介手数料、発注者又は販売者の販売・転売利潤は含まれない。再調達原価を求めるにあたっては、建設請負の場合を想定し、発注者が請負者に対して支払う標準的な建設費に発注者が直接負担すべき通常の付帯費用を加算したものが採用される。
　三　素材となる土地の標準的な取得原価（素地価格）は、取引事例比較法及び収益還元法により求めることになるが、その素地価格は地目転換を伴うものであるから、この場合の収益（効用）については、次の(2)の三に述べる点に留意して取扱うものとする。
(2) 収益還元法
　一　不動産の価格は、一般的に当該不動産の収益性を反映して形成されるものであるから、収益は不動産の経済価値の本質を形成するものである。したがって、この手法は、学校、公園等公共又は公益の目的に供されている不動産以外のものにはすべて適用すべきものであり、自用の住宅地といえども賃貸を想定することにより適用されるものである。
　二　不動産とくに土地が値上がり傾向にあるときには、一の理由に鑑み、この手

法は先走りがちな取引価格に対する有力な検証手段として活用されるべきものである。
三　不動産に帰属する純収益は、その不動産に関与する資本（不動産に化体されているものを除く。）、労働及び経営の諸要素に対するそれぞれの貢献度に応じた収益の適正な分配分を控除した残余の部分であるとともに、土地に帰属する純収益は土地及び建物等の不動産の純収益から建物等に帰属する分配分を控除した残余であることに留意しなければならない。
四　純収益の把握にあたっては、予測の原則の限界をみきわめるべきであるから、将来の収益増加の見通しは、原則として3年以内とすべきである。
五　還元利回りの決定にあたっては、金融市場において最も一般的と思われる投資の利回りを標準とし、不動産の投資対象としての危険性、流動性、管理の困難性、資産としての安全性等を比較考量するものであるが、本法の施行、土地税制の強化等不動産に対する行政的要因の強化を考慮するならば、還元利回りを決定する前記諸要素が他の投資対象より不動産に対し有利に働く条件は少ない。また、四に述べた将来の収益の増加の見通しの限界性からしても、還元利回りが下がる可能性は小さいこととなる。

　　したがって、不動産の還元利回りは、金融市場において最も一般的と思われる投資の利回り（国債、社債、貸付信託、預金等投機性のない投資の利回り）を標準として、これを大幅に下回るものであってはならない。
(3)　取引事例比較法
一　この手法は、取引事例から対象不動産の価格を求めるものであるが、取引事例にはそれぞれに固有の特殊な事情が含まれている場合が多いので、比準価格の正常性の判断にあたっては、常に他の二法により求められた試算価格との験証が必要である。
二　この手法の適用にあたっては、対象不動産の価格形成に関連する事例資料をできるかぎり多数収集し、分析し、価格指標となりうる取引事例の選択を行うものとする。
三　この手法は、次の四の事情補正及び時点修正がなされた後の取引事例を比準して対象不動産の価格を導きだすものである。この比準の方法として、住宅地域、商業地域、工業地域及び宅地見込地地域等の用途地域ごとに、街路、交通、環境、行政、画地等の諸条件の比較ができるような統一的、合理的な比準方式

〔1〕国土事務次官通達

を早急に整備確立すべきである。
四　取引事例については、次により、十分事情補正及び時点修正を行うものとする。なお、事情補正及び時点修正は、収益還元法及び原価法において事例資料を用いる場合にも適用されるべきものである。
　(一)　事情補正
　ア　現実に成立した取引事例には、不動産市場の特性、取引における売手と買手の双方における能力の多様性と特別の動機により、売り急ぎ、買い進み等の特殊な事情が存在するので、取引事例がどのような条件の下で成立したものであるかを資料の分析にあたり十分調査しなければならない。
　イ　特殊な事情とは、正常な価格の成立をさまたげる条件のことであるから、正常な価格の存立条件である市場の合理性と市場人の行動の合理性に反するもののことである。
　ウ　市場の合理性とは、取引事例が統制、制限、圧力等が加えられたものでなく、かつ、相当期間市場に存在したものであることが必要である。また、市場人の行動の合理性とは、売手と買手双方が市場の事情に精通し、かつ、取引にあたり特別な動機をもたない等市場人としての通常人が容易に合理的な行動をとることを意味する。
　エ　事情補正すべき特殊な事情を例示すれば、次のとおりである。
　　(ア)　補正にあたり減額すべき特殊な事業
　　　取引にあたって買い進みとみられる次の事情については、正常な価格に比べて当該取引価格をひきあげる要素として働くものであるので、補正にあたっては、それぞれの事情に応じ、減額するものとする。
　　　a　営業上の場所的限定等特殊な使用方法を前提として取引されたとき。
　　　b　投機目的で買い進んで取引されたとき。
　　　c　値上がりを見越した投資又は過大な期待価格を含んだ資産保有として取引されたとき。
　　　d　業者間又は系列会社間における中間利息の取得を目的として取引されたとき。
　　　e　宅地造成業者による面開発において当事業の必要性を奇貨として売主が不当に高く売りつけたとき。
　　　f　既成市街地内の更地がその稀少性に基づく利益に着目して高い価格で

取引されたとき。
　　g　買い手が不動産に関しあきらかに知識や情報が不足している状態において過大な額で取引をしたとき。
　　h　建物とその敷地が一体として取引された場合であって当該建物の効用の度合いが買主の主観においてとくに高いとき。
　　i　取引価格に売買代金の割賦払いによる金利相当額、立退料、離作料等の土地の対価以外のものが含まれて取引されたとき。
　(イ)　補正にあたり増額すべき特殊な事情
　　a　売主が無知のため過少な額で取引されたとき。
　　b　相続、転勤等により売り急いで取引されたとき。
　(ウ)　補正にあたり減額又は増額すべき特殊な事情
　　a　金融ひっ迫、倒産時における法人間の恩恵的な取引あるいは知人、親せき間等人間関係により恩恵的な取引がなされたとき。
　　b　取引に伴う諸経費（売買手数料、登記料等）を含んで取引されたとき。
　　c　不相応な造成費や修繕費等を考慮して取引されたとき。
　　d　調停、清算、競売、公売等において価格が成立したとき。
　　なお、限定価格、特定価格及び取引において特段の条件が付された事例は原則として採用すべきでないが、やむを得ず採用する場合には上記に準じて補正する。

(二)　時点修正
ア　対象不動産の価格時点と異なる時点の取引事例から対象不動産の価格を求める場合には、時点修正のための変動率を求めることが必要であるが、公示価格若しくは都道府県地価調査に係る標準価格又は鑑定評価先例価格から対象不動産の価格を求める場合にも、同様に時点修正のための変動率を求めることが必要である。また、時点修正のための変動率としては、過去から現在までの変動率を求める場合のほか、近い将来にわたる変動率を求めることが要請される場合もある。
イ　時点修正のための変動率は、まず価格時点以前に発生した取引事例を総合的に比較考量して、価格変動の率を求め、さらにこれを国民所得の動向、財政及び金融情勢、建築着工の動向、不動産取引の推移、土地利用規制及び税制等の行政的要因の変化、公共投資の動向等の一般的要因の動向とその見通

〔1〕国土事務次官通達

　　しにより験証確認を行って求めなければならない。
ウ　したがって、時点修正のための変動率は、上昇傾向を示す場合もあり、下降傾向を示す場合もあるものであり、適時適切な判断が必要である。
エ　時点修正は、以上のとおり、価格決定にあたり大きな比重を占めるものであるから評価主体の適正な判断を助けるため合理的かつ統一的な時点修正のための変動率の指標を作成することが要請される。
　　したがって、当面の措置として、次により当委員会において定期的に時点修正のための験証確認資料を作成し、関係機関に連絡するものとする。
(ア)　当委員会は、各都道府県ごとに土地価格の変動が類似的と思われる地域であって、かつ、土地価格の変動率を知る上に代表性のある地域を選定し、その地域ごとの一又は二以上の標準地（公示価格又は標準価格に係る標準地）について毎年四半期ごとに（このうち1回は地価公示又は標準価格の地価調査をもってこれにあてる。）不動産鑑定士等の鑑定評価を求め、その結果を審査し、一般的要因の動向を考慮して必要な調整を行い過去3ヶ月ごとの当該標準地の価格の変動率を作成する。
(イ)　当委員会は、全国共通の指標とすべき四半期ごとの向こう3ヶ月の土地価格の変動率の予想資料を、(ア)の作業に係る資料を参考としつつ、国民所得の動向、財政及び金融情勢、建築着工動向、不動産取引の見通し、土地利用規制及び税制等の行政的要因の変化の予測、公共投資の動向等の一般的要因により判定し、作成する。

資料編

平成2年11月1日
2国土地第299号

社団法人　日本不動産鑑定協会会長あて　　　　　　　　国土事務次官

不動産鑑定評価基準の設定について（通知）

　標記については、平成2年10月26日土地鑑定委員会から国土庁長官に対し、別添のとおり答申されたところである。本答申は、昭和44年現行不動産鑑定評価基準が設定されて以降の鑑定評価の理論及び実務の進歩・充実、不動産を取り巻く社会経済の変化並びに土地基本法（平成元年法律第84号）の趣旨を踏まえて同基準について全面的な見直しを行ったものであり、今後不動産の鑑定評価の実務に当たっては、本答申に係る基準（以下「新基準」という。）に従って行うことが適当である。よって、下記の事項に十分留意の上、所属会員に対し、新基準の趣旨、内容等の周知徹底を図られるとともに、適正な不動産の鑑定評価の推進に一層努められたい。

記

1　新基準に付された運用の留意事項のほか、さらに実務の処理に当たって留意することが必要と認められる事項等について、おって別途通知することとしていること。
2　不動産鑑定士又は不動産鑑定士補の行う不動産の鑑定評価については、平成3年4月1日より全面的に新基準によることとするが、新基準設定の趣旨にかんがみ、前記1の通知の日以降は、同年3月31日以前においても新基準を踏まえた不動産の鑑定評価に努めるものとするよう措置すること。

不動産鑑定評価基準運用上の留意事項

不動産鑑定評価基準運用上の留意事項

総　論

〔1〕国土事務次官通達

1. 第2　不動産の種別及び類型について

　不動産の種別の分類は、不動産の鑑定評価における地域分析、個別分析、鑑定評価手法の適用等の各手順を通じて重要な事項となっており、これらを的確に分類、整理することは鑑定評価の精密さを一段と高めることとなるものである。鑑定評価において代表的な宅地地域である住宅地域及び商業地域について、さらに細分化すると次のような分類が考えられる。

(1)　住宅地域
　　イ　敷地が広く、街区及び画地が整然とし、植生と眺望、景観等が優れ、建築の施工の質が高い建物が連たんし、良好な近隣環境を形成する等居住環境の極めて良好な地域であり、従来から名声の高い住宅地域
　　ロ　敷地の規模及び建築の施工の質が標準的な住宅を中心として形成される居住環境の良好な住宅地域
　　ハ　比較的狭小な戸建住宅及び共同住宅が密集する住宅地域又は住宅を主として店舗、事務所、小工場等が混在する住宅地域
　　ニ　都市の通勤圏の内外にかかわらず、在来の農家住宅等を主とする集落地域及び市街地的形態を形成するに至らない住宅地域

(2)　商業地域
　　イ　高度商業地域
　　　　高度商業地域は、例えば、大都市（東京23区、政令指定都市等）の都心又は副都心にあって、広域的商圏を有し、比較的大規模な中高層の店舗、事務所等が高密度に集積している地域であり、高度商業地域の性格に応じて、さらに、次のような細分類が考えられる。
　　　　(イ)　一般高度商業地域
　　　　　　主として繁華性、収益性等が極めて高い店舗が高度に集積している地域
　　　　(ロ)　業務高度商業地域
　　　　　　主として行政機関、企業、金融機関等の事務所が高度に集積している地域
　　　　(ハ)　複合高度商業地域
　　　　　　店舗と事務所が複合して高度に集積している地域

資料編

　ロ　準高度商業地域
　　高度商業地域に次ぐ商業地域であって、広域的な商圏を有し、店舗、事務所等が連たんし、商業地としての集積の程度が高い地域
　ハ　普通商業地域
　　高度商業地域、準高度商業地域、近隣商業地域及び郊外路線商業地域以外の商業地域であって、都市の中心商業地域及びこれに準ずる商業地域で、店舗、事務所等が連たんし、多様な用途に供されている地域
　ニ　近隣商業地域
　　主として近隣の居住者に対する日用品等の販売を行う店舗等が連たんしている地域
　ホ　郊外路線商業地域
　　都市の郊外の幹線道路（国道、都道府県道等）沿いにおいて、店舗、営業所等が連たんしている地域

２．第5　鑑定評価の基本的事項について

一　対象不動産の確定について

（一）鑑定評価の条件設定の意義

　　鑑定評価に際しては、現実の用途及び権利の態様並びに地域要因及び個別的要因を所与として不動産の価格を求めることのみでは多様な不動産取引の実態に即応することができず、社会的な需要に応ずることができない場合があるので、条件設定の必要性が生じてくる。

　　条件の設定は、依頼目的に応じて対象不動産の内容を確定し（対象確定条件）、又は付加された想定上の地域要因若しくは個別的要因を明確にするものである。条件設定の持つこのような意義は、鑑定評価の妥当する範囲及び鑑定評価を行った不動産鑑定士等の責任の範囲を示すものである。

（二）鑑定評価の条件設定の手順

　　鑑定評価の条件は、依頼者が依頼内容に応じて設定するもので、不動産鑑定士等は、不動産鑑定業者の受付という行為を通じてこれを間接的に確認することとなる。しかし、同一不動産であっても設定された対象確定条件の如何又は付加された想定上の条件である地域要因若しくは個別的要因の如何によっては鑑定評価

〔1〕国土事務次官通達

額に差異が生ずるものであるから、不動産鑑定士等は直接、依頼内容の確認を行うべきである。

　この場合、不動産鑑定士等は、対象不動産に係る諸事項についての調査、確認を行い、対象確定条件については、依頼目的に照らしてその条件の妥当性を検討し、付加された想定上の条件である地域要因又は個別的要因については、実現性、合法性等の観点に照らしその妥当性を慎重に吟味しなければならない。条件が妥当性を欠くと認められる場合には、依頼者に説明の上、妥当な条件への改定を求めることが必要である。

二　価格時点の確定について

　過去時点の鑑定評価は、対象不動産の確認等が可能であり、かつ、鑑定評価に必要な要因資料及び事例資料の収集が可能な場合に限り行うことができる。また、時の経過により対象不動産及びその近隣地域等が価格時点から鑑定評価を行う時点までの間に変化している場合もあるので、このような事情変更のある場合の価格時点における対象不動産の確認等については、価格時点に近い時点の確認資料等をできる限り収集し、それを基礎に判断すべきである。

　将来時点の鑑定評価は、対象不動産の確定、価格形成要因の把握、分析及び最有効使用の判定についてすべて想定し、又は予測することとなり、また、収集する資料についても鑑定評価を行う時点までのものに限られ、不確実にならざるを得ないので、原則として、このような鑑定評価は行うべきではない。ただし、特に必要がある場合において、鑑定評価上妥当性を欠かないと認められるときは将来の価格時点を設定することができるものとする。

3．第6　地域分析及び個別分析について

一　地域分析について

1　近隣地域の地域分析は、まず対象不動産の存する近隣地域を明確化し、次いでその近隣地域がどのような特性を有するかを把握することである。

　この対象不動産の存する近隣地域の明確化及びその近隣地域の特性の把握に当たっては、対象不動産を中心に外延的に広がる地域について、地域要因をくり返し調査分析し、その異同を明らかにしなければならない。これはまた、地域の構成分子である不動産について、最終的に地域要因を共通にする地域を抽出するこ

ととなるため、近隣地域となる地域及びその周辺の他の地域を併せて広域的に分析することが必要である。
2　近隣地域の相対的位置の把握に当たっては、同一需給圏内の類似地域の地域要因と近隣地域の地域要因を比較して相対的な地域要因の格差の判定を行うものとする。さらに、近隣地域の地域要因とその周辺の他の地域の地域要因との比較検討も有用である。
3　近隣地域の地域分析においては、対象不動産の存する近隣地域に係る要因資料についての分析を行うこととなるが、この分析の前提として近隣地域に係る不動産市場や近隣地域を含むより広域的な地域に係る地域要因を把握し、分析しなければならない。このためには、日常から広域的な地域に係る要因資料の収集、分析に努めなければならない。
4　近隣地域の地域分析における地域要因及び市場の動向の分析に当たっては、近隣地域の地域要因等についてその変化の過程における推移、動向を時系列的に分析するとともに、近隣地域の周辺の他の地域の地域要因の推移、動向及びそれらの近隣地域への波及の程度等について分析することが必要である。

なお、見込地及び移行地については、特に周辺地域の地域要因の変化の推移、動向がそれらの土地の変化の動向予測に当たって有効な資料となるものである。

二　近隣地域について

近隣地域の範囲の判定に当たっては、基本的な土地利用形態や土地利用上の利便性等に影響を及ぼす次に掲げるような事項に留意することが必要である。

(1)　自然的状態に係るもの
　(イ)　河川
　　川幅が広い河川等は、土地、建物等の連たん性及び地域の一体性を分断する場合があること。
　(ロ)　山岳及び丘陵
　　山岳及び丘陵は、河川と同様、土地、建物等の連たん性及び地域の一体性を分断するほか、日照、通風、乾湿等に影響を及ぼす場合があること。
　(ハ)　地勢、地質、地盤等
　　地勢、地質、地盤等は、日照、通風、乾湿等に影響を及ぼすとともに、居住、商業活動等の土地利用形態に影響を及ぼすこと。

(2)　人文的状態に係るもの

(イ) 行政区域
　行政区域の違いによる道路、水道その他の公共施設及び学校その他の公益的施設の整備水準並びに公租公課等の負担の差異が土地利用上の利便性等に影響を及ぼすこと。
(ロ) 公法上の規制等
　都市計画法等による土地利用の規制内容が土地利用形態に影響を及ぼすこと。
(ハ) 鉄道、公園等
　鉄道、公園等は、土地、建物等の連たん性及び地域の一体性を分断する場合があること。
(ニ) 道路
　広幅員の道路等は、土地、建物等の連たん性及び地域の一体性を分断する場合があること。

4．第7　鑑定評価の方式について

一　価格を求める鑑定評価の手法について
(一) 取引事例比較法について
　　この手法の適用に当たっては、多数の取引事例を収集し、価格の指標となり得る事例の選択を行わなければならないが、その有効性を高めるため、取引事例はもとより、売り希望価格、買い希望価格、精通者意見等の資料を幅広く収集するよう努めるものとする。
　　なお、これらの資料は、近隣地域等の価格水準及び地価の動向を知る上で十分活用し得るものである。
　1　事例の収集について
　　豊富に収集された取引事例の分析検討は、個別の取引に内在する特殊な事情を排除し、時点修正率を把握し、及び価格形成要因の対象不動産の価格への影響の程度を知る上で欠くことのできないものである。特に、選択された取引事例は、取引事例比較法を適用して比準価格を求める場合の基礎資料となるものであり、収集された取引事例の信頼度は比準価格の精度を左右するものである。
　　取引事例は、不動産の利用目的、不動産に関する価値観の多様性、取引の動機による売主及び買主の取引事情等により各々の取引について考慮されるべき視点

が異なってくる。したがって、取引事例に係る取引事情を始め取引当事者の属性（個人、法人、不動産業者等）及び取引価格の水準の変動の推移を慎重に分析しなければならない。
2　事情補正について
　　事情補正の必要性の有無及び程度の判定に当たっては、多数の取引事例等を総合的に比較対照の上、検討されるべきものであり、事情補正を要すると判定したときは、取引が行われた市場における客観的な価格水準等を考慮して適正に補正を行わなければならない。
　　事情補正を要する特殊な事情を例示すれば、次のとおりである。
(1)　補正に当たり減額すべき特殊な事情
　(イ)　営業上の場所的限定等特殊な使用方法を前提として取引が行われたとき。
　(ロ)　極端な供給不足、先行きに対する過度に楽観的な見直し等特異な市場条件の下に取引が行われたとき。
　(ハ)　業者又は系列会社間における中間利益の取得を目的として取引が行われたとき。
　(ニ)　買手が不動産に関し明らかに知識や情報が不足している状態において過大な額で取引が行われたとき。
　(ホ)　取引価格に売買代金の割賦払いによる金利相当額、立退料、離作料等の土地の対価以外のものが含まれて取引が行われたとき。
(2)　補正に当たり増額すべき特殊な事情
　(イ)　売主が不動産に関し明らかに知識や情報が不足している状態において、過少な額で取引が行われたとき。
　(ロ)　相続、転勤等により売り急いで取引が行われたとき。
(3)　補正に当たり減額又は増額すべき特殊な事情
　(イ)　金融逼迫、倒産時における法人間の恩恵的な取引又は知人、親族間等人間関係による恩恵的な取引が行われたとき。
　(ロ)　不相応な造成費、修繕費等を考慮して取引が行われたとき。
　(ハ)　調停、清算、競売、公売等において価格が成立したとき。
3　時点修正について
(1)　時点修正率は、価格時点以前に発生した多数の取引事例について時系列的な分析を行い、さらに国民所得の動向、財政事情及び金融情勢、公共投資の動向、建

〔1〕国土事務次官通達

築着工の動向、不動産取引の推移等の社会的及び経済的要因の変化、土地利用の規制、税制等の行政的要因の変化等の一般的要因の動向を総合的に勘案して求めるべきである。
(2) 時点修正率は原則として前記(1)により求めるが、地価公示、都道府県地価調査等の資料を活用するとともに、適切な取引事例が乏しい場合には、売り希望価格、買い希望価格等の動向及び市場の需給の動向等に関する諸資料を参考として用いることができるものとする。

(二) 収益還元法について
1　純収益の算定について
　　対象不動産が生み出すであろう純収益の把握に当たっては、当該不動産の総収益から、これに対応する総費用を控除して直接的に求める方法によることが望ましい。
2　総収益の算定について
　　対象不動産が更地であるものとして、当該土地に最有効使用の賃貸用建物等の建設を想定する場合において、当該複合不動産の総収益を近隣地域又は同一需給圏内の類似地域等に存する類似の不動産の総収益から求めるときは、事情補正、時点修正並びに地域要因の比較及び個別的要因の比較が必要となるが、これらについては、賃貸事例比較法に準じて行うべきである。
3　純収益を還元する方法について
　　この方法における算式を例示すれば次のとおりであり、純収益は毎年一定であるものとする。
　イ　純収益を還元する方法イに掲げる方法は、純収益が永続的に得られる場合には次の式により表される（永久還元式）。

$$P_L = \frac{a}{r_1}$$

　　　P_L：土地の収益価格
　　　a：土地の純収益
　　　r_1：土地の還元利回り
　ロ　純収益を還元する方法ロに掲げる方法は、純収益が永続的に得られる場合には、純収益を不動産市場において見いだされる取引利回りを参考として求めた償却率を含む総合還元利回りで還元する直接還元式及び純収益を定額法に基づく償却率を含む総合還元利回りで還元する直線還元式により表される。

(イ) 直接還元式

$$P = \frac{a'}{r'}$$

P：建物その他の償却資産（この純収益を還元する方法についての項において建物等という。）及びその敷地の収益価格

a'：建物及びその敷地の償却前の純利益

r'：建物等及びその敷地の償却率を含む総合還元利回り

(ロ) 直線還元式

$$P = \frac{a'}{r + w_2 \times \frac{1}{N}} \quad 又は \quad P = \frac{a'}{w_1 \times r_1 + w_2(r_2 + \frac{1}{N})}$$

P：建物等及びその敷地の収益価格

a'：建物等及びその敷地の償却前の純収益

r：総合還元利回り（$w_1 \times r_1 + w_2 \times r_2$）

r_1：土地の還元利回り

r_2：建物等の還元利回り

w_1：土地価格の割合

w_2：建物等の価格の割合

N：建物等の経済的残存耐用年数

$\frac{1}{N}$：定額法による建物等の償却率

ハ　純収益を還元する方法ハに掲げる土地残余法又は建物残余法は、土地と建物等から構成される複合不動産が生み出すであろうと期待される純収益を土地又は建物等に適正に配分することができる場合に有効である。

土地残余法を適用するに当たっては、建物等が古い場合には複合不動産の生み出す純収益から土地に帰属する純収益が的確に求められないことが多いので、建物等は新築か築後間もないものでなければならない。

(イ) 土地残余法

土地残余法を適用して土地の収益価格を求める場合は、次の式により表される（永久還元式）。

a　建物等及びその敷地の償却後の純収益から建物等に帰属する償却後の純収益を控除して得た額を土地の還元利回りで還元する式

$$P_L = \frac{a - B \times r_2}{r_1}$$

〔1〕国土事務次官通達

P_L：土地収益価格　　B：建物等の価格
a：建物等及びその敷地の償却後の純収益
r_1：土地の還元利回り　　r_2：建物等の還元利回り
b　建物等及びその敷地の償却前の純収益から建物等に帰属する償却前の純収益（建物等の価格に定額法による償却率を含む建物等の還元利回りを乗じて得た額）を控除して得た額を土地の還元利回りで還元する式

$$P_L = \frac{a' - B(r + \frac{1}{N})}{r_1}$$

a：建物等及びその敷地の償却前の純収益
N：建物等の経済的残存耐用年数
$\frac{1}{N}$：定額法による建物等の償却率
c　建物等及びその敷地の償却前の純収益から建物等に帰属する償却前の純収益（建物等の価格に建物等の還元利回りと経済的残存耐用年数とを基礎とした元利均等償還率を乗じて得た額）を控除して得た額を土地の還元利回りで還元する式

$$P_L = \frac{a' - B \times \frac{r_2(1+r_2)^N}{(1+r_2)^N - 1}}{r_1}$$

N：建物等の経済的残存耐用年数

(ロ)　建物残余法

建物残余法を適用して建物等の収益価格を求める場合は、次の式により表される。

a　永久還元式

(a)　建物等及びその敷地の償却後の純収益から土地に帰属する純収益を控除して得た額を建物等の還元利回りで還元する式

$$P_B = \frac{a - L \times r_1}{r_2}$$

P_B：建物等の収益価格
a：建物等及びその敷地の償却後の純収益
L：土地の価格
r_1：土地の還元利回り

資　料　編

r_2：建物等の還元利回り

(b) 建物等及びその敷地の償却前の純収益から土地に帰属する純収益を控除して得た額を定額法による償却率を含む建物等の還元利回りで還元する式

$$P_B = \frac{a' - L \times r_1}{r_2 + \frac{1}{N}}$$

a'：建物等及びその敷地の償却前の純収益
N：建物等の経済的残存耐用年数
$\frac{1}{N}$：定額法による建物等の償却率

b　有期還元式

建物等及びその敷地の償却前の純収益から土地に帰属する純収益を控除して得た額に建物等の還元利回りと経済的残存耐用年数（又は収益期間）とを基礎とした複利年金現価率を乗じる式

$$P_B = (a' - L \times r_1) \times \frac{(1 + r_2)^N - 1}{r_2(1 + r_2)^N}\ \text{又は}$$

$$P_B = (a' - L \times r_1) \times \frac{(1 + r_2)^n - 1}{r_2(1 + r_2)^n} + \frac{P_{Bn}}{(1 + r_2)^n}$$

n：建物等の収益期間（$n < N$）
P_{Bn}：n年後の建物等の価格

ニ　純収益を還元する方法ニに掲げる方法は、次の式により表される。

(イ)　インウッド式

$$P = a' \times \frac{(1 + r)^n - 1}{r(1 + r)^n} + \frac{P_{Ln} + P_{Bn}}{(1 + r)^n}\ \text{又は}$$

$$P = a' \times \frac{(1 + r)^N - 1}{r(1 + r)^N} + \frac{P_{LN} - E}{(1 + r)^N}$$

P：建物等及びその敷地の収益価格
a'：建物等及びその敷地の償却前の純収益
r：総合還元利回り
n：収益期間
P_{Ln}：n年後の土地価格
P_{Bn}：n年後の建物等の価格
P_{LN}：N年後の土地価格

N：建物等の経済的残存耐用年数

E：建物等の撤去費

(ロ)　ホスコルド式

$$P = a' \times \cfrac{1}{r + \cfrac{i}{(1+i)^n - 1}} + \cfrac{P_{Ln} + P_{Bn}}{(1+r)^n} \quad 又は$$

$$P = a' \times \cfrac{1}{r + \cfrac{i}{(1+i)^N - 1}} + \cfrac{P_{LN} - E}{(1+r)^N}$$

P：建物等及びその敷地の収益価格

a′：建物等及びその敷地の償却前の純収益

r：総合還元利回り

i：蓄積利回り

n：収益期間

$P_{Ln} + P_{Bn}$：n年後の建物等及びその敷地の価格

N：建物等の経済的残存耐用年数

P_{LN}：N年後の土地価格

E：建物等の撤去費

二　賃料を求める鑑定評価の手法について

(一) 積算法について

　　基礎価格を求めるに当たっては、次の事項に留意する必要がある。

　(1)　宅地の賃料（いわゆる地代）を求める場合

　　イ　最有効使用が可能な場合は、更地の経済価値に即応した価格である。

　　ロ　建物の所有を目的とする賃貸借等の場合で契約により敷地の最有効使用が見込めないときは、当該契約条件を前提とする建付地としての経済価値に即応した価格である。

　(2)　建物及びその敷地の賃料（いわゆる家賃）を求める場合

　　建物及びその敷地の現状に基づく利用を前提として成り立つ当該建物及びその敷地の経済価値に即応した価格である。

(二) 賃貸事例比較法について

　1　事例の選択について

資料編

(1) 賃貸借等の事例の選択に当たっては、新規賃料、継続賃料の別又は建物の用途の別により賃料水準が異なるのが一般的であることに留意して、できる限り対象不動産に類似した事例を選択すべきである。
(2) 契約内容の類似性を判断する際の留意事項を例示すれば、次のとおりである。
　(イ)　賃貸形式
　(ロ)　賃貸面積
　(ハ)　契約期間並びに経過期間及び残存期間
　(ニ)　一時金の授受に基づく賃料内容
　(ホ)　賃料の算定の期間及びその支払方法
　(ヘ)　修理及び現状変更に関する事項
　(ト)　賃貸借等に供される範囲及びその使用方法
2　地域要因の比較及び個別的要因の比較について
　賃料を求める場合の地域要因の比較に当たっては、賃料固有の価格形成要因が存すること等により、価格を求める場合の地域と賃料を求める場合の地域とでは、それぞれの地域の範囲及び地域の格差を異にすることに留意することが必要である。
　賃料を求める場合の個別的要因の比較に当たっては、契約内容、土地及び建物に関する個別的要因等に留意することが必要である。

各　論

1．第1　価格に関する鑑定評価について

一　宅地について
　1　更地について
　　開発法によって求める価格は、マンション等又は細区分した宅地の販売総額を価格時点に割り戻した額から建物の建築費及び発注者が直接負担すべき通常の付帯費用又は土地の造成費及び発注者が直接負担すべき通常の付帯費用を価格時点に割り戻した額をそれぞれ控除して求めるものとする。この場合において、マンション等の敷地は一般に法令上許容される容積に如何によって土地価格が異なるので、敷地の形状、道路との位置関係等の条件、建築基準法等に適合した建物の

〔1〕国土事務次官通達

概略設計、配棟等に関する開発計画を想定し、これに応じた事業実施計画を策定することが必要である。

2 借地権について

　宅地の賃貸借契約等に関連して、借地人から賃貸人へ支払われる一時金には、一般に、(イ)預り金的性格を有し、通常、保証金と呼ばれているもの、(ロ)賃料の前払的性格を有し、又は借地権の設定の対価とみなされ、通常、権利金と呼ばれているもの、(ハ)その他借地権の譲渡等の承諾を得るための一時金に分類することができる。

　これらの一時金が借地権価格を構成するか否かはその名称の如何を問わず、一時金の性格、社会的慣行等を考察して個別に判断することが必要である。

3 区分地上権について

　区分地上権の鑑定評価に当たって留意すべき事項は次のとおりである。

(1) 区分地上権の特性に基づく経済価値

　区分地上権の鑑定評価においては、特に次に掲げる区分地上権の特性に基づく経済価値に留意することが必要である。

(イ) 区分地上権設定地の経済価値は、当該設定地の最有効使用に係る階層等に基づいて生ずる上下空間の効用の集積である。したがって、区分地上権の経済価値は、その設定地全体の効用との関数関係に着目して、その設定地全体の経済価値に占める割合として把握される。

(ロ) 区分地上権は、他人の土地の地下又は空間の一部に工作物を設置することを目的として設定する権利であり、その工作物の構造、用途、使用目的、権利の設定期間等により、その経済価値が特定される。

(2) 区分地上権の設定事例等に基づく比準価格

　区分地上権の設定事例等に基づく比準価格は、近隣地域及び同一需給圏内の類似地域等において設定形態が類似している区分地上権の設定事例等を収集して、適切な事例を選択し、必要に応じ事情補正及び時点修正を行い、かつ、地域要因及び個別的要因の比較を行って求めた価格を比較考量して決定するものとする。

　この手法の適用に当たっては、特に次の事項に留意しなければならない。

イ　区分地上権設定地に係る区分地上権の経済価値には、当該区分地上権に係る工作物の保全のため必要な他の空間の使用制限に係る経済価値を含むこと

が多いので、区分地上権の態様、設定期間等設定事例等の内容を的確に把握すべきである。
ロ　時点修正において採用する変動率は、事例に係る不動産の存する用途的地域又は当該地域と相似の価格変動過程を経たと認められる類似の地域における土地の変動率を援用することができるものとする。
ハ　地域要因及び個別的要因の比較においては、次に掲げる区分地上権に特有な諸要因について留意する必要がある。
　(イ)　地域要因については、近隣地域の地域要因にとどまらず、一般に当該区分地上権の効用に寄与する他の不動産（例えば、地下鉄の区分地上権の設定事例の場合における連たんする一団の土地のように、一般に広域にわたって存在することが多い。）の存する類似地域等との均衡を考慮する必要がある。
　(ロ)　個別的要因については、区分地上権に係る地下又は空間の部分についての立体的及び平面的位置、規模、形状等が特に重要であり、区分地上権設定地全体との関連において平面的及び立体的分割の状態を判断しその影響の程度を考慮する必要がある。

(3)　区分地上権の設定事例等に基づく区分地上権割合により求める価格
　　近隣地域及び同一需給圏内の類似地域等において設定形態が類似している区分地上権の設定事例等を収集して、適切な事例を選択し、これらに係る設定時又は譲渡時における区分地上権の価格が区分地上権設定地の更地としての価格に占める割合をそれぞれ求め、これらを総合的に比較考量の上適正な割合を判定し、価格時点における当該区分地上権設定地の更地としての価格にその割合を乗じて求めるものとする。
　　なお、この手法の適用に当たっては、特に、前記(2)のハに掲げる事項に留意するものとする。

(4)　土地残余法に準じて求める収益価格
　　土地残余法に準じて求める収益価格は、区分地上権設定地について、当該区分地上権の設定がないものとして、最有効使用を想定して求めた当該設定地全体に帰属する純収益から、当該区分地上権設定後の状態を所与として最有効使用を想定して求めた当該設定地に帰属する純収益を控除して得た差額純収益を還元利回りで還元して得た額について、さらに当該区分地上権の契約内容等に

〔1〕国土事務次官通達

　　　　よる修正を行って求めるものとする。
　　(5)　区分地上権の立体利用率により求める価格
　　　　区分地上権の立体利用率により求める価格は、区分地上権設定地の更地としての価格に、最有効使用を想定して求めた当該区分地上権設定地全体の立体利用率を基準として求めた当該区分地上権に係る立体利用率（当該区分地上権設定地の最有効使用を前提とした経済価値に対する区分地上権の設定部分の経済価値及び当該設定部分の効用を保持するため他の空間部分の利用を制限することに相応する経済価値の合計の割合をいう。）を乗じて得た額について、さらに当該区分地上権の契約内容等による修正を行って求めるものとする。
　　　　なお、この手法の適用に当たっては、特に、前記(2)のハに掲げる事項に留意するものとする。
二　建物及びその敷地について
　1　貸家及びその敷地について
　　　貸家及びその敷地の収益価格を求める場合において、一時金の授受後における期間の経過に伴う土地、建物等の価格の変動により、一時金としての経済価値的意義が薄れているときは、その実際実質賃料に代えて実際支払賃料に基づく純収益を求め、当該純収益を還元して収益価格を求めることができる。
　2　区分所有建物及びその敷地について
　　　区分所有建物及びその敷地の確認に当たっては、登記簿謄本、建物図面（さらに詳細な図面が必要な場合は、設計図書等）、管理規約、課税台帳、実測図等に基づき物的確認と権利の様態の確認を行う。
　　　また、確認に当たって留意すべき主な事項は、次のとおりである。
　　イ　専有部分
　　　(イ)　建物全体の位置、形状、規模、構造及び用途
　　　(ロ)　専有部分の一棟の建物における位置、形状、規模及び用途
　　　(ハ)　専有部分に係る建物の附属物の範囲
　　ロ　共用部分
　　　(イ)　共用部分の範囲及び共有持分
　　　(ロ)　一部の区分所有者のみに属する共用部分
　　ハ　建物の敷地
　　　(イ)　敷地の位置、形状及び規模

㈡　敷地に関する権利の態様
　　㈢　対象不動産が存する一棟の建物に係る規約敷地の範囲
　　㈣　敷地の共有持分
　ニ　管理費等
　　　管理費及び修繕積立金の額

2．第2　賃料に関する鑑定評価について

一　宅地について
　宅地の新規賃料を求める場合において留意すべき事項は、次のとおりである。
⑴　積算賃料を求めるに当たっての基礎価格は、賃貸借等の契約において、貸主側の事情によって使用方法が制約されている場合等で最有効使用の状態を確保できない場合には、最有効使用が制約されている程度に応じた経済価値の減分を考慮して求めるものとする。
　　また、期待利回りの判定に当たっては、地価水準の変動に対する賃料の遅行性及び地価との相関関係の程度を考慮する必要がある。
⑵　比準賃料は、価格時点に近い時点に新規に締結された賃貸借等の事例から比準する必要があり、立地条件その他の賃料の価格形成要因が類似するものでなければならない。
⑶　配分法に準ずる方法に基づく比準賃料は、宅地を含む複合不動産の賃貸借等の契約内容が類似している賃貸借等の事例に係る実際実質賃料から宅地以外の部分に対応する実際実質賃料相当額を控除する等により求めた比準賃料をいうものであるが、宅地の正常賃料を求める場合における事例資料の選択に当たっては、賃貸借等の契約内容の類似性及び敷地の最有効使用の程度に留意すべきである。

二　建物及びその敷地について
　店舗用ビルの場合には、貸主は軀体及び一部の建物設備を施工するのみで賃貸し（スケルトン貸し）、内装、外装及び建物設備の一部は借主が施工することがあるので、積算賃料を求めるときの基礎価格の判定及び比準賃料を求めるときの事例の選択に当たっては、これに留意すべきである。

〔2〕国土庁土地局長通達

不動産鑑定評価基準の運用に当たって実務上
留意すべき事項等について（通知）

〔平成3年2月6日〕
〔3国土地第42号〕

　平成2年10月26日付け土地鑑定委員会答申に係る「不動産鑑定評価基準」（以下「新基準」という。）については、国土事務次官通知（平成2年11月1日付け2国土地第299号）をもってその基本的な取扱いが通知されたところであるが、さらに新基準の運用に当たって実務上留意すべき事項等は下記のとおりであるので、所属会員に対し、新基準の運用に遺憾のないよう周知徹底方よろしくお願いする。

記

Ⅰ　新基準の要点及びその趣旨について

　新基準は、昭和44年9月29日付け住宅宅地審議会答申に係る不動産鑑定評価基準が設定以来約20年を経過し、その間、鑑定評価の理論と実務において進歩、充実がみられるとともに、社会、経済の変化が極めて大きいことに鑑み、これらを踏まえて所要の改訂を行ったものである。
　また、改訂に当たっては、「国土利用計画法の施行に際し不動産の鑑定評価上とくに留意すべき事項について」（昭和49年11月6日付け土地鑑定委員会建議）の趣旨を踏まえたものとすることに留意した。
　その改訂の要点及び各々の趣旨は次のとおりであるので、これらの点に特に配慮の上適正な不動産の鑑定評価の実施に一層努められたい。
(1)　土地基本法（平成元年法律第84号）の土地についての基本理念の導入
　　　土地は、土地基本法の定める土地についての基本理念に即してその利用及び取引

が行われるべきであり、特に投機的取引の対象とされてはならないものである。この基本理念の尊重はすべての国民の責務であるが、不動産の鑑定評価の社会的公共的意義に鑑み、不動産鑑定士及び不動産鑑定士補（以下「不動産鑑定士等」という。）は、このような土地についての基本的な認識に立って不動産の鑑定評価を行わなければならないことを新基準の総論の「第1の四　不動産鑑定士等の責務」として明らかにするとともに、基準全体にわたってその認識に即して所要の改訂を行ったこと。

(2) 実質的な行為規範としての充実

新基準は、不動産の鑑定評価に対する信頼を高めるため、これまでの鑑定評価の理論と実務における進歩充実の成果を取り入れて細部にわたって具体的かつ実質的な基準としての役割を果たすことが要請されていることに鑑み、新たに運用上の留意事項を整備するとともに、内容の充実を図り、具体的かつ実質的な行為規範としての性格をもたせたこと。

(3) 取引事例比較法等の的確な適用の確保

取引事例比較法等については、より的確な適用の確保を図るため、

① 投機的事例については、取引事例等の収集及び選択の段階で排除すべきことを明らかにしたこと。

② 取引事例の価格に影響を与える要素として、取引の事情のみならず取引当事者の属性（個人、法人、不動産業者等）や地域の取引価格の水準の変動の推移についても分析すべきであるとすることによって、より規範性の高い事例の選択等を行うべきことを定めたこと。

(4) 収益還元法の重視

不動産の価格は一般に当該不動産の収益性を反映して形成されるものであり、収益は不動産の経済価値の本質を形成するものであることに鑑み、収益還元法の重視を求める視点から、

① 市場における土地の取引価格の上昇の著しいときは、その価格と収益価格との乖離が増大するものであるので、この手法が先走りがちな取引価格に対する有力な検証手段として活用されるべきであることを定めたこと。

② 収益還元法の精度を高めるため、収益の算定に当たっては直接法によることが望ましい旨を定める等要所の改訂を行ったこと。

〔2〕国土庁土地局長通達

Ⅱ 新基準の運用の実務上留意すべき事項について

　新基準に新たに盛り込まれた事項等を中心として、適正な不動産の鑑定評価の実施の確保を図る上で特に留意することが必要と認められる事項を列挙すれば次のとおりである。
1．第5　鑑定評価の基本的事項関係
　(1)　地域要因又は個別的要因について付加された想定上の条件について検討するに当たっては、実現性、合法性等の観点に照らしその妥当性を慎重に吟味しなければならないこと、又、一般に、地域要因についての想定上の条件は、計画及び諸規制の変更、改廃に権能を持つ公的機関の設定する事項に主として限られるとされたところであるが、この場合において、実現性については、社会通念に照らし、対象不動産及びその所在する地域の実情、依頼者その他関係当事者の実業遂行能力等を考慮の上検討するものとし、また、実現性及び合法性の観点に限らず、想定上の条件が社会秩序を乱すおそれ又は関係当事者及び第三者の利益を害するおそれがないかどうかについても検討されたい。
　(2)　対象不動産の確定に関連して独立鑑定評価等対象確定条件に応じた鑑定評価の類型を明らかにしてみるが、対象不動産が土地及び建物の結合により構成される場合又はその使用収益を制約する権利が付着している場合において、例えば抵当権等の設定のための鑑定評価第三者の利害に当該鑑定評価が重大な影響を及ぼす可能性のあるときは、独立鑑定評価を行うべきではなく、その状態を所与として鑑定評価を行うこととされたい。
2．第6　地域分析及び個別分析関係
　(3)　地域分析に当たっては、対象不動産の存する近隣地域の特性を的確に把握することが重要であることから、対象不動産の存する近隣地域に係る要因資料についての分析に加え、その分析の前提として、その不動産に係る市場特性、当該市場における取引慣行等についても調査分析を行い、これらの結果も十分踏まえて価格形成要因を的確に把握すべきであるとされたことに留意されたい。
　　　具体的には、その地域内の不動産の利用形態に係る分析等を行うほか、取引件数の推移、取引当事者の属性、取引当事者の市場行動等について必要に

応じて近隣地域を含むより広域的な地域を対象として調査分析を行わなければならないものである。
(2) 近年不動産の鑑定評価に関する法律（昭和38年法律第152号）第40条第1項の規定に基づく不当な鑑定評価についての懲戒処分の審査等に際して、近隣地域、類似地域等の範囲に関する明らかな判断の誤りに起因したものが多々見受けられるところであるので、地域分析に当たっては、特に同一需給圏の範囲の判定等については慎重に行うよう留意されたい。
(3) 個別分析では、近隣地域に存する不動産の標準的使用を前提とした最有効使用の判定を行う必要がある。なお、見込地及び移行地に係る最有効使用の判定に際して、不動産の最有効使用の判定に当たって留意すべき事項として掲げた3点の取扱いについては、新基準の第3の三の（一）の4（「見込地及び移行地」）、第6の一の（三）の(1)のニ（「移行地」）、（三）の(4)（「見込地」）、各論第1の一の（四）（「宅地見込地」）及び運用上の留意事項の3の一の4に定めるところにも十分留意の上慎重に判定を行うこととされたい。

3．第7　鑑定評価の方式関係
(1) 事例の収集及び選択関係
① 鑑定評価によって求められる試算価格の精度は、取引事例等の選択の適否に依存するところが大きい。したがって、各鑑定評価手法の適用に当たっては、豊富に収集した取引事例等のうちから比較の対象として用いるにふさわしく、より信頼性の高い適切な取引事例等の選択に努めなければならない。また、取引事例等を案件の都度にわかに収集するということではなく、変化する地域の動向を見失うことのないように、売買物件の動向、取引の成立状況等について日常の鑑定評価業務を通じて絶えず注意し、情報を入手するように努める必要があるものである。
② 新基準においては事例の収集及び選択に当たって、投機的取引であると認められる事例等適正を欠くものはこれを排除することとされたところであるが、この場合において、投機的事例か否かの判断は、主に取引目的が最終的に利用を前提とするか否かによって行うこととなる。その判断に当たっては、当該事例に係る取引事情を始め取引当事者の属性、取引価格の水準の変動の推移等各事例の係る個別の分析を行うのみならず、日常の鑑定評価業務を通じて収集される多数の事例の分析・検討を通じて把握され

〔2〕国土庁土地局長通達

た価格水準及びその将来の動向等を踏まえてそれぞれの事例の個別性を吟味することとされたい。
③ 取引事例等の選択に当たって、近隣地域又は同一需給圏内の類似地域に存する不動産に係るもののほか、必要やむを得ない場合には近隣地域の周辺地域に存する不動産に係るものについても選択できることとされたところである。その趣旨は、運用上の留意事項の1（「第2　不動産の種別及び類型について」）のとおり不動産の種別の分類を細分化したことに伴い、今後地域分析等に当たってはこれらの分類に応じた一段と精密な分析を求めていることから、これに対応した事例等の収集・選択を可能にするためのものである。また、異なる用途地域間においても相互に価格けん連性が認められることもあり得るのである。したがって、近隣地域の周辺の地域に存する不動産に係る取引事例等の選択は、これらの点を踏まえて十分慎重に行う必要があるものであることに留意されたい。

(2) 取引事例比較法関係
① 取引事例比較法関係の適用に当たっては、事例の収集及び選択、事情補正並びに時点修正の各過程について運用上の留意事項が示され、従来に比してより詳細な基準が定められたところである。その趣旨は、従来この手法の適用に関して事例について適切な事情補正が行われていない等不適切なものが見受けられたことに鑑み、この手法の適用に当たってはより厳正かつ慎重に行うことを求めたものであるので、この点を十分認識の上、的確な運用に努められたい。
② この手法の適用に当たっては事例の収集及び選択を的確に行うことが最も重要である。このため、特に次の事項に留意されたい。
　イ　取引事例の収集は、通常取引当事者等からの事情聴取により行われているが、必ずしも取引価格や取引に伴う事情を正確に把握し得ない場合もあるので、安易に採用することなく、収集された多数の取引事例を相互に比較検討し、より信頼性の高いものを選択しなければならない。
　　また、現実の市場が合理的な市場と直ちに認めることはできないと同様、現実の取引事例は、不動産市場の特性及び売手、買手双方の能力と価値観の多様性により、動機も各々異なり、個別的な事情を包含するのが通常である。したがって、時系列的な価格水準の推移を把握し、概観

的な価格水準をも判断した上で、この価格水準の一定の推移、動向から著しく乖離した事例は選択すべきではない。

ロ　取引事例は、可能な限り最新の事例を選択すべきである。

特に地価の変動の著しい場合は、できる限り価格時点に近い事例を選択することとされたい。

地価が相当期間安定化している場合は、ある程度過去の時点までさかのぼって事例を求めることができるが、取引の時点の古い事例を選択するときは、地域要因の変動を詳細に調査し、価格形成要因の変化を見落すことのないよう十分に留意する必要がある。

ハ　地価が高騰から沈静化又は下落の兆しを見せる局面においては、取引事例が減少し、価格時点に近い事例の選択が困難となる場合がある。このような場合においては、新基準の運用上の留意事項の4の一の（一）の3（「時点修正について」）の(2)において売り希望価格、買い希望価格等の動向及び市場の需給の動向等に関する諸資料を時点修正率の決定の際の参考として用いることができるとされたことに鑑み、これらの諸資料について十分な収集分析を行うこととされたい。

③　なお、一定の取引事例についてはその収集・選択に当たって特段の注意を払う必要のあるケースがある。その具体的ケース及び各々の留意事項を挙げれば次のとおりである。

イ　購入者の市場の情報不足が想定される事例の場合

地元以外の購入者による事例については、その取引の当事者が当該地域の市場の事情に十分通じていたか否かについて適切に調査を行い、的確な事情補正等の措置を講ずることとされたい。

ロ　地域格差の著しい事例等の場合

価格水準に係る地域格差の著しい事例及び地域要因が著しく変動しつつある地域における事例は、事例としての規範性に欠ける場合が多いので選択しないことが望ましいが、事例の少ない場合等選択することもやむを得ない場合にあっては、価格形成要因の的確な把握を行った上でそれについて慎重な分析を行い、対象地との格差の判断を誤らないよう十分注意すべきである。

ハ　大規模な画地の事例の場合

〔2〕国土庁土地局長通達

　　　一般的に大規模な画地の事例は、総額が大きくなるために市場性が減退して単価は低くなる傾向があるが、高度利用が可能で需給関係のひっ迫している地域にあっては、大規模な画地であっても希少性の面からむしろ取引価格が高くなる場合がある。したがって、大規模な画地の事例の場合には、十分な分析の下にいずれのケースであるかについて判断し、必要に応じて的確な補正を行わなければならない。
(3)　収益還元法関係
①　収益還元法については、その十分かつ適切な活用を図るため、新基準において、学校、公園等公共又は公益の目的に供されている不動産以外のものにはすべて適用すべきものであり、自用の住宅地といえども賃貸を想定することにより適用されるものであるとされたことに鑑み、当面、適切な収益事例が存在しない場合等やむを得ない場合を除き、この手法を必ず適用することとされたい。
②　また、収益還元法の適用に当たっては純収益の的確な予測と把握及び還元利回りについての適切な判断が必要である。
　　具体的には、
イ　純収益の算定に当たって収益増加の見通しをたてる場合には予測の限界を見極めることとされたところであるが、その趣旨は、安易に過去における収益の増加傾向が将来も続くものと予測することのないよう求めたものである。この場合において、適切な予測を行うためには、都市形成、公共施設の整備の動向、経済情勢、企業の立地を含む近隣地域の変化等に関する過去からの経緯と将来の見通しについて土地の使用収益に及ぼす影響を十分に分析することが必要である。
ロ　純収益の把握に当たっては、収益還元法の精度を高める必要があることに鑑み、当該不動産の総収益からこれに対応する総費用を控除して直接的に求める方法〔直接法〕によることが望ましいとされたことに留意されたい。
　　なお、特に直接法の適用に際して、一般企業用不動産について売上高等の把握が著しく困難と認められる場合においては、例外的に、当該不動産が賃貸用不動産であるものとして純収益の算定を行うこととして差し支えないものと解されているので留意されたい。

ハ 総費用の算定に当たって諸経費等には貸倒れ準備費、空室等による損失相当額及びその他費用（駐車場使用料等のその他収入に対応した経費）が含まれることに留意されたい。また、総費用の把握に当たっては、対象不動産に係る地域的な需給動向等対象不動産をとりまく諸情勢の変化等を十分見極めた上で行わなければならない。

ニ 還元利回りについては、最も一般的と思われる投資の利回り、すなわち国債、公社債、長期預金等の利回りを標準とし、当該不動産の有する特性として他の金融資産と比較して投資対象としての危険性、換金の困難性（非流動性）及び管理の困難性等還元利回りを相対的に高める要素と、減失等の危険が少ないという意味での安全性等還元利回りを相対的に低くする要素を総合的に比較考量の上決定することとされている。これらの要素を勘案する結果、還元利回りは、地方別すなわち例えば大都市地域と僻地、用途的地域別すなわち用途の普遍的な地域と特殊な地域、品等別すなわち品等の優れた地域と劣る地域等に応じて異なる傾向があることに留意されたい。

(4) 資料関係

① 中高層建物及びその敷地の一部を対象とする場合の正常賃料を求める場合には、新基準の各論第2の二の1により行うこととなるが、この場合において、基礎価格を原価法により求めるときは、建物及びその敷地全体の価格の配分は新基準の各論第1の二の（四）の2（「区分所有建物及びその敷地の鑑定評価」）の定める方法に準じて行うものであることに留意されたい。

② 貸借事例比較法の適用に当たっては次の事項に留意されたい。

イ 時点修正を行うときは、賃貸借等の事例について現行賃料に係る契約期間の期首と価格時点の差に応じて行うこととされたい。

ロ 地域要因及び個別的要因の比較に当たって、やむを得ず土地価格の格差率を参考として使わざるを得ない場合は、運用上の留意事項の総論4の二の（二）の2に掲げる点に十分留意されたい。

4．第8 鑑定評価の手順関係

(1) 対象不動産の確認は、適正な鑑定評価の前提となるもので、実地調査の上、閲覧、聴聞等を通じて的確に行うべきであり、いかなる場合においてもこの

〔2〕国土庁土地局長通達

　作業を省略してはならない。
(2)　対象不動産の確認を行った結果が依頼者から設定された対象確定条件と相違する場合は、再度依頼者に確認の上、対象確定条件の改定を求める等適切な措置を講じなければならない。
(3)　対象不動産が遠隔地に所在している場合における実地調査に当たっては、対象不動産の確認を行うのみならず、特に机上の調査では必ずしも明確にならない価格水準、近隣地域の状況等対象不動産の価格に影響を与える諸要因について十分な調査を行うものとし、それらを的確に把握することに努めなければならない。
(4)　試算価格又は試算賃料（以下「試算価格等」という。）の調整に当たっては、鑑定評価方式の適切な適用によって求められた試算価格等はそれぞれ等しく妥当性があるものとして尊重し、活用すべきものとされている。その趣旨は、必要にして十分な資料を備え、各方式の適用に誤りがなく、したがって適切な判断の下に導き出された試算価格等はいずれも等しく正常な価格又は正常な賃料を指向するものであるから、試算価格等の調整に当たっては、いたずらにある試算価格等を切り捨てて一の試算価格等のみを採用する等の方法によるべきではなく、求められた試算価格等に開差があればその理由を十分検証し、適用に誤りがなければ各試算価格等はそれぞれ妥当性を有するものとして尊重し、相互に関連づけを行った上で活用しなければならないということである。

資料編

〔3〕国土庁土地局地価調査課長通達

国土利用計画法の施行に伴う土地価格の評価等について

昭和50年 1 月20日
50国土地第 4 号
改正昭和50年12月24日
50国土地第 432号
改正昭和51年 4 月27日
51国土地第 177号
改正昭和51年 6 月 8 日
51国土地第 214号
改正昭和51年12月24日
51国土地第 635号
改正昭和52年 5 月 2 日
52国土地第 177号
改正昭和53年 4 月 1 日
53国土地第 148号
改正昭和55年 3 月31日
55国土地第 110号
改正昭和58年 3 月24日
58国土地第 65 号
改正昭和62年 7 月31日
62国土地第 241号
改正平成元年 1 月26日
元国土利第 6 号
元国土地第 17 号
改正平成 3 年 6 月 6 日
3 国土地第 174号
改正平成 6 年 3 月15日
6 国土地第 56 号
改正平成 8 年 8 月26日
8 国土利第 191号
8 国土地第 263号
改正平成 9 年 6 月11日
9 国土利第 150号
9 国土地第 185号
改正平成10年 8 月26日
10国土地第 241号

　標記については、「国土利用計画法の施行について」（昭和49年12月24日付け49国土利第60号及び同日付け49国計総第66号、49国土利第61号）によるほか下記の事項に十分留意し、その運用に遺憾のないようにされるとともに、速やかに貴管下市町村に周知方取り計らわれたい。

〔3〕国土庁土地局地価調査課長通達

(改正通達前文)
　今般、国土利用計画法による価格審査の適正化に資するため、借地権価格比準表を定めることとし、これに伴い「国土利用計画法の施行に伴う土地価格の評価等について」(昭和50年1月20日50国土地第4号。以下「地価調査課長通達」という。)について、下記のとおり所要の改正を行ったので通知する。
　貴職におかれては、その運用に遺憾のないようにされるとともに、貴管下市町村に周知方取り計らわれたい。
　なお、昭和50年度借地権価格調査結果について、参考のため送付するので、借地権価格の判定に当たり併せて活用することとされたい。

(改正通達前文)
　今般、国土利用計画法における土地価格審査の適正化に資するため、土地価格比準表の拡充を行うとともに、林地価格比準表及び農地価格比準表を定めることとし、これに伴い「国土利用計画法の施行に伴う土地価格の評価等について」(昭和50年1月20日50国土地第4号。以下「地価調査課長通達」という。)について、下記のとおり所要の改正を行ったので通知する。
　なお、貴職におかれては、その運用に遺憾のないようにされるとともに、貴管下市町村に周知方取り計らわれたい。

(改正通達前文)
　今般、住宅地及び商業地の価格の簡便算定方法を、土地鑑定委員会の意見を聴いて改善し、「国土利用計画法の施行に伴う土地価格の評価等について」(昭和50年1月20日50国土地第4号。以下「地価調査課長通達」という。)について下記のとおり所要の改正を行うこととしたので、国土利用計画法における価格審査にあたっては、地価調査課長通達の趣旨に則り、この簡便算定方法を十分に活用することにより、価格審査事務の円滑かつ迅速化を図られたい。
　また、租税特別措置法の一部及び同法施行令の一部が改正されたこと等に伴い、地価調査課長通達について所要の条文整理を行ったのであわせて通知する。
　なお、貴職におかれては、その運用に遺憾のないようにされるとともに、貴管下市町村に周知方取り計らわれたい。

(改正通達前文)
　平成2年10月26日付けで土地鑑定委員会から「不動産鑑定評価基準の設定に関する答申」がなされ、同答申に係る基準(以下「新基準」という。)が平成3年4月1日

より全面的に適用されることに伴い、「国土利用計画法の施行に伴う土地価格の評価等について」(昭和50年1月20日付け50国土地第4号。以下「通達」という。)について新基準の内容に即したものとするとともに最近における土地取引の実情等を踏まえたものとするため下記のとおり改正を行うこととしたので、その運用に遺憾のないようされるとともに、速やかに貴管下市町村に周知方取り計らわれたい。

なお、通達中別添1～5の別表については、今後、新基準の適用に伴う実務の蓄積等を踏まえて格差率等について見直すこととしており、おって通知する予定であるが、それまでの間における同別表の適用等に関し留意すべき点は次のとおりであるので、併せてその運用に遺憾のないようされたい。

(改正通達前文)

平成3年4月1日付けで「不動産鑑定評価基準(以下「新基準」という。)が施行されたことに伴い、新基準で価格形成要因として項目が具体的に記述されたものについて、内容の具体化を図るとともに、近年の社会経済状況及び土地取引形態の実状を踏まえ、「国土利用計画法の施行に伴う土地価格の評価等について」(昭和50年1月20日付け50国土地第4号。以下「通達」という。)について、下記のとおり所要の改正を行ったので通知する。なお、本通達は、平成6年4月1日付けの届出から適用することとする。

貴職におかれては、その運用に遺憾のないようにされるとともに、貴管下市町村に周知方取り計らわれたい。

記

第1 基準地の標準価格についての周知措置について

都道府県知事は、国土利用計画法施行令(以下単に「令」という。)第9条第1項の規定により基準地の標準価格を判定したときは、次の周知措置を講ずるものとする。

1 基準地の所在、基準地の単位面積当たりの価格、価格判定の基準日、基準地の地積及び形状、基準地及びその周辺の土地の利用の状況並びに基準地についての土地の客観的価値に作用する諸要因に関する事項で都道府県知事が必要と認めたものを、都道府県の公報等で公告すること。

2 関係市町村(都の特別区の存する区域にあっては特別区、地方自治法第252条の19第1項の指定都市にあっては当該市の区)の長に対して、一の公告事項を記載した書面及び当該基準地の所在を表示する図面を送付し、これらの図書を当該

〔3〕国土庁土地局地価調査課長通達

市町村の事務所において一般の閲覧に供すること。
第2 基準価格の算定に関する事務について
令による基準価格の算定については、次に定めるところに留意するものとする。
1 固定資産税評価額倍率方式（固定資産税評価額を採用する方法をいう。以下同じ。）について

　地価公示の対象となる区域以外の区域において、許可申請に係る土地が市街地を形成している区域のうち土地の利用状況が安定していると認められる一帯の地域で基準地を含むものの内に所在し、かつ、当該土地の利用価値が当該基準地の利用価値に類似している場合については、宅地の所有権の相当な価格は、固定資産税評価額倍率方式により算定されることになる。この場合、

ア　土地の利用状況が安定していると認められる一帯の地域とは、過去及び近い将来にわたって土地の利用の変動が少ない建物が連たんしている市街地をいうものである。したがって、区画整理、再開発、新規開発等による土地利用の変動が進行している地域又は住宅地化が進んでいる市街地周辺地域は該当しない場合が多いと思われる。

イ　土地の利用状況が安定していると認められる一帯の地域であっても、面積が基準地の面積に比較して著しく異なる土地、高圧線下若しくは高架の道路の路面下の土地、袋地、無道路地、不整形地、分合筆若しくは地目の変換等により評価替を行うべき土地又は付近の土地に比べて環境条件等により価格水準に差がある土地等特殊な態様の宅地については適用が除外される。

ウ　基準地の固定資産税評価額の倍率（当該基準地に係る指定時標準価格を当該基準地の固定資産税評価額の単位面積当たりの価格で除して得た値）を一律に適用できる宅地であるか否かは、現地における適確な状況判断が必要である。このため、土地の利用状況が安定していると認められる一帯の地域及び固定資産税評価額倍率方式を適用できると思われる宅地の範囲をあらかじめ調査しておくことが望ましい。

エ　基準地の固定資産税評価額及びその倍率は公表しないものとする。

オ　固定資産税評価額倍率方式を適用した場合であって不許可処分（法第16条）又は勧告（法第27条の5又は法第27条の8）を行う場合には、さらに念のため2の標準地比準方式及び3の独自評価による方法を援用して基準価格の検証を行うことが望ましい。

2 標準地比準方式及び土地価格比準表について

　1が適用される宅地以外の宅地及び森林の土地については、その基準価格は地価公示の対象となる区域の内外にわたり標準地比準方式（許可申請に係る土地とこれに類似する利用価値を有すると認められる地価公示に係る標準地又は基準地との位置、地積、環境等の土地の客観的価値に作用する諸要因についての比較を行い、その結果に基づき、当該基準地等の指定時標準価格に比準して価格を求める方法をいう。）により算定されることとなる。

　ア　標準地比準方式により価格判定を行う場合には、宅地及び宅地見込地については、住宅地域、商業地域、工業地域及び宅地見込地域の区分に応じて、別添1の土地価格比準表を原則として適用するものとする。この場合における概略試算については、後述（第3）するところに留意されたい。また、森林の土地については、別添3の林地価格比準表を原則として適用するものとする。

　イ　許可申請又は届出に迅速に対処するため、あらかじめ土地価格比準表の比較項目の判定資料として市町村ごとに、都市計画、土地利用、公共施設整備状況、用途地域とその細別等の一覧図を整備するものとする。

　ウ　規制区域を指定する場合には、局長通達第5の4の(3)に示すところにより、当該規制区域の指定の公告の時における現況を把握するものとする。

3　独自評価について

　固定資産税評価額倍率方式及び標準地比準方式によらない土地については、取引事例比較法、収益還元法、原価法等を適用することにより独自に基準価格の評価がなされることになる。

　ア　鑑定評価手法を完全に行使することは専門家としての不動産鑑定士または不動産鑑定士補に期待せざるを得ないが、鑑定評価書の審査及び"相当な価額"の最終的判定は、貴職の責任であるので、鑑定評価手法の要点については、十分の理解を深めておく必要がある。

　イ　公共用地取得価格、農地取引価格、林地取引価格等を公共事業施行者、農業委員会、森林組合等から取引事例資料として収集し、地価水準及びその推移に関する分析資料を整備するものとする。

　ウ　田、畑等の用途別の農業収益及び用材林、薪炭林等の用途別の林業収益について、農業部等関係部局との協調体制のもとに調査し、その結果を整備するものとする。

〔3〕国土庁土地局地価調査課長通達

　　エ　独自評価を行う場合における取引価格等からの比準に当たっては、対象地の種別等により、土地価格比準表、林地価格比準表及び借地権価格比準表のほか、別添4の農地価格比準表を参考とするものとする。
4　地上権及び賃借権等の評価及び借地慣行調査について
　　地上権及び賃借権の価格は、直接その権利の価格の審査の対象となるほか、他の土地に関する使用及び収益を目的とする権利の価格とともに、これらの権利の目的となっている土地の所有権（底地）の審査と関連して把握する必要が生ずる。
　　ア　権利の評価は、取引事例比較法及び収益還元法により求めるものであるから、国税における評価、公共用地取得における評価等を参考とするとともに用地関係部局との協調体制を整えるものとする。
　　イ　借地権の評価は借地取引が慣行として成熟している地域においては借地権割合による評価が実務上有効であるので、別記1の調査表に準じ、市町村ごとに借地権の取引慣行、更新料、名義書換料の慣行等の借地権慣行を調査し、その結果を整備するものとする。
　　　　なお、借地権の価格の判定を行う場合には、別添5の借地権価格比準表を原則として適用するものとする。
5　地上物件評価の取扱いについて
(1)　土地を建物及び工作物等と一体として取引する場合等の許可の申請又は届出に係る土地については、まず建物、工作物等のうわ物の評価を行い、その結果により当該土地の価格を判定することとなる。
　　ア　建物、工作物等の評価には、建築技術面における専門的な知識が必要とされるので関係部局との連携体制のもとに、建築工事歩掛り、労賃等の評価資料、金融、損害保険等の各機関における建物価格資料等を整備し、評価の適正を期するものとする。
　　イ　土地と新築の建物を一括譲渡する場合の当該建物の譲渡価額相当額の算定については、別記2により算定した額を基準とすることができるものとする。
(2)　許可申請又は届出に係る土地に関する権利の移転又は設定をする契約と一体とみなされる契約（営業補償、移転料等その名目のいかんを問わず土地に関する権利の移転又は設定をする契約に附随し又は権利の移転又は設定と相当因果関係を有すると認められる支払を内容とする契約）が行われていると認められる場合には、許可申請書、届出書又は確認申請書の「その他参考となるべき事

項」欄に記入させるとともに必要な調査を行う等の方法により当該契約が適正なものであるか否かの審査を行い、許可申請又は届出に係る土地に関する権利の予定対価の額の適確な判断を行うものとする。

6 相当規模の土地を一括取得する場合の取扱いについて

　局長通達第5の3の(4)に示すとおり、令第7条第2項の規定による相当規模の一団の土地の価額の算定は、相当規模の土地の区域を類似地区に分け、それぞれの地区ごとに標準的な土地（以下「代表地」という。）を選定し、当該代表地について令第7条第1項第1号から第3号までの各規定により算定した価額を基準として当該地区内のすべての土地の価額を求めることができるものである。

(1)　相当規模の一団の土地とは、国土利用計画法施行規則（以下単に「規則」という。）第9条に規定するとおり、面積が1ヘクタール以上であり、かつ、土地の形状等が一団の土地として有効な利用を図るために適当と認められるものでなくてはならないが、当該相当規模の一団の土地の認定は実現が確実と認められる事業計画により判断してさしつかえないものである。

(2)　この取扱いは、該当規模の一団の土地の所有者のうち相当数の者が同時に許可申請をした場合に適用される。この場合相当数の者とは、(1)の事業計画により設定された一団の土地のうち、あわせておおむね面積1ヘクタール以上となる土地に係る土地所有者として運用するものとする。

(3)　代表地の基準価格の算定は、取得の目的が住宅用地等宅地開発を目的とするものである場合には、通常令第7条第1項第3号（令第18条により準用する場合を含む。）の規定により宅地見込地としての評価を行うことになる。

　また、相当規模の一団の土地とは、住宅用地等宅地開発を目的とするものだけをいうものではなく、その他を目的とするものであっても、(1)及び(2)の条件に該当するものであれば適用されるものであるが、この場合における代表地の基準価格の算定はその用途に応じそれぞれ令第7条第1項第1号から第3号までの各規定に基づき評価することになる。

(4)　以上の前提のもとに、住宅用地等の宅地開発を目的とする場合の相当規模の一団の土地の評価方法を例示すれば、おおむね、次のとおりである。

　この場合、実現可能と認定される事業計画が15ヘクタールで、第1回目の許可申請又は届出が5ヘクタール、第2回目が2ヘクタール、第3回目が4ヘクタール、第4回目が最終回であると仮定する。

〔3〕国土庁土地局地価調査課長通達

ア　実現可能と認定される事業計画が15ヘクタールであるから、(1)の条件を充たすことになるので、各回の許可申請又は届出の規模を問わず、代表地価格による評価を行うことができる。また、各回の許可申請又は届出に係る土地が相当規模の一団の土地と認定されなくても、15ヘクタール全体について相当規模の一団の土地と認定されるものであれば足りるものである。ただし、各回の規模は少なくとも1ヘクタールを超えるものでなくてはならないとともに、最終回の申請又は届出により一団の土地としての形状が実現されるものであることの確認ができるものでなくてはならない。

イ　相当規模の一団の土地の個々の土地の算定は、地区割りに基づくそれぞれの地区ごとの代表地の基準価格に基づき算定された価額が当該個々の土地の相当な価額になるものであるが、「適正を欠く」又は「著しく適正を欠く」の判断は許可申請又は届出に係る予定対価の額の総額が、相当な価額の範囲内に納まっているものであるか否かにより行うことができるものである。この場合上記例については、第1回目から第3回目までは、それぞれ5ヘクタール、2ヘクタール、4ヘクタールの宅地開発がなされるものとして(3)による土地の評価を行い、それぞれについて上記総額の判断がなされるが、最終回の第4回目の総額の判断は15ヘクタールの宅地開発がなされるものとして(3)による土地の評価を行い、当該最終回の4ヘクタールの土地の相当な価額の判定を行い、かつ、「適正を欠く」又は「著しく適正を欠く」の判断は、第4回目の時点における相当な価額の一団の土地全体の総計から第3回目までに取得された土地の予定対価の額の合計額を第4回目の価格時点に修正したものを控除して得た額の範囲内に当該最終回の予定対価の額の総計が納まっているか否かにより判断して差しつかえないものである。

(5)　法施行時前一団の土地の大半の取得が終了し、残りの土地をまとめて許可申請又は届出をする場合において、当該残りの土地を併合することにより相当規模の一団の土地となると認定出来るものであるときは、経過措置として以上の取扱いに準じた扱いとしてさしつかえない。

(6)　局長通達第7による事前指導において地区割り、それぞれの地区の代表地の決定、代表地及び個別の土地の相当な価額の判定を行うことになるが、これらの指導結果は都道府県での手持資料として正式の許可申請又は届出審査の場合に備えて保存しておくものとする。

7　事情変更の取扱いについて

　令第7条第3項及び規則第10条及び第11条に規定するいわゆる事情変更の取扱いについては、局長通達第5の3の(5)によるほか、次によるものとする。

　ア　事情変更に該当する事項は地目変換、法令に基づく措置、土地の区画形質の変更、土地に関する所有権以外の権利の設定、消滅又は内容の変更、水道、道路その他の公共施設又は学校その他の公益的施設の整備のほか、これらに準ずると認められるものが含まれ、土地価格比準表中の価格形成要因項目がこれらに該当するものである。事情変更を認めた趣旨は土地の実質的な効用増又は減を価格に反映せしめる趣旨であるから、令第7条第3項に規定するとおり、事情変更として認められるものはこれらの事情の変更が著しい場合に限られるとともに、これらの事情変更が現に確実に実現されている状態でなければならない。したがって計画段階、造成段階のものは含まないものである。

　イ　これらの事情変更があったものとして算定される規制区域の指定の公告の時における基準価格には、令第7条第3項後段の規定により宅地の造成等のための費用は算入されないことに留意されたい。地目変換、区画形質の変更等宅地の造成等が行われる場合の当該費用は令第11条の規定により後に加算されることになる。

　ウ　規則第11条の規定により、以上の事情のうち都市計画その他の法令により制限が課せられ、かつ、当該法令の規定により当該土地を取得することができる者が当該土地を買い取る場合が除かれているので、公共事業の起業者が都市計画制限等により起業損失を与えた場合の当該土地を買い取る場合にはその制限がないものとして評価することができるものである。このことは規制区域指定前からこのような事情があった場合及び法令によらない制限例えば公共事業としての嫌悪施設の制限による起業損失が生ずる場合にも類推して適用されると解してさしつかえない。

8　物価の変動に応ずる修正率の算定方法について

　物価の変動に応ずる修正率の算定については、局長通達第5の3の(2)において示したところであるが、その具体的な計算例は次のとおりである。なお、算定にあたって用いるべき全国総合消費者物価指数及び投資財指数は、これらの指数の双方が公表されている月の指数を用いることとされているので特に留意する必要がある。

〔3〕国土庁土地局地価調査課長通達

(計算例)

昭和50年1月1日に規制区域の指定の公告がされ、昭和50年10月1日に許可申請があったものとする。また、物価の変動は、別表のとおりであったとする(昭和49年12月以後の指数は架空のものである。)。

(1) Pc Pi は、昭和49年12月、昭和50年1月及び2月の3カ月の指数の相加平均であるから、

$$Pc = (166.1 + 167.8 + 169.5) \times \frac{1}{3}$$

$$Pi = (148.1 + 148.9 + 149.7) \times \frac{1}{3}$$

(2) Pc′ Pi′は、昭和50年10月1日現在でこれらの指数が公表されている最近の3ヵ月の指数の相加平均、すなわち、昭和50年6月、7月及び8月の3カ月の指数の相加平均であるから、

$$Pc' = (176.3 + 178.1 + 179.9) \times \frac{1}{3}$$

$$Pi' = (155.7 + 157.3 + 158.9) \times \frac{1}{3}$$

(3) これらを用いて

$$\frac{Pc'}{Pc} = \frac{(176.3 + 178.1 + 179.9) \times \frac{1}{3}}{(166.1 + 167.8 + 169.5) \times \frac{1}{3}} = \frac{534.3}{503.4} = 1.061$$

$$\frac{Pi'}{Pi} = \frac{(155.7 + 157.3 + 158.9) \times \frac{1}{3}}{(148.1 + 148.9 + 149.7) \times \frac{1}{3}} = \frac{471.9}{446.7} = 1.056$$

(4) 規則第25条第1号の $\left(\frac{Pc'}{Pc''}\right)^{\frac{n}{60}}$ において、Pc″は、Pc′の数値を算定する基礎となった3カ月に対応する5年前の3カ月の指数の相加平均であるので、昭和45年6月、7月及び8月の全国総合消費者物価指数の相加平均である。したがって、

$$Pc' = (176.3 + 178.1 + 179.9) \times \frac{1}{3}$$

$$Pc'' = (99.3 + 99.2 + 98.9) \times \frac{1}{3}$$

ゆえに $\dfrac{Pc'}{Pc''} = \dfrac{534.3 \times \dfrac{1}{3}}{297.4 \times \dfrac{1}{3}} = 1.797$

(5) つぎに、nは、Pcの数値を算定する基礎となった3ヵ月の第2月目の月、すなわち昭和50年1月からPc′の数値を算定する基礎となった3ヵ月の第2月目の月、すなわち昭和50年7月までの月数であるから、nの値は6である。したがって、

$$\left(\frac{Pc'}{Pc''}\right)^{\frac{n}{60}} = 1.797^{\frac{6}{60}}$$

ここで、対数表を用いて計算すると

$$\left(\frac{Pc'}{Pc''}\right)^{\frac{n}{60}} = 1.797^{\frac{6}{60}} = 1.060 < 1.061 = \frac{Pc'}{Pc}$$

ゆえに、$\dfrac{Pc'}{Pc}$ に替えて、$\left(\dfrac{Pc'}{Pc''}\right)^{\frac{n}{60}} = 1.059$ の数値を用いることとする。

(6) 同様に、

$$\left(\frac{Pi'}{Pi''}\right)^{\frac{n}{60}} = \left\{ \frac{(155.7 + 157.3 + 158.9) \times \dfrac{1}{3}}{(99.8 + 100.2 + 100.5) \times \dfrac{1}{3}} \right\}^{\frac{6}{60}} = \left(\frac{471.9}{300.5}\right)^{\frac{6}{60}}$$

$$= 1.570^{\frac{6}{60}} = 1.046 < 1.056 = \frac{Pi'}{Pi}$$

(7) 以上により本件の場合の物価の変動に応ずる修正率は、
   $1.059 \times 0.8 + 1.046 \times 0.2 = 0.848 + 0.2092 = 1.0564$

別表

年　月	45.6	7	8	49.12	50.1	2	3	4	5	6	7	8
全国総合消費者物価指数	99.3	99.2	98.9	166.1	167.8	169.5	171.2	172.9	174.6	176.3	178.1	179.9
投資財指数	99.8	100.2	100.5	148.1	148.9	149.7	151.2	152.7	154.2	155.7	157.3	158.9

〔3〕国土庁土地局地価調査課長通達

9　宅地の造成等に要する費用の算定方法について
(1)　宅地の造成等に要する工事費について
　ア　宅地の造成等に要する工事費とは、本工事費、附帯工事費その他の宅地の造成に直接必要とする工事費のほか建物その他の工作物の移転費、除却費及び当該造成に伴い当然発生する道路、公園等の敷地に提供される用地取得費を含むものである。
　　　宅地の造成に直接必要とする工事費の範囲は、別記3に掲げるとおりである。
　イ　工事費の適正額の判定は「土木請負工事工事費積算要領」（建設省官技第34号、昭和42年7月20日）、「土木請負工事工事費積算基準」（建設省官技第35号、昭和42年7月20日、一部改正建設省官技第44号、昭和44年5月9日）、「昭和49年度建設省建設工事積算資料について」（建設省官技第209号、昭和49年9月11日）等に準じ設計書、積算明細書等により行うものとする。
(2)　公共公益施設負担金について
　　　いわゆる公共公益施設負担金とは、宅地の造成に伴う公共施設又は公益的施設に係る負担（現物による提供を含む。）のことであるが、この取扱いは法の趣旨からして当該宅地の造成に必要とされる範囲に限られるべきものと考える。したがって、知事はこの額の認定にあたっては的確な判定が必要であるとともに、場合によっては公共公益施設負担金を課している市町村等の調整を行い最終的な額の認定をすることも必要となるものである。
(3)　販売費及び一般管理費について
　　　宅地の造成及び販売段階における販売費及び一般管理費に該当する費用項目は、別記4に掲げるところであるが、現実の積算においては、各年ごとの標準的投下費用（土地取得費及び造成費）に当該年に対応する保有等期間を乗じて得た額の合計額に4パーセントを乗じて得た額を基準とすることができるものとする。
(4)　宅地の造成等に充当する資金に要する費用
　　　この費用に該当するものは、以上の宅地の造成等に要する費用を調達する借入れ資金に対する利子相当額及び自己資金に対する報酬相当額であり、いわゆる適正利益として扱われる範囲のものである。適正利益は、各宅地造成によりそれぞれ異なるものであるが、現実の積算においては、原則として(1)から(3)までの合計額に別記6により算定した宅地の造成等に要する資金に対する適正利

益率を乗じて得た額を基準とすることができるものとする。
10 土地の管理に要した費用について
　遊休土地の買取り価格は、法第33条の規定により、令第22条の算定方式による基準価格を基準とし、当該土地の取得の対価の額及び当該土地の管理に要した費用の額を勘案して算定することとされている。この趣旨は、遊休土地の買取りが結果的に投機的取引の容認につながることのないよう、基準価格そのものではなく、当該土地の原価を考慮した価額とするものであり、したがって、土地の取得の対価の額及び土地の管理に要した費用の額を勘案する場合とは、当該土地の原価が当該土地の基準価格を下回るときに限られるものである。
　土地の管理に要した費用とは、草刈り、除草、囲障の新設補修見廻り、防災工事等の直接的な費用及び公租公課、出張費等の間接的な費用である。
　なお、当該土地について宅地の造成等のための費用を負担した場合には、当該費用を土地の管理に要した費用として勘案することとなる。

第3 その他

1 価格審査における実務上の手続について
　価格審査は、局長通達第5、第7及び第8並びに本通達第2により行うべきものであるが、実務上の手続きとしては、おおむね次の方法により価格審査事務を進めることとしてさしつかえないものである。
　(1) 届出の場合
　　ア　固定資産税評価額倍率方式を適用して価格を算定すべき場合にあっては、第2の1による算定を行い、著しく適正を欠くおそれがないものと認められる場合には勧告又は価格修正指導をしない。
　　イ　標準地比準方式を適用して価格を算定すべき場合にあっては、別添2の住宅地及び商業地の価格の簡便算定方法による概略試算を行い、著しく適正を欠くおそれがないものと認められる場合には勧告又は価格修正指導をしない。この場合において、アに準じて行う試算も参考になるものと思われる。
　　ウ　独自評価により価格を算定すべき場合にあっては、相続税評価に係る倍率、鑑定評価先例、精通者意見等を参考としてその地域のおおよその価格水準を把握し、著しく適正を欠くおそれがないものと認められる場合には勧告又は価格修正指導をしない。
　　エ　大規模取引に係る届出又は事前確認については、鑑定評価書が添付されてい

〔3〕国土庁土地局地価調査課長通達

る場合においても、原則として、アからウまでの方法による審査を行うものとする。ただし、添付された鑑定評価書の内容について、標準地又は基準地の公示価格又は標準価格に比準して適正に価格算定が行われているか否か、取引事例比較法、収益還元法、原価法等が適正に適用されているか否か等の検証を行い、当該鑑定評価書の内容から基準価格が判定できる場合にあっては、これにより審査を了して差し支えない。

オ 届出価格が著しく適正を欠くおそれがあると認められるときは、第2において述べたところにより、基準価格の判定を慎重に行ったうえ、勧告又は価額修正指導を行うか否かを判断するものとする。この場合において、勧告又は価額修正指導を行うときは、原則として、1又は2以上の鑑定評価書を徴し、基準価格の判定を行うものとする。

(2) 許可申請の場合

ア (1)のアからウまでに準じる方法による審査を行い、適正を欠くおそれがないものと認められる場合には許可する。

イ アの審査により、許可申請価格が適正を欠くおそれがあると認められる場合には、(1)のオに準ずる方法により、許可するか否かを判定するものとする。

2 価格審査における窓口事務について

許可申請書又は届出書は市町村長を経由し、都道府県知事に当該市町村長の意見とともに送付されることとなるが、この場合において、市町村は次に掲げる事項を調査し、併せて報告するものとする。

(1) 基準価格の算定方法として、固定資産税評価額倍率方式、標準地比準方式又は独自評価による方法のうち妥当と認められるもの。

(2) 固定資産税評価額倍率方式を用いて基準価格を算定することが妥当であると認められる場合、許可申請又は届出に係る土地の単位面積当たりの固定資産税評価額並びに適用すべき倍率及び当該倍率の算定方法。

(3) 標準地比準方式を用いて基準価格を算定することが妥当であると認められる場合、許可申請又は届出に係る土地と類似の利用価値を有すると認められる標準地又は基準地の公示価格又は標準価格並びに価格比準のための各比較項目の調査。

(4) 許可申請又は届出に係る土地に関する権利が土地に関する地上権又は賃借権である場合は近傍類地に関する当該権利と同種の権利に係る地代又は借賃、権

利金、権利の存続期間その他の契約内容並びに慣行借地権割合。
(5) 許可申請又は届出に係る土地が、規則第9条に規定する要件に該当する一団の土地の区域内に所在し、かつ、当該一団の土地に係る土地の所有者のうち相当数の者が同時に許可申請又は届出をした場合、(局長通達第7の事前指導に依る場合を除く。)令第7条第2項(令第8条第2項、及び第18条において準用する場合を含む。)の規定により相当な価額を算定することとなるが、この場合における状況類似地区の区分及び代表地の選定の適否。

3 限定価格について

隣地買収等に関係して求められる限定価格については、政令における基準価格とは認められないこととなったが、限定価格に係る取引により現に行われている土地利用の単位が拡大されること等により土地の効用が増大する場合においてはその経済価値の増加すると認められるものを「適正を欠く」又は「著しく適正を欠く」の運用上特に配慮することができるものである。

この場合において運用上特に配慮することができると考えられる経済価値の増加分の取扱いについては、次によるものとする。

(1) 借地権と底地との併合を目的とする取引のうち、借地人が底地を買い取る場合の経済価値の増加分は、賃貸借契約等による使用方法の制約(例えば堅固な建物の建設が可能な地域で非堅固な建物の借地権が設定されている場合)等が併合により解除され、その結果、当該制約等による減価部分が回復されることとなるので、当該回復部分に相当する額を考慮して判定する。また、地主が借地権を買い取る場合の経済価値の増加分は、当該経済価値の増加分のうち適正と認められる額を借地権へ配分するが、この配分額の判定にあたっては名義書替料の額を考慮しなければならない。

(2) 隣地買収等の隣接地の併合を目的とする取引に係る経済価値の増加分は、当該経済価値の増加分のうち、併合される土地が併合後の土地の効用の増大に寄与する割合を標準として適正と認められる額を当該土地への配分とする。

4 消費税額の取扱いについて

価格審査において、消費税の課税対象となるものの額については、消費税額(消費税額と地方消費税額を合わせた額)に相当する額を含む額とする。

〔3〕国土庁土地局地価調査課長通達

別記1　借地等調査表

調査者　氏　名＿＿＿＿＿＿＿＿　印

調査年月日	平成　　年　　月　　日
調査地域	地価公示標準地　　　　―　　　　　の近隣地域又は同一需給圏内の類似地域（ただし同一市内とする。）
用途地域	住・商・工

〔Ⅰ〕調査地域での借地権の取引について

(1)　継続している土地の賃貸借の実例はありますか	有	無
イ　その実例は契約にあたり一時金の授受はありましたか 　　　あったときの一時金の名称を記入してください 　　　一時金の授受があった場合その実例は借地権として取引の対象となりますか	有 な　る	無 ならない
ロ　一時金の授受がなかった場合その実例は借地権として取引の対象となりますか	な　る	ならない
(2)　その地域での借地権は、 　　　単独で取引されますか、建物に随伴して取引されますか 　　　その地域で地主が借地権を買受ける取引はありますか 　　　その地域で地主以外の者が借地権を買受ける取引はありますか	単　独 有 有	随　伴 無 無
(3)　その地域で借地人が底地を買受ける取引はありますか 　　　その地域で借地人以外の者が底地を買受ける取引はありますか	有 有	無 無

〔Ⅱ〕調査地域での借地契約等の内容について
(1)　借地契約の期間は、<u>定めのある場合が多い（堅固　年・非堅固　年）</u>・定めのない場合が多い
(2)　借地権の形態はどれが多いか <u>（イ）有償（創設・継承)、（ロ）自然発生的、（ハ）（イ）と（ロ）の混在</u>
(3)　借地契約は<u>書面</u>・<u>口頭</u>が普通で、登記は<u>有</u>・<u>無</u>が通常
(4)　借地権の種別は<u>賃借権</u>・<u>地上権</u>が多く、地上建物は<u>堅固</u>・<u>非堅固</u>が通常
(5)　特約として増改築の禁止条項が<u>有</u>・<u>無</u>、譲渡転貸禁止条項の<u>有</u>・<u>無</u>が普通

〔Ⅲ〕調査地域での更新料、名義書替料、借地条件変更承諾料について

(1)	更新料授受の実例はありますか その額は更地価格に対してどの程度ですか	有　　　　　　　　無 堅固の場合　　%〜　　　% 非堅固の場合　　%〜　　　%
(2)	名義書替料授受の実例はありますか その額は借地権価格に対してどの程度ですか	有　　　　　　　　無 堅固の場合　　%〜　　　% 非堅固の場合　　%〜　　　%
(3)	名義書替料は通常どちらが負担していますか	売　主　　　　　買　主
(4)	借地条件変更承諾料授受の実例はありますか その額は更地価格に対してどの程度ですか	有　　　　　　　　無 堅固の場合　　%〜　　　% 非堅固の場合　　%〜　　　%

〔Ⅳ〕調査地域での標準的な借地権割合について

(1) 地主が借地権を買受ける場合	堅　固　の　場　合	更地価格の	%
	非　堅　固　の　場　合	〃	%
(2) 地主以外の者が借地権を買受ける場合	堅　固　の　場　合	更地価格の	%
	非　堅　固　の　場　合	〃	%

〔Ⅴ〕調査地域での標準的な実際支払賃料について（※ m^2あたりの年額ですから念のため）

堅　固　の　場　合	年　額	円／m^2〜	円／m^2
非　堅　固　の　場　合	年　額	円／m^2〜	円／m^2

〔Ⅵ〕資料の収集先
 (1) 当事者
 (2) 地元精通者
 (3) その他（　　　）

別記2　土地と建物を一括譲渡する場合の建物の譲渡価額相当額の算定について

　土地と建物（新築に限る。）を一括譲渡する場合の建物の譲渡価額相当額は、次式により算出するものとする。この場合において、建物の予定対価の額が次式により算出した建物の譲渡価額相当額を上回っているときは、土地建物の予定対価の総額から当該建物の譲渡価額相当額を差し引いた残りを土地の予定対価の額とする。

〔3〕国土庁土地局地価調査課長通達

1 建物の建築期間が1年以下のとき
  建物の建築原価×142％＝建物の譲渡価額相当額
2 建物の建築期間が1年を超えるとき
  1の142％を次の数値に置換え、1に準じて計算する。
  142％＋（建築期間の月数－12）×1％
  ただし、建築期間の月数が24カ月を越えるときは24カ月とする。
（注） 1 建物の建築原価には、附属施設費（門、塀等の外構工事費を含む。）その他付帯費用を含むものとする。
    2 建築期間は、建築着工の日から販売の日（建築完了後販売までに通常必要と認められる期間を経過した日）までの期間とする。
    3 庭石、樹木等の土地の定着物については、建物と別個に取り扱うものとし、その譲渡価額相当額は、宅地の造成等に要する工事費の算定方式に準じて求めるものとする。

別記3　宅地の造成等に要する工事費
(1) 工事費の構成と内容

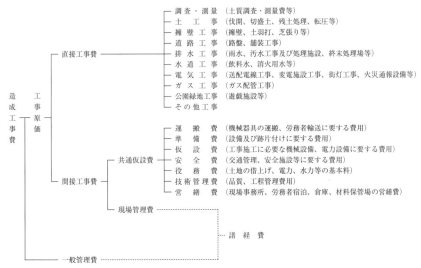

(2) 諸経費について

諸経費は現場管理費と一般管理費等から成り立っているが、このうち一般管理費等とは次のものをいうものである。

(a) 一般管理費

(イ)役員報酬 （賞与金、退職金を除く。） (ロ)従業員給料手当
(ハ)退職金 (ニ)法定福利費 (ホ)福利厚生費 (ヘ)維持修繕費
(ト)事務用品費 (チ)通信交通費 (リ)動力用水光熱費 (ヌ)調査研究費
(ル)広告宣伝費 (ヲ)交際費 (ワ)寄附金 (カ)地代家賃 (ヨ)減価償却費
(タ)試験研究費償却 (レ)開発費償却 (ソ)租税公課 (ツ)保険料 (ネ)雑費

(b) 付加利益（いわゆる請負利潤）

(イ)法人税、都道府県民税、市町村民税 (ロ)株主配当金 (ハ)役員賞与金
(ニ)内部保留金 (ホ)支払利息割引料、支払保証料、その他の営業部外費用

別記4　販売費及び一般管理費

販売費及び一般管理費は、次の項目とする。

(1)給料手当　(2)役員報酬（賞与を除く）　(3)広告宣伝費　(4)出張費　(5)募集費　(6)企画費　(7)調査費　(8)法定福利費　(9)福利厚生費　(10)旅費交通費　(11)通信費　(12)交際接待費　(13)諸会費　(14)会議費　(15)保険料　(16)寄附金　(17)家賃　(18)修繕費　(19)事務用品費　(20)消耗品費　(21)水道光熱費　(22)租税公課　(23)雑費

別記5　販売費及び一般管理費の積算例

年	保有等期間	標準的投下費用			標準的投下費用 × 保有等期間
		土地取得費	造成費	計	
		（千円）	（千円）	（千円）	（千円）
1年	3.5年	500		500	500 × 3.5 = 1,750
2年	2.5年	500	500	1,000	1,000 × 2.5 = 2,500
3年	1.5年	500	500	1,000	1,000 × 1.5 = 1,500
3.5年	0.5年		500	500	500 × 0.5 = 250
計		1,500	1,500	3,000	6,000

（計算例）

販売費及び一般管理費＝6,000（千円）×0.04＝240（千円）

〔3〕国土庁土地局地価調査課長通達

別記6　適正利益率の算定方法について

　宅地の造成等に要する資金に対する適正利益率は、まず次の(1)の式により譲渡価額に対する適正利益率を求め、これを次の(2)の式に代入して算定するものとする。
(1)　譲渡価額に対する適正利益率
　（イ）　造成費が土地の譲渡原価の10%未満の場合
　　　　10%＋5%×（倍率係数－1）
　　　ただし、1≦倍率係数≦6とする。
　（ロ）　造成費が土地の譲渡原価の10%以上の場合
　　　　27%＋5%×（倍率係数－3）
　　　ただし、3≦倍率係数≦7とする。
(2)　宅地の造成等に要する資金に対する適正利益率の算定式
$$\frac{100 \times 譲渡価額に対する適正利益率}{100 - 譲渡価額に対する適正利益率}$$
（注）　1　土地の譲渡原価は土地取得費及び造成費とする。
　　　　2　倍率係数は、各年ごとの標準的投下費用に当該年に対応する保有等期間を乗じて得た額の合計額を譲渡原価で除して得た数値とする。

　　　　　　　別添　1 ～ 5　（省略）

資料編

建物評価及び住宅地分譲等の場合における事前確認について

（昭和50年2月21日　　改正平成9年6月11日
　50国土地第27号　　　　9国土利第150号
　　　　　　　　　　　　　9国土地第185号）

　標記については、「国土利用計画法施行に伴う土地価格の評価等について」（昭和50年1月20日付け50国土地第4号。以下「地価調査課長通達」という。）の取扱いを下記によることとし、その運用に遺憾のないようにされるとともに、貴管下市町村に周知方取り計らわれたい。

記

1　地上物件評価の取扱いについて

　地価調査課長通達第2の5の(1)のイの規定により、土地と新築の建物を一括譲渡する場合の当該建物の譲渡価額相当額の算定については、同通達別記2の国税庁直税部長通達に準じて算定した額を基準とすることができるものであるが、別記2の適用にあたっては、1の算定式（建物の建築期間が1年を超えるときは、同算定式中142％を2の方法により置換えた数値を用いる。）により、建物の譲渡原価（附属施設費を含み、庭木、庭石を除く。）×142％の額を建物の譲渡価額相当額として取り扱って差し支えないものである。

　また、地価調査課長通達第2の5の(1)のイの趣旨は、土地と新築の建物を一括譲渡する場合の当該建物の適正な価額の評価にあたっては、上記により算定した額を基準とすることができるとしているものであるから、同項アの規定により建物価格資料等により独自に評価するか不動産鑑定士等による鑑定評価額により評価するかのいずれかの方法により建物の適正な価額を算定することが望ましいものである。なお、これらの方法により判定した建物の適正な価額を土地と建物の譲渡価額から差し引いた額については、土地の譲渡価額相当額（予定対価の額）とみなすことになるものであるが、土地の適正価格（基準価格）そのものは地価調査課長通達に定めるところにより別途評価すべきものであることに留意すべきである。

〔3〕国土庁土地局地価調査課長通達

2　住宅地分譲等の場合における事前確認について
　住宅地分譲等の場合における事前確認の価格審査については、「国土利用計画法の施行について」(昭和49年12月24日付け49国計総第66号、49国土利第61号)第8の4に示すとおり、状況類似地区ごとの代表地について不動産鑑定士等による鑑定評価書を活用して行うものとするほか、地価調査課長通達によるものであるが、この場合地価調査課長通達第2の2の規定により標準地比準方式及び土地価格比準表を適用するにあたっては、下記事項に留意することとされたい。なお、このことは住宅地分譲等の場合における届出の価格審査についても同様である。

　㈠　分譲宅地の場合には土地価格比準表の適用によりかならずしも適正な基準価格の判定ができるものとは限らないことも考えられるので、その場合には原価法及び取引事例比較法（収益還元法が適用できる場合にはこの方式を用いる。）による検証又は評価が必要である。

　㈡　原価法を適用するにあたっては、宅地造成費及び公共公益施設負担金について当該地域における標準的な費用を判断するとともに、素地価格についても当該地域における適正価格であるか否か、素地価格に投機的要素又は適正利益を越える利益が含まれているか否か等を判定し、的確な積算価格を求める。

　㈢　取引事例比較法を適用する場合の取引事例の選択は、当該分譲宅地の取引事例のほか、類似地域における分譲宅地の取引事例によることができるものである。ただし、当然に事情補正、時点修正が必要とされるものである。

資料編

国土利用計画法における価格審査等について

$$\left(\begin{array}{l}\text{昭和50年12月24日}\\ \text{50国土地第432号}\end{array}\right)$$

　標記については、今般の土地局長通達（昭和50年12月24日50国土利第296号）の趣旨にのっとり、下記の事項に十分留意し、その運用に遺憾のないようされるとともに、速やかに貴管下市町村に周知方取り計らわれたい。

記

1　届出制における価格審査について
　届出制（事前確認を含む。）における価格審査については、国土利用計画法及び附属法令により、届出に係る予定対価の額に対応する基準価格を算定し、これを基礎として、予定対価の額が著しく適正を欠かない範囲に納まるか否かを判断することになるが、この許容の範囲については、判断の安定性、合理性を確保するため、一定の基準（例えば、価格水準の高いものについて許容の幅を小さく、低いものについて大きくする等）をあらかじめ、土地利用審査会の意見を聴く等により、定めておくことがのぞましい。
　この場合、許容の範囲の限界については、「国土利用計画法の施行について」（昭和49年12月24日49国計総第66号、国土利第61号）第5の4の(1)にあるとおり、許可制におけるより許容範囲が広いことに留意して、取扱いの基準を定めることとされたい。
2　造成地の一括販売における価格審査について
(1)　造成地の価格審査については、相当規模の土地の取得に係る価格審査において事務処理の迅速化等のため特別な算定方法がとられた趣旨に鑑み、価格水準がおおむね同一の状況類似地区（造成住宅団地内の街区等）ごとの標準的な土地の価額（当該地区で平均的な価格水準を示している画地の価額）及び最高価額（当該地区で最高の価格水準となっている画地の価額）について価格審査を行い、その結果に基づき処理して差し支えないものである。
(2)　有効期間満了時における再確認の際の価格指導は、事前確認が包括協議であることに鑑み、僅少な価格変動の場合は行わないものとし、いたずらに混乱を生じ

〔3〕国土庁土地局地価調査課長通達

させないよう配慮されたい。
　なお、このような僅少な価格変動の場合の再確認申請額が当初の許容範囲を上回った場合には確認しないものとする。
3　造成宅地の評価について
(1)　原価法の適用について
　　造成宅地は、未建築地であるため住宅地として未熟成地であること、公共施設の整備水準等において周辺の集落、既成市街地等と異なること等の理由により、その相当な価額の算定に当たっては、土地価格比準表による試算のほか、原価法による評価又は検証が必要である。
　　この場合、原価法における造成宅地の価格（造成原価）は、当該造成宅地の素材となる土地の標準的な取得原価にその造成に要すると認められる適正な費用の額を加算して求めるものであるが、加算すべき造成費用の額については、「国土利用計画法の施行に伴う土地価格の評価等について」（昭和50年1月20日50国土地第4号。以下「地価調査課長通達」という。）第2の9に準じて算定するものとし、その適正額の把握については、造成宅地の仕様に応じた標準的な造成費を基準とすべきことに留意するものとする。
(2)　公共公益施設負担金の取扱いについて
　　公共公益施設負担金（現物による提供を含む。）は、当該造成宅地の効用増につながるものと、これと関係がないものとに分かれるが、前者は、原則として造成に要すると認められる適正な費用として造成原価に算入されるべきものであり、また、その適正な費用の額とされる範囲は、その地域における標準的な費用の額を基準として判断する必要がある。
4　その他
　地上物件評価の取扱いについて、昭和50年2月21日付け50国土地第27号をもって通達したところに従い、その取扱いを明確にするため、地価調査課長通達別記4を次のとおり改める。
　　（以下略）

国土利用計画法における価格審査等について

$\begin{pmatrix} 昭和51年12月24日 \\ 51国土地第635号 \end{pmatrix}$

　標記については、全般的にみて適正かつ円滑に実施されているところであるが、その後の運用経験等にかんがみ、下記のとおり、地価調査課長通達（昭和50年1月20日付け50国土地第4号「国土利用計画法の施行に伴う土地価格の評価等について」、以下「地価調査課長通達」という。）の改正等を行うこととしたので、貴職におかれては、その運用に遺憾のないようにされるとともに、貴管下市町村に周知方取り計らわれたい。

記

1　価格審査事務について
　（略）
2　造成宅地の価格審査について
　造成宅地の価格審査については、昭和50年12月24日付け50国土地第432号をもって、原価法の適用、公共公益施設負担金の造成原価への算入の範囲等について通達したところであるが、公共公益施設負担金（現物による提供を含む。）のうち当該造成宅地の効用増につながるものを含む標準的な造成原価については、価格規制の趣旨を損うことのない限り、「著しく適正を欠く」の運用上配慮することができるものである。

国土利用計画法における価格審査等について

$\begin{pmatrix} 昭和53年12月25日 \\ 53国土地第638号 \end{pmatrix}$

　国土利用計画法における価格審査の事務については、「国土利用計画法の施行に伴う土地価格の評価等について」（昭和50年1月20日付け50国土地第4号）等の関連通

〔3〕国土庁土地局地価調査課長通達

達により処理されているところであるが、法施行後の運用経験にかんがみ、今般下記の事項を定めたので、貴職におかれては、その運用に遺憾のないようにされるとともに、貴管下市町村に周知方取り計らわれたい。

記

1　造成宅地の評価について
　造成宅地の評価については、昭和50年2月21日付け50国土地第27号及び昭和50年12月24日付け50国土地第432号により通達したところであるが、標準地比準方式により、その相当な価額を算定することが困難である場合があるので、この場合における標準的な土地の相当な価額は、次により評価するものとする。
　(1)　造成宅地の評価にあたっては、標準地又は基準地の公示価格又は標準価格との均衡を図りつつ、原価法による造成原価（積算価格）及び周辺の造成宅地の取引価格から算定される推定の価格（比準価格）を勘案して算定するものとする。
　　　なお、公共公益施設の整備水準、立地条件等において、一般の造成団地と著しく異なる大規模な造成団地内の宅地についての上記積算価格と比準価格との勘案については、積算価格を標準とし、比準価格を比較考量して行うものとする。
　(2)　公示価格又は標準価格との均衡を図る場合及び比準価格を求める場合には、その評価に係る造成宅地を含む造成団地と類似性を有する造成団地についての宅地の価格形成要因等の資料を収集し、これとの相互関連において評価を行うよう努めるものとする。
　　　なお、やむを得ず造成団地以外の既成市街地等の宅地との相互関連において評価を行う場合にあっては、造成団地が公共公益施設の整備水準等において既成市街地等と異なり、宅地としての効用に差異が生じていることにかんがみ、宅地の品等、造成の仕様等の相違をも十分に参酌して評価を行うものとする。
2　マンション等の敷地の評価について
　マンション等の敷地の評価にあたっては、マンション等の敷地の用に供されている土地の価額が、敷地の造成並びに道路、上下水道等の設置及び改良に係る費用等マンション等の敷地とするために必要となる費用を含んで形成されるものであるので、一般の住宅等の敷地としての標準地又は基準地の公示価格又は標準価格から土地価格比準表を適用して求められる価格のみをもって直ちに相当な価額とすることなく、これ

らの費用の額を十分に勘案して、その相当な価額を判定するよう留意するものとする。
3　マンション等の建設に伴う公共公益施設負担金等について
　マンション等の建設に伴う公共公益施設負担金（現物による提供を含む。）及び電波障害等に係る補償金等のうち建物に係るもので、当該地域における建物の建築に通常必要と認められる費用の額は、マンション等の建物評価の際に建物の譲渡価額相当額に算入するものとする。
　なお、これらの費用の額のうち建物の工事費に準ずる性格を有するものは、支出の時期をも考慮して建築原価に算入するか否かを判定するものとする。
4　価格審査における鑑定評価書の活用について
　造成宅地の評価及びマンション等の敷地の評価にあたっては、鑑定評価についての高度の専門的知識に加え、評価対象地の存する地域の特性及び当該地域における価格形成の実態の適確な把握が特に要請されるところであり、また、マンション建設のための用地取得等の用途転換を目的とする取引に係る土地の価格の審査にあたっては、評価の前提となる最有効使用の判断を始めとする適確な地域分析等が必要とされることから、これらの評価においては、地域の実情を十分に熟知した不動産鑑定士等の鑑定評価書を一層活用することにより評価の適正を期するものとする。
5　工事完了前の住宅地分譲等に係る確認申請の取扱いについて
　工事完了前の住宅地分譲等に係る確認申請の取扱いについては、「国土利用計画法の施行について」（昭和49年12月24日付け49国計総第66号、49国土利第61号計画・調整局長、土地局長通達）第8等により通達されているところである。この局長通達においては、造成された宅地等としてその相当な価額の算定が可能である限り申請を受理して差し支えないこととされているが、その確認申請の受理にあたっては、次に掲げる資料を審査資料として提出させるものとする。なお、この審査資料については、現地調査により把握可能な事項に関する資料は徴しない等申請者に過重な負担を課すこととならないよう特に配慮するものとする。
　(1)　造成宅地が造成工事完了前である場合
　　ア　造成団地内の道路、公園、緑地、給排水施設、教育施設等の配置の概要を明らかにした図面
　　イ　各画地の地形、道路との高低並びに擁壁、階段、給排水施設等の位置及び構造並びに各画地に接する区画街路の勾配等の画地条件が判断できるような造成工事の実施設計に関する図書

ウ　当該造成工事に関し、都市計画法第29条の許可その他法令に基づく許可その他の処分が必要とされるときは、それらを受けた旨を証する書面
(2)　建物が建築工事完了前である場合
　ア　建物の配置図、平面図及び立面図並びに主要構造部の材質、内外装の仕上げ等の概要を明らかにした図書
　イ　建物の実施設計書、見積書等建物を構造する材料の種別、品等、規格、数量等を明らかにした図書
　ウ　建築基準法第6条の確認その他の法令に基づく許可等の処分が必要とされるときは、それらを受けた旨を証する書面

国土利用計画法に基づく価格審査に係る時点修正率の的確な設定について

$$\left(\begin{array}{l}\text{平成3年3月26日}\\ \text{3国土地第113号}\end{array}\right)$$

　国土利用計画法に基づく価格審査に係る時点修正率の設定については、すでに、監視区域内における価格審査の厳正かつ的確な運用を図る見地から、平成2年6月11日付け土地局長通知をもって直近の地価動向を適切に把握して的確に設定することとされているところである。
　一方、最近の地価動向については、平成2年後半より地方圏の一部等を除き地価上昇はほとんど止まり、横ばい又は地域によっては下落に転じたところが出始め、同年秋以降次第にこの傾向を示すところが多くなっていることが認められるが、この傾向は今年に入っても継続しているものと考えられるところである。
　このため、今後の価格審査に係る時点修正に当たっては、このような最近の地価の状況を的確に反映させるべく前記通知の一層の徹底を図ることとし、地価の下落が生じている地域においてはマイナスの修正率の設定を行う等、より厳正かつ的確な価格審査の実施に努められるよう、念のため、通知する。

資　料　編

国土利用計画法に基づく価格審査の運用について

$\begin{pmatrix}平成3年9月20日\\3国土地第395号\end{pmatrix}$

　国土利用計画法に基づく価格審査については、既に平成2年6月11日付け通知をもって、監視区域制度の運用指針として直近の地価動向を適切に把握する等により的確な時点修正率を設定する等その厳正かつ的確な運用に努めるよう通知しているところであるが、今般の平成3年都道府県地価調査結果によると、昨年秋以降大都市圏域を中心に地価の沈静化傾向が強まり、本年に入って下落に転じている地域も拡大しているところである。したがって、このような地価の動向を的確に把握し、これを踏まえて時点修正等を積極的に行っていくことが重要であり、このため、下記の点に特に留意の上、引き続き厳正かつ的確な価格審査に努められるよう改めて通知する。

記

1　地価動向の把握に当たって、直近の適切な取引事例の収集が困難な場合には、地価が横這い傾向にあると安易に判断することなく、昨年の不動産鑑定評価基準の改正の趣旨に従い、売り希望価格、買い希望価格等の動向及び市場の需給の動向等に関する諸資料を幅広く収集・活用することにより直近の動向を的確に把握すること。
2　地価の下落が生じていると認められる地域においては、マイナスの時点修正率を適切に設定する等、直近の地価の動向を的確に反映した指導を積極的に行うこと。

国土利用計画法による価格審査のために徴する鑑定評価書の様式について

$\begin{pmatrix}昭和51年3月15日\\51国土地第87号\end{pmatrix}$

　標記については、国土利用計画法による価格審査の適正化と迅速化を図るため、別紙のとおり様式及びその記載要領を定めたので、昭和51年度以降に依頼する鑑定評価

〔3〕国土庁土地局地価調査課長通達

については、下記事項に留意のうえ、本様式を活用することとされたい。

記

1 本様式は、国土利用計画法による土地取引規制における価格審査の必要上、都道府県及び政令指定都市が、宅地又は宅地見込地の鑑定評価を依頼する場合の便宜を図るため、定められたものであること。したがって、取引当事者が届出書等に添付する鑑定評価書については、他の様式によるものであっても差し支えないものとして取り扱われたいこと。
2 国土利用計画法による価格審査のための鑑定評価の依頼は、一般の依頼に比して時間的余裕が少ないことにかんがみ、鑑定評価に必要な手持資料の提供等、支障のない範囲で不動産鑑定士等の便宜を図るよう努められたいこと。

資料編

(様式1－1)

依 頼 番 号	第　　　　　号
依 頼 者	昭和　　年　　月　　日 殿

鑑 定 評 価 書

昭和　　年　　月　　日付けご依頼のありました不動産の鑑定評価につきましては、本鑑定評価書をもって報告いたします。

記

価　　　　格……………昭和　　年　　月　　日　　時点
（価格判定の基準日）
価 格 の 種 類………………正常価格
価 格 の 目 的………………
鑑定評価を行った日………昭和　　年　　月　　日
縁故及び利害関係…………無・有（その内容　　　　　　　　　）

発行年月日	昭和　　年　　月　　日
不動産鑑定業者の住所及び名称	印
資格氏名	印

(その1)
(　　) 頁

① 対 象 不 動 産 の 表 示

番号	所在及び地番（住居表示）	地目（現況）（公簿）	地積（実測）（公簿）m²

② 鑑 定 評 価 額

総　　額	1m²当たりの価格
円	円

③ 鑑定評価の対象となった権利及び権利者

権利の内容	権 利 者

④ そ の 他 の 評 価 条 件

― 308 ―

〔3〕国土庁土地局地価調査課長通達

(様式1-2)

(その11)

番号	対象不動産の表示				鑑定評価額		鑑定評価の対象となった権利及び権利者		その他の評価条件
	所在及び地番(住居表示)	地目(現況)(公簿)	地積(実測)(公簿)		総額	1m²当たりの価格	権利の内容	権利者	
			m²		円	円			

( )頁

資 料 編

(様式2-1) (住宅地)用

留意事項	昭和49年11月6日付け49不鑑委第5号による「建議」の主旨により次の項目に留意して鑑定評価を行った。 1. 地域分析とくに近隣地域の把握とその類似地域との関連分析 2. 鑑定評価の三方式の十全の適用 3. 原価法の適用における再調達原価の把握 4. 取引事例比較法の適用における事情補正及び時点修正 5. 収益還元法の適用における純収益の増加の見通し及び還元利回りの把握 6. 一般的要因とくに経済的要因及び行政的要因の考慮 7. 各試算価格の調整における価格の考慮			対象地 番号 地番等			
価格形成要因の分析	⑤ 対象不動産の位置と地域の概況 (範囲)						
	⑥ 一般的要因及び地域要因の分析 （地域分析とくに経済的要因及び行政的要因の分析） （地域分析とくに近隣地域の把握とその類似地域との関連分析） （標準的使用の判定）						
		⑧ 項目	地域要因	発行 奥行	個別的要因	間口 奥行	
		画地	標準画地 ( )m² ( )m×( )m		対象地 (は正方形、長方形) ( )m²( )m×( )m 東、西、南、北、一方路、二方路、角地 高低差 (高・低)		
		地形、間口、奥行、街路条件					
		街路条件	一般的街路 巾員( )m 歩道( )m 開道( )程度 有( ) 種別 ( ) 舗装、種別 その他		接面街路 ( )道 巾員( )m 歩道( )m 開道( )無 有( ) 種別( )		
		交通・接近条件	最寄駅への接近性 ( )駅 ( )m 都心までの距離、時間 バス便 有、運行回数( )		駅( ) ( )バス停		
		接近条件	公共福祉商店街への接近性				
		その他					
		環境条件	日照、眺望 標準画地の配置 上下水道 都市ガス(集中方式) その他	良、普通、可、その他 良、普通、可、その他 有、無、その他 有(処、排)無	良、普通、可、その他 良、普通、可、その他 有、無、その他 有(処、排)無		
		行政的条件	区域 用途 容積率 規制	市街化、調整、その他の都市計画 区域 市街化調整区域 区域外 1住専、2住専、住居、近商、商業 ( )容積率 ( )建ぺい率 ( )高度限度 防火、準防火、無、高度限度	市街化、調整、その他の都市計画 区域 市街化調整区域 区域外 1住専、2住専、住居、近商、商業 ( )容積率 ( )建ぺい率 ( )m 防火、準防火、無、高度限度		
		その他の条件					
	⑦ 個別的要因の分析 (最有効使用の判定)						

( ) 頁

〔3〕国土庁土地局地価調査課長通達

(様式2―2) (商業地)用

昭和49年11月6日付け49国鑑委第5号による「建議」の主旨により次の項目に留意して鑑定評価を行った。
留意事項
1. 地域分析ととくに近隣地域の把握とその類似地域との関連分析
2. 鑑定評価の三方式の十全の適用
3. 原価法の適用における再調達原価の把握
4. 取引事例比較法の適用における事情補正及び時点修正
5. 収益還元法の適用における純収益の増加の見通し及び還元利回りの把握
6. 一般的要因及び行政的要因の分析・考慮
7. 各試算価格の調整における収益価格の考慮

	対象地
番号	
地番等	

	項目	地域要因		個別的要因	
⑧		標準画地	奥行	対象地	奥行
画地条件	地積、間口、奥行、形状等	( )m²( )m×( )m		( )m²( )m×( )m 間口( )m 奥行( )m (ほぼ正方形、長方形、角地 東、西、南、北、一方路、二方路、角地 高低差(高・低)
	接面街路の状況				
	その他				
街路条件	系統及び連続性	一般的街路		接面街路	
	巾員、歩道、側道、種別等	巾員( )m 歩道( ) 有、種別( )		巾員( )m 歩道( ) 有、種別( )程度	
	舗装、程度				
	その他				
交通接近条件	最寄駅への接近性(客足の便、商業中心への接近性)	駅( )		駅( )	
	公共施設、駐車場等	良・普通・可、その他		良・普通・可、その他	
	その他				
環境条件	大型店舗・娯楽施設の状態	多い、普通、少い、その他( )		近隣、普通、可、その他( )	
	背後地の状態	良、普通、可、その他( )		良、普通、可、その他( )	
	顧客層の程度	顧客の通行量、多い、普通、少い		客足の流動性、多い、普通、少い	
	公共施設の程度	店舗の連たん性、良、普通、少		良、普通、少	
	その他			隣接地	
行政的条件	区域	市街化、調整、区域、その他の都、都市計画		市街化、調整、区域、その他の都、都市計画	
	用途地域	区域、市街化計画区域、区域外 1住専、2住専、住居、近商、商業		区域、市街化計画区域、区域外 1住専、2住専、住居、近商、商業	
	容積率	容積率(/10) 建ぺい率(/10)		容積率(/10) 建ぺい率(/10)	
	防火規制	防火、準防火、無、高度限度( )m		防火、準防火、無、高度限度( )m	
	その他				
その他の条件				( ) 頁	

価格形成要因の分析

⑤ 対象不動産の位置と地域の概況(範囲)

⑥ 一般的要因及び地域要因の分析 (一般的要因及び行政的要因の把握とその類似地域分析) (標準地の使用の判定) (地域分析ととくに近隣地域の把握)

⑦ 個別的要因の分析 (最有効使用の判定)

― 311 ―

資 料 編

(様式2-3) (工業地)用

対象地番号		地番等	

留意事項
1. 地域分析ととくに近隣地域の把握とその類似地域との関連分析
2. 鑑定評価の三方式の十全の適用
3. 原価法の適用における再調達原価の把握
4. 取引事例比較法の適用における事情補正及び時点修正
5. 収益還元法の適用における純収益の増加の見通し及び還元利回りの把握
6. 一般的要因とくに経済的要因及び行政的要因の分析・考慮
7. 各試算価格の調整における説得力ある価格の考量

昭和49年11月6日付け49国課委第5号による「建議」の主旨により次の項目に留意して鑑定評価を行った。

価格形成要因の分析	⑤ 対象不動産の位置と地域の概況(範囲)		
	⑥ 一般的要因及び地域要因の分析 (一般的要因とくに経済的要因及び行政的要因の分析・考慮) (地域分析とくに近隣地域の把握とその類似地域との関連分析) (標準的使用の判定)		
	⑦ 個別的要因の分析 (最有効使用の判定)		
	⑧ 項 目	地 域 要 因	個 別 的 要 因
	街 画 地 形 接 面 街 路 条 件 そ の 他	標準画地 ( )m²( )正方形 長方形 地形 ( )m×( )m 画間口 奥行 一般的街路 巾員( )m 歩道( )m 舗装 有・種別( )程度( ) その他	対象地 ( )m²( )正方形 長方形 ( )m×( )m 間口 奥行 ほぼ正方形・長方形・三方路、角地 東、西、南、北、一方路、二方路、角地 高低差(高・低 m) 接面街路 巾員( )m 歩道( )m 側道 舗装 有・種別( )無
	交 通 ・ 接 近 条 件	最寄駅及び連続性 (客足の使、商業中心への接近性) 関連産業との接近性 その他	( )駅( )バス停 ( )分( )分 可 良、普通、可、普通、低 地域内の位置 鉄道引込線岸等 ( )
	環 境 条 件	公害発生の危険性 動力資源 工業用水排水 その他	無、普通、有、その他 良、普通、可、その他 整備の経費、少ない、普通、多い 工業用水、公共下水
	行 政 的 条 件	地 域 用 途 地 域 容 積 率 等 制 限 防 火 条 件	市街化、調整、その他の都、都市計画 区 域 市計画区域、近商、商業 1住専、2住専、住居、近商、商業 容積率( )建ぺい率( ) 防火、準防火、無、高度限度(区)	市街化、調整、その他の都、都市計画 区 域 市計画区域、近商、商業 外 1住専、2住専、住居、近商、商業 容積率( )建ぺい率(区) 防火、準防火、無、高度限度(m)
	そ の 他 の 条 件	その他 工場進出の動向 その他		

( ) 頁

〔3〕国土庁土地局地価調査課長通達

(様式2－4) (宅地見込地) 用

対象地番等		
番号	地番	等

留意事項
昭和49年11月6日付け49鑑委第5号による「建議」の主旨により次の項目の主旨に留意して鑑定評価を行った。
1. 地域分析とくに近隣地域の把握とその類似地域との関連性分析
2. 鑑定評価の手法の十全の適用
3. 原価法の適用における再調達原価の把握
4. 取引事例比較法の適用における事例資料における事情補正及び時点修正
5. 収益還元法の適用における純収益の増加の見通し及び還元利回りの把握
6. 一般的要因と地価形成要因の分析
7. 各試算価格の調整における収益価格の考慮

	項　　目	地　域　要　因	項　　目	個　別　的　要　因
⑤ 対象不動産の位置と地域の概況（範囲）				
⑥ 一般的要因及び地域要因の分析（一般的要因とくに経済的要因の把握及び行政的要因の分析・考慮）（地域分析とくに近隣地域の類似地域との関連分析）（標準的使用の判定）	⑧ 交通接近条件	最寄駅への接近性 都心への接近性 商店街への接近性 幹線街路への接近性 学校病院等の配置 その他	⑧ 道路との関係位置 画地の形状 高圧線下地 その他	接面道路 有（近接、遠い） 無（近接、遠い）m 道（ ）m 整形、普通、不整形 有（ ）% 無
	環境条件	日照・眺望・等 上下水道・ガス電気等の状態 周辺地域の状態 居住環境 市街化進行の程度 災害発生の危険性 危険施設の有無 その他		
	宅地造成の難易等の条件	素地の価格水準 造成の難易 有効宅地化率 その他		
	行政的条件	区域 容積率 その他		市街化・調整・その他の都市計画 区域 市計画区域 外 1住居、2住専、住居 容積率（ ）建ぺい率（ ）％
⑦ 個別的要因の分析（最有効使用の判定）	その他の条件	地質・地勢 地盤の高低 その他		

（様式３）

鑑定評価方式の適用と鑑定評価額の決定

⑨ 鑑定評価額、方式の検討及び鑑定評価額決定の理由の要旨（鑑定評価の三方式の十全の適用、原価法の適用における再調達原価の把握、収益還元法の適用における純収益の増加の見通し及び還元利回りの把握、各試算価格の調整における収益価格の考慮）	対象地 番号	対象地 地番等

⑲ 試算価格の調整	⑩ 試算価格	Ⅰ 比準価格	Ⅱ 積算価格	Ⅲ 収益価格	Ⅳ 鑑定評価額 総額（円）	Ⅳ 鑑定評価額 1 m²当たりの価格（円）
	総額（円） 1 m²当たりの価格					

公示（標準）価格を規（比）準とした価格	⑪ 標（基）準地番号	⑫ 公示（標準）価格	⑬ 標準化補正	⑭ 時点修正	⑮ 地域格差	⑯ 標準画地規（比）準価格	⑰ 個別的要因の比較	規（比）準とした価格
	標準地 基準地	昭和　年　月　日 円／m²	× 100/□ =	× □/100 =	× 100/□ =		× □/100 =	
	―	補正項目 補正率の内訳					要因別格差率一覧表 ㊻ 対象地の個別的要因の内訳による	円／m²
	標準地 基準地	昭和　年　月　日 円／m²	× 100/□ =	× □/100 =	× 100/□ =		× □/100 =	
	―	補正項目 補正率の内訳					上記に同じ	円／m²

（　　）頁

〔3〕国土庁土地局地価調査課長通達

(宅地)用

資料編

(様式4-2)

試 算 価 格 算 出 表 (宅地見込地) (宅地見込地)用

〔3〕国土庁土地局地価調査課長通達

(様式5)

要因別格差率一覧表(その一)

要因項目 (細項目)	事例地等 事例番号	対象地 番号	地番等	㊵標準画地	㊶対象地	㊷事例番号	㊸標準画地	取 事例番号 (近 類)	引 事例番号 (近 類)	事 事例番号 (近 類)	例 事例番号 (近 類)
地 域 要 因	街路条件(幅員、系統及び連続性、街区等)		100/100					□/100	□/100	□/100	□/100
	交通・接近条件(最寄駅、都心への接近性、商店、公共施設の配置等)		100/100					□/100	□/100	□/100	□/100
	環境条件(面積、配置、各種施設、繁華性等)		100/100					□/100	□/100	□/100	□/100
	行政的条件(用途地域等)		100/100					□/100	□/100	□/100	□/100
	その他の条件		100/100								
	格差率の相乗積		100/100					□/100	□/100	□/100	□/100
個 別 的 要 因				㊺標準画地	㊻対象地	㊼事例番号	㊽標準画地	事 例 地	事 例 地	事 例 地	標準画地
	画地条件(面積、間口、奥行、形状、高低、角地等)			100/100	100/100		100/100	□/100	□/100	□/100	□/100
	街路条件(接面街路の系統、構造、幅員、舗装等)			100/100				□/100	□/100	□/100	□/100
	交通・接近条件(交通施設、駅、商店街等への接近性)			100/100				□/100	□/100	□/100	□/100
	環境条件(日照、地勢、配置)			100/100				□/100	□/100	□/100	□/100
	行政的条件(用途地域等)			100/100				□/100	□/100	□/100	□/100
	その他の条件(供給処理施設等)			100/100							
	格差率の相乗積			100/100	100/100		100/100	□/100	□/100	□/100	□/100

( ) 頁

資料編

要因別格差率一覧表(その二)

要因項目 (細項目)	事例地等	取 引 事 例			造 成 事 例			収 益 事 例		
		事例番号	(近、類)	事例番号	(近、類)		標準画地	事例地	標準画地	事例地
地域要因	街路条件(幅員、系統及び連続性、街区等)		□/100	□/100		□/100	□/100		□/100	□/100
	交通、接近条件(最寄駅、都心への接近性、商店、公共施設の配置等)		□/100	□/100		□/100	□/100		□/100	□/100
	環境条件(面積、配置、各種施設、繁華性等)		□/100	□/100		□/100	□/100		□/100	□/100
	行政的条件(用途地域等)		□/100	□/100		□/100	□/100		□/100	□/100
	その他の条件									
	格差率の相乗積		□/100	□/100		□/100	□/100		□/100	□/100
個別的要因	画地条件(面積、間口、奥行、形状、高低、角地等)		□/100	□/100		□/100	□/100		□/100	□/100
	街路条件(接面街路の系統、構造、幅員、舗装等)		□/100	□/100		□/100	□/100		□/100	□/100
	交通、接近条件(交通施設、駅、商店街等への接近性等)		□/100	□/100		□/100	□/100		□/100	□/100
	環境条件(日照、地勢、配置)(供給処理施設等)		□/100	□/100		□/100	□/100		□/100	□/100
	行政的条件(用途地域等)		□/100	□/100		□/100	□/100		□/100	□/100
	その他の条件									
	格差率の相乗積		□/100	□/100		□/100	□/100		□/100	□/100

— 318 —

〔3〕国土庁土地局地価調査課長通達

(様式6)

個別的要因格差率比較表

	個 別 的 要 因	対象地（標準画地）	対象地番号	対象地番号	対象地番号	対象地番号
個別的要因格差率の内訳	画 地 条 件 (面積、間口、形状、高低、角地等)	$\frac{100}{100}$	$\frac{□}{100}$	$\frac{□}{100}$	$\frac{□}{100}$	$\frac{□}{100}$
	街 路 条 件 (接面街路の系統、構造、幅員、舗装等)	$\frac{100}{100}$	$\frac{□}{100}$	$\frac{□}{100}$	$\frac{□}{100}$	$\frac{□}{100}$
	交 通、接 近 条 件 (交通施設、駅、商店街等、接近性等)	$\frac{100}{100}$	$\frac{□}{100}$	$\frac{□}{100}$	$\frac{□}{100}$	$\frac{□}{100}$
	環 境 条 件 (日照、地勢、配置、供給処理施設等)	$\frac{100}{100}$	$\frac{□}{100}$	$\frac{□}{100}$	$\frac{□}{100}$	$\frac{□}{100}$
	行 政 的 条 件 (用 途 地 域 等)	$\frac{100}{100}$	$\frac{□}{100}$	$\frac{□}{100}$	$\frac{□}{100}$	$\frac{□}{100}$
	そ の 他 の 条 件	$\frac{100}{100}$	$\frac{□}{100}$	$\frac{□}{100}$	$\frac{□}{100}$	$\frac{□}{100}$
	格 差 率 の 相 乗 積	$\frac{100}{100}$	$\frac{□}{100}$	$\frac{□}{100}$	$\frac{□}{100}$	$\frac{□}{100}$
	鑑定評価格	円／㎡				
対象地価格	$\binom{対象地（標準画地）}{の鑑定評価格} \times \binom{対象地の格差率}{の 合 計}$		$\times \frac{□}{100} = $	$\times \frac{□}{100} = $	$\times \frac{□}{100} = $	$\times \frac{□}{100} = $
備 考	一団の土地等において、個別的要因の比較により価格を判定する場合に本表を使用するものとする。					

資料編

取引事例カード

(様式7)

番号	—		
所在地			
種別	住宅地（高級、中級、普通、農村集落） 商業地（高度、準高度、普通、近隣） 工業地（大工場、中小工場、その他（　）） （　）見込地、その他、（　）		
類型	更地　建付地　借地権　底地		
取引価額等	総額　　　　　円 土地　　　　　円（　　円/㎡） 建物等　　　　円（　　円/㎡）		
	面積　　　　　　㎡　構造 階層　　　用途 建築年月　　　　　その他		
取引時点	昭和　　年　　月　　日		
取引にあたっての事情	事情なし　買進み　売急ぎ（　%）程度 事情等		
事例収集源	自己取扱（自己物件売買、仲介物件） 契約当事者（売主、買主、仲介者、立会人） その他		
近くの公示地 基準地			
付近の目標物			
調査年月日	昭和　　年　　月　　日		

項目	事例地の状態等 （系統・連続性の良否）	項目	事例地の状態等
街路条件	系統及び連続性	画地条件	地積　　　　　　　　　　㎡ 間口、奥行　間口　　m　奥行　　m 形状　　　　　　ほゞ正方形　長方形 　　　　　ほゞ長方形　台形 　　　　　その他（　　　　　）方 接面街路関係　事例地の（ 　　一方路、角地、三方路、その他（　） 高低差　　　　　　m　高、低 傾斜度　約（　　　　　　　　　）無
	種別 路線名 全員 舗装		
	幅員　　m　接面 　　　　　　対面 有（歩道　無）（　　）無		
交通・接近条件	最寄駅との接近性	区域	市街化、市街化調整、都市計画 区域　　区域　　区域外
	線　　駅　方向　　　距離 線　　バス等　方向 都心との接近性 都心　　　まで（　時間　　）又は　　m	行政的条件	用途地域等　1住専、2住専、住居、近商、商業、準工業、工業 　　　　　その他地区（　　　） 容積率　　　　　　　　10 防火規制等　防火、準防火、無　建ぺい率 その他　　　　　　　　　　　高度制限　最高限度　m
	公共施設等との接近性		
環境条件	自然的条件　日照、通風 　　　　　　乾湿等	その他	事例地の存する地域の標準的使用
	供給処理施設　上水道　有、可、無 　　　　　　　下水道　公共、下水道・無 　　　　　　　都市ガス　有、可、無　（焼）（水洗） 　　　　　　　その他　　　　　　　（許）（有可）		
	地勢、地盤 地勢等		事例地の最有効使用
	事例地の周囲の状態		事例地の近隣地域の範囲 東　　m　西　　m　南　　m　北　　m
		備考	（　　）頁

— 320 —

〔3〕国土庁土地局地価調査課長通達

造 成 事 例 カ ー ド

(様式8)

番　号			
所　在　地			
所有者又は名称			
土　　地	全　面　積	㎡	既存公共空地面積　㎡
	分譲可能面積	㎡	有効宅地化率　％
	区　画　数	区画	1区画当たり平均面積　㎡
	区画内街路の幅員、舗装の有無	幅員　m　舗装・無	区画内街路の歩道幅員　m・無
	種類及び道路名	幅員	
主要接続道路	主要接続道路までの距離	m	主要接続道路の状況
付近の目標物			
周辺地域の現況利用			
調査年月日	昭和　年　月　日		
素地価格	取得時期	昭和　年　月　日 ～ 昭和　年　月　日	
	取得地目		
	取得価格	円（　　円/㎡）	
	事情補正		
	時点補正		
	事情補正及び時点修正後の価格	円/㎡	
造成工事期間	昭和　年　月　日 ～ 昭和　年　月　日		
事例資料源	素　地		
	造成工事		

項目	造成工事費の内訳			
	細目	実額	費出内訳	標準化補正後の額補正の理由
直接工事費				
共通仮設費	計		円/㎡	
間接工事費				
	計		円/㎡	

（　　）頁

資料編

(その11)

項目	造成工事費の内訳		
	実　出　額	標準化補正後の額	補正の理由
付帯費用		円/㎡	
計		円/㎡	
合　算	素地価格 [造成工事費　　円/㎡ ＋ 付帯費用　　円/㎡] 有効宅地化率　＝　　　円/㎡ ÷　　　＝　　　円/㎡	再調達原価 減価修正率	
土　地　価　格			円/㎡
事例地の近隣地域の範囲	東　　m　西　　m　南　　m　北　　m		
価格形成要因地域の概要			

条件	項目	標　準　性	状　　態
街路条件	系統及び連続性		
	幅員	全　　m，歩道（有・無），接面　　　m，対面（　　m）
	舗装	有（種別　　　　　　）

条件	項目	標　準　地	状　態
交通・接近条件	最寄駅との接近性	線　　　　　駅 都心（　　　　　）まで時間（　　）	方向 バス停（　　　　）又は距離（　　）m
環境条件	自然的条件	日照，通風，乾湿等	地質，地盤，地勢等
	公共施設等との接近		
	供給処理施設	上　水　道　　有・無 都市ガス　　有・無	下　水　道 その他	公共下水道・無 (処・排)(水洗有・可)
	事例地の周囲の状態		
画地的条件	地積	㎡	
	間口，奥行	間口　　m　奥行　　m	
	形状	ほぼ正方形，長方形，ほぼ長方形，台形，ほぼ台形，その他
	接面関係	角地，一方路，二方路，三方路，その他
	接面街路		
	高低差	高，低，傾斜地	
行政的条件	区域	市街化区域・市街化調整区域・都市計画区域・都市計画区域外
	用途地域	1住専・2住専・住居・近商・商業・準工・工業・無
	容積率	$\dfrac{}{10}$	建ぺい率	$\dfrac{}{10}$
	防火規制等	防火・準防火・無	高度制限	最高限度
	その他		

事例地の品等予測
最有効使用の状態等

備　考 （　　　　　　　）員

番号	―

収益事例カード

(様式9)

総収益算出内訳(支払賃料(年・月額))

	階数	戸数	総面積	賃貸面積	m^2又は1戸(室)当たり賃料	階別総賃料	補正額及び理由
賃貸借事例	階	戸	m^2	m^2	円	円	
	賃料収入小計						
	敷金等の運用益						
	権利金等の運用益及び償却額						
	その他収入						
	計(年間総収益)						

収益に対応する期間	昭和　年　月　日～昭和　年　月　日	支払いの時期	
土地の固定資産税評価額	円(　円／m^2) (課税標準額　円／m^2)	相続税路線価	正面　円／m^2 側面　円／m^2
建物の固定資産税評価額査定額		賃料水準	

建物の部分鑑定評価額内訳

再調達原価		円／m^2
積算価格	(価格時点　昭和　年　月　日)	円／m^2

総費用算出内訳

項目		実額	標準化補正後の額	補正の理由
減価償却費	建物			
	附帯設備			
	小計			
修繕費				
維持管理費				
公租公課				
損害保険料				
貸倒れ準備費				
空室等による損失相当額				
計(年間総費用)				

総収益(年間)	円	総費用(年間)	円
土地建物に帰属する純収益	円		
建物に帰属する純収益	建物の部分鑑定評価額×建物に対する利回り　円		
土地に帰属する純収益	円		
土地の収益価格	還元利回り　%　円 (　円／m^2)		

(その一)

(　)頁

資 料 編

(その11)

項　目		事　例　地　の　状　態　等	項　目		事　例　地　の　状　態　等
所在地			地　積		m²
種別		住宅地（高級、中級、普通、農村集落） 商業地（高度、準高度、普通、近隣） 工業地（大工場、中小工場） 混在（　）、（　）見込地 その他（　）	間口、奥行	間口	m　奥行　m
			画地条件	形状	はば正方形、長方形、はば長方形、台形 その他（　）
建物	面積	m²		事例地関係	事例地の（　）方、一方路、角地 二方路、三方路、その他
	構造				約（　）m 高、低
	階層			街路	約（　）m 高、低 傾斜度
	用途		行政的条件	区域	市街化・市街化調整・都市計画 区域・区域・区域　外
	建築年月日	昭和　年　月　日		用途地域	1住専、2住専、住居、近商、商業、準工、工業、工専
	建築価額	円（　円/m²）		容積率等	容積率　％　建ぺい率　％
	居住者氏名			防火規制等	防火、準防火、無　高度制限　最高限度
				その他	
	調査年月日	昭和　年　月　日	事例地の存する地域の標準的な使用の状態		
	取引にあたっての事情等	無　有　買進み　売急ぎ（　％）程度 事情等（　）	事例地の最有効使用の状態		
	資料種類源	(1) 契約書　(2) 伝聞 (3) 決算書　(4) その他（　）	事例地の近隣地域の範囲		
	近くの公示地		備　考	東　　m　西　　m　南　　m　北　　m
	付近の目標物			（　）頁

項　目		事　例　地　の　状　態　等（系統及び連続性の良否）
街路条件	系統及び連続性	
	路線名	
	種別	
	幅員	全幅　m　歩道 有（　）無　接面 　　　　　　　　　　　　対面
	舗装	
交通・接近条件	最寄駅との接近性	線　駅　方約　m 線　駅　方約　m
	都心との接近性	都　心　まで（　時間　又は　距離　）
	公共施設等との接近性	バス停　方約　m
自然的条件	日照、通風 乾湿等	
	地質、地盤 地勢等	
環境条件	供給処理施設	上　水　道　有・可・無 下　水　道　公共（処・排）（水洗・改） 都市ガス　有・可・無　有・可 その他
	事例地の周囲の状態	

— 324 —

〔3〕国土庁土地局地価調査課長通達

(別紙)

鑑定評価書記載要領

Ⅰ　この鑑定評価書記載要領は、国土利用計画法による価格審査のために徴する鑑定評価書の様式として定められた国土庁地価調査課長通達(昭和51年3月15日付け51国土地第87号)の様式の記載要領である。

Ⅱ　鑑定評価書の構成等

　鑑定評価書は、別記様式(用紙)によって構成する。対象不動産(以下「対象地」という。)が複数の場合には各様式の編てつは対象地ごとに、取引事例等は末尾に一括して添付するとともに、記載事項が多く様式内に記載できない場合には適宜補助用紙(白紙)等を使用して編集するものとする。

Ⅲ　鑑定評価書(様式)一覧

様式番号	種	類	対象地に対する使用枚数	備　考
1－1 1－2	鑑定評価書 〃	表紙　その一 　　　その二		対象地点数に応じて使用する。
2－1	価格形成要因の分析	(住宅地)用	対象地1地点につき1枚使用	
2－2	〃	(商業地)用	〃	
2－3	〃	(工業地)用	〃	
2－4	〃	(宅地見込地)用	〃	
3	鑑定評価方式の適用と鑑定評価額の決定			
4－1	試算価格算出表	(宅地)用	〃	
4－2	〃	(宅地見込地)用	〃	
5	要因別格差率一覧表	その一 その二	対象地1地点につきその一、その二各1枚使用取引事例5　造成、収益事例各1　記載可能	取引事例6以上造成、収益事例各2以上の場合にその二の用紙を追加使用する。
6	個別的要因格差率比較表			対象地が同一近隣地域内に2地点以上ある場合のみ使用する。
7	取引事例カード		採用した事例ごとに1枚使用	

— 325 —

8	造成事例カード	その一 その二	採用した事例ごとにその一、その二各1枚使用	
9	収益事例カード	その一 その二	採用した事例ごとにその一、その二各1枚使用	
	位置図等附属資料			必要に応じて添付

1　個別的要因格差率比較表（様式6）の使用

　事前確認等に係る不動産の鑑定評価で、一団の土地（近隣地域）に2以上の対象地があるときは、その対象地のうちから標準画地を選定し、当該標準画地について本様式（様式2～5）を採用して鑑定評価額を決定し、標準画地として選定されなかったその他の対象地については、個別的要因格差率比較表（様式6）を採用して鑑定評価額を決定することもできる。

2　土地建物等を一体とした複合不動産の鑑定評価の場合には、当該複合不動産の鑑定評価額を土地及び建物等に配分し、それぞれの鑑定評価額を併せて記載するものとする。建物等の表示にあたっては、鑑定評価書（様式1）①の欄の地目を種別・構造等に、地積を面積等と読み替えて土地の表示に併記し、建物等の評価の内容又は積算価格の内訳（様式は適宜とする。）を添付する。

V　各様式ごとの記載方法

1　各様式とも記載の方法は文章によるもののほか（　）内又は□内に必要事項を記入するか、○印をもって囲むものとし、不要部分は抹消する必要はない。

2　鑑定評価書（様式1-1）

　(1)　価格の種類

　　価格の種類は正常価格とする。ただし、限定価格とすることが求められた場合には「正常価格」を抹消し、限定価格と記載する。

　(2)　依頼の目的

　　依頼の目的は、依頼者の求めに応じて記載する。

　(3)　対象不動産の表示

　　①の欄の対象不動産の表示は不動産登記簿によるものとし、分譲地等で登記簿上の分筆又は合筆等の区分の完了していない場合には、整理（分類）番号又は仮地番を記入する。地目、地積は現況及び公簿によるものを併記するものとする。ただし、鑑定評価の対象となった土地の地目、地積と異なる場合には、④の欄に

〔3〕国土庁土地局地価調査課長通達

確認資料の種別及び評価条件等と併せて記入する。
(4) 鑑定評価額
　②の欄の鑑定評価額は様式3及び様式6により求められた額を転記する。
(5) 鑑定評価の対象となった権利及び権利者
　③の欄の対象地の権利の内容及び権利者は、権利の内容及び土地の所有者等の個人又は法人名を記入する。
(6) その他の評価条件
　④の欄のその他の評価条件は鑑定評価にあたっての対象確定条件、付加的条件、限定価格を求めた場合はその根拠等特記すべき条件がある場合に記入する。

3　価格形成要因の分析（様式2）
(1) 対象不動産の位置と地域の概況（範囲）
　⑤の欄の対象不動産の位置と地域の概況（範囲）は、対象地の鉄道駅等からの距離等交通・道路等の条件、自然的条件及び近隣地域内の関係位置と近隣地域の種別、範囲、当該近隣地域が所在する市区町村における関係位置などを記載する。
(2) 一般的要因及び地域要因の分析（標準的使用の判定）
　⑥の欄の一般的要因及び地域要因の分析欄は一般的要因の分析、地域分析の結果を記載するもので、地価動向及びこれに影響を与える経済的、行政的要因の分析、近隣地域と同一需給圏内の類似地域との関連等を記載して近隣地域の土地の標準的使用を判定する。この場合、特に土地鑑定委員会の「建議」の趣旨に十分留意しつつ記入する。
(3) 個別的要因の分析（最有効使用の判定）
　⑦の欄の個別的要因の分析の欄は、⑤及び⑥の欄における分析の結果に基づき個別分析を行い、近隣地域の種別、性格、品等等と対象地の個別性を関連づけながら対象地の最有効使用を判定する。
(4) 地域要因及び個別的要因の調査
　⑧の欄に表示する地域要因及び個別的要因については、土地価格比準表の条件、項目、備考等を参照して記入するとともに、本表に記載されていない価格形成要因がある場合には、各条件ごとに「その他」又は「その他の条件」の余白に記入する。
(5) 各条件ごとの記載の方法
　標準画地は原則として地域内に現実にある具体的な画地を選定するものとする。

(ア) 画地条件
　選定した標準画地に特に標準性を欠く要因のある場合には余白にその補正の内容を記入する。
(イ) 街路条件
　系統及び連続性は、一般的街路及び接面街路の種別（市区町村道名等）を区分して記入するほか、特記すべき条件のある場合はその他に記載する。
(ウ) 交通・接近条件
　最寄駅への接近性は原則として鉄道駅名を、都心までの距離は実態に応じて所要時間を併せて記入するほか、商業地にあっては客足の流動等を考慮して商業中心地との接近性も併記する。公共施設、商店街への接近性は公共公益施設の種類、配置、距離等を記入する。
(エ) 環境条件
　項目のうち（　）内には、比較の対象となった項目を記入するとともに、その程度について判定する。隣接地に関する記載は、対象地の価格に影響を与える要因のある場合に特記する。
(オ) その他の条件
　その他の特記すべき条件のある場合に記入する。
(カ) 宅地造成条件（宅地見込地）
　素地の価格水準及び造成の難易については、その程度の判断を記載するとともに、具体的な数値等を併記するものとする。有効宅地化率は、同一需給圏内の類似の地域における有効宅地化率をも考慮して判定する。その他には宅地造成にあたって特に考慮すべき事項を記載する。

4　鑑定評価方式の適用と鑑定評価額の決定（様式3）
(1) 鑑定評価額、方式の検討及び鑑定評価額決定の理由の要旨
　鑑定評価の方式の適用については原則として三方式すべてを採用するものとする。三試算価格が求められても対象不動産の種類、近隣地域の実情、資料の信頼度、規範性等により、ある方式が参考とする程度にとどまる場合も考えられるので、方式の適用に関する事由の検討は十分に行いその経緯について記載する。
　鑑定評価額の決定にあたっては、採用した資料及び対象地等の客観的価値に作用する諸要因と鑑定評価額との関連を明らかにするとともに、単価と総額等についても留意して記載する。

〔3〕国土庁土地局地価調査課長通達

　また地価公示の実施されている地域においては、公示価格を規準として公示価格との秤量的検討を行いその結果について記載するとともに、都道府県地価調査の実施されている地域にあっては、標準価格から比準して標準価格との秤量的検討を行いその結果を記載する。
　この要旨の記載にあたっては前記のとおり、「建議」の趣旨を反映させるとともに、必要に応じて補助用紙を採用して記載する。
(2)　試算価格の調整
　⑩の欄の各試算価格は、試算価格算出表（様式4）から転記するとともに鑑定評価額を決定し、総額及び単価を記入する。
　宅地見込地の転換後造成後の想定更地価格からの試算価格はⅡ積算価格欄に記載する。
(3)　公示価格を規準とした価格
　(ア)　地価公示の実施されている地域にあっては原則として公示価格との規準を行うが、都道府県調査の標準価格も公示価格と同様に取り扱うものとする。
　(イ)　⑪標（基）準地番号
　　　規準とした標準地又は比準した基準地の番号を区分して記入する。この場合2以上の標準地又は基準地を採用することがのぞましい。
　(ウ)　⑫公示（標準）価格
　　　公示（標準）価格は⑪の区分に応じて価格時点が異なるので区分に応じた価格時点を記入する。
　(エ)　⑬標準化補正
　　　標準地等は原則として標準的使用に供されている画地が選定されているが、標準的使用に合致しない標準地等がある場合には標準化補正を行い、その補正項目、補正率の内訳を記入し、求めた補正率を$\frac{100}{\boxed{}}$内に転記する。
　(オ)　⑭時点修正
　　　公示価格又は標準価格を価格時点における価格に修正するとともに、採用した時点修正率に係る変動要因の内訳を記入する。この修正率は試算価格算出表（様式4）の時点修正の内訳との関連に注意して記入する。
　(カ)　⑮地域格差
　　　標準地又は基準地の属する地域と対象地の属する近隣地域との価格形成要因を分析し、地域格差の比較を行い比較した条件ごとの項目、格差率の内訳

を記入し、求めた格差率を $\frac{100}{\boxed{}}$ 内に転記する。

(キ) ⑯標準画地の規(比)準価格

⑬～⑮の欄の秤量的検討の結果に基づき標準画地の規準価格又は比準価格を記入する。

(ク) ⑰個別的要因の比較

対象地の個別的要因について比較を行い、規準とした価格を記載する。個別的要因格差率は、要因別格差率一覧表(様式5)で求めた㊻の欄の対象地の個別的要因の格差率の相乗積を転記する。

5 試算価格算出表(様式4-1)

(1) 取引事例比較法

(ア) ⑱の欄の事例番号は採用した取引事例のカード番号を記入し、⑲～㉓の欄の各項目を事例カードから転記する。

(イ) 採用した取引事例が特殊な事情を含み、これが当該事例に係る取引価格に影響を与えていると認められるときは、㊸事情補正の欄に補正の理由及び補正率を記載し、この補正率を㉔の欄に記入して事情補正を行う。

(ウ) 採用した事例の取引時点が価格時点と異なる場合において、価格水準の変動があると認められるときは、㊸時点修正の欄に一般的な地価動向の変動率を記載し時点修正を行う。特に地域要因等の変化に伴い一般的な動向と異なる変動を示すと判断される地域内の事例にあっては、その要因及び変動率を特記し、これらの修正率を総合的に判断したうえで㉕欄の時点修正を行い、当該事例の取引価格を価格時点における価格に修正する。

(エ) ㉖の欄では、採用した事例地(建付地)の画地に係る条件を所与のものとして、当該画地に係る価格を建付減価のない最有効使用の状態における価格に補正する。補正の必要のない事例の場合は $\frac{100}{100}$ と、また更地の取引価格は補正を要しないので $\frac{100}{\boxed{}}$ と記入する。

(オ) ㉗の欄では、採用した取引事例の個別的要因を当該事例の属する地域の標準的使用の土地に合致したものに補正する。この場合補正率は、要因別格差率一覧表(様式5)の㊾の欄の事例地の個別的要因の格差率の相乗積 $\frac{\boxed{}}{100}$ の逆算 $\frac{100}{\boxed{}}$ を使用することとなる。

(カ) ㉘の欄では、採用した事例が同一需給圏内の類似地域に存する場合には、当該取引事例の属する地域と対象地の属する地域の価格形成要因を分析し地

〔3〕国土庁土地局地価調査課長通達

域格差の比較を行う。この場合格差率は、要因別格差率一覧表（様式5）の㊼の欄の取引事例の地域要因の格差率の相乗積 $\frac{\square}{100}$ の逆数（$\frac{100}{\square}$）を使用することとなる。近隣地域の事例の場合は地域格差の比較を要しないので $\frac{100}{\square}$ と記入する。

(キ) ㉙の欄では、採用した各取引事例から㉔〜㉘の欄の手順を尽くして標準画地の比準価格を求めこれに記入する。

(ク) ㉚の欄では、標準画地の比準価格について採用した事例の信頼度、規範性等について検討し、理由を記載して調整を行う。

(ケ) ㉛の欄の比準価格は㉚の欄の調整の価格に対象地の個別的要因の格差率を乗じて求める。この場合格差率は、要因別格差率一覧表（様式5）の㊻の欄の対象地の個別的要因の格差率の相乗積 $\frac{\square}{100}$ を使用する。

(2) 原価法

(ア) 宅地造成地で造成後の期間があまり経過していないものである場合には、造成事例カードを作成のうえ必要事項を本表㉜〜㉞の欄に転記し、直接法又は間接法によって再調達原価を求める。

(イ) ㉜の素地の取得原価（総取得原価を総面積で除した1平方メートル当たりの価格をもって試算する。以下同じ。）、事情補正、時点修正の欄は、対象地について取引価格及び取引時点等が判明しているものについては事情補正及び時点修正を行って求められた価格とし、取引価格及び取引時点等が判明していないものについては近隣地域及び同一需給圏内の類似地域の素地の取引価格から比準して求めた価格とする。

(ウ) ㉝の欄の造成費及び㉞の欄の付帯費用の項目、内訳等は、国土庁地価調査課長通達（昭和50年1月20日付け50国土地第4号）別記3「宅地の造成等に要する工事費」及び同課長通達（昭和50年12月24日付け50国土地第432号）3「造成宅地の評価について」に記載されているものを援用し、適宜区分して造成事例カードを作成するものとする。

　造成事例が大規模開発等によるもので、当該造成地が近隣地域として判断されるときは、各項目について標準化補正を行ったうえ総費用を総面積で除した1平方メートル当たりの平均的な費用をもって当該近隣地域の標準画地の造成費及び付帯費用とみなすことができる。

(エ) ㉟の欄の有効宅地化率は、当該事例に係る有効宅地化率と同一需給圏内の

資料編

　　　　類似地域における造成事例の有効宅地化率も考慮して判定する。
　　(オ)　㊱及び㊳の欄については、前記(1)取引事例比較法(カ)(ケ)に準じて比較を行う。
　　(カ)　㊲の欄では、前欄で求めた標準画地の再調達原価の試算における地域要因と価格時点における地域要因を比較して、住宅等の建築により社会的環境に変化がみられ価格水準に影響を与えていると認められる場合には再調達原価を価格時点の価格水準に修正することができる。
(3)　収益還元法
　　(ア)　対象地又は近隣地域及び同一需給圏内の類似地域における賃貸借の事例や収益事例が把握できる場合には、収益事例カードを作成し敷地に帰属する1平方メートル当たりの純収益を求め㊵の欄に転記するとともに、前記取引事例比較法、原価法に準じて㊷の欄の収益価格を求める。
　　(イ)　㊶の欄には採用した還元利回りを記入し、還元利回りを把握した経過については、鑑定評価方式の適用と鑑定評価額の決定（様式3）の⑨の欄にその要旨を記載する。
(4)　事情補正及び時点修正の内訳
　　　取引事例比較法等において事情補正及び時点修正を行う場合には、㊸の欄に事例番号、取引にあっての事情、補正率及び採用した事例の取引時点から価格時点までの変動率、地域の特記すべき要因等を記入する。

6　試算価格算出表（宅地見込地）（様式4－2）
(1)　㊿取引事例比較法、51転換後造成後の更地を想定した価格及び53～54の欄の造成費用等の試算にあたっては、前記5試算価格算出表（様式4－1）の記載方法に準じて記載する。
(2)　53造成費用及び54販売費及び一般管理費は、総費用を総面積で除して得た1平方メートル当たりの費用をもって試算するものとする。
(3)　52有効宅地化率は想定開発区域のうち宅地としての利用可能な面積を割合でもって示すものであり次の式により求めるものとする。
　　　　　有効宅地化率＝販売可能な宅地面積÷（開発区域の
　　　　　　　　　　　面積－既存の公共用地面積）×100
(4)　55対投下資本収益は造成工事費に対応する資本収益で借入金についての平均的な支払金利と自己資本に対する適正利潤の合計額とし、投下資本に対し適正な比率（宅地の販売完了までの標準的所要月数（n）と月当たり収益率（p）

を乗じて得た率）を乗じて求めた価格とする。
(5) ㊹対投下資本（土地）収益控除後の価格は造成宅地の素材となるべき土地の購入費に対する収益額（開発利潤を含む。）を控除するもので、宅地の販売完了までの標準的所要月数（n）と適正な月利率（p）をもって求める。
(6) ㊺熟成度修正は、土地資本に対する収益、転換の可能性を考慮して定めた適正な年率（r）、熟成までの年数（n）をもって求める。
(7) ㊻素地としての対象地の個別的要因を想定開発区域内の標準的想定画地の個別的要因と比較し㊼試算価格を求める。

7 要因別格差率一覧表（様式5）
(1) 地域要因及び個別的要因
　地域要因及び個別的要因の要因項目（細項目）の記載にあたっては、土地価格比準表の条件、項目及び備考を参考とする。
(2) 対象地
　㊹の欄には対象地の地域要因について、細項目ごとに分析し、その具体の数値、程度等を記入する。
　㊺の欄には対象地の属する地域の標準画地の個別的要因について、細項目ごとに分析し、その具体の数値、程度等について記入する。
　㊻の欄には対象地の個別的要因について前記㊺の欄の記入方法に準じて記入し、㊺の欄の標準画地の個別的要因との比較において格差率を判定し併記する。
(3) 取引事例等
　㊼の欄には採用した取引事例、造成事例、収益事例ごとに事例カードの番号、近隣地域又は類似地域に係る区別を記入する。事例地の地域要因は㊹の欄の対象地の地域要因との比較において格差率を判定し、㊽の欄では事例地の個別的要因について㊻の欄の記入方法に準じて記入し、当該事例地の属する地域の㊾の欄の標準画地の個別的要因との比較において格差率を判定し併記する。
(4) 記載方法
　(ア) 格差率は各条件相互間にあっては条件ごとの格差を相乗して求めるものとする。
　(イ) 採用した事例等の多い場合は必要に応じ本様式を追加して使用する。
　(ウ) ㊺及び㊻の欄の標準画地は、対象地又は事例地の属する地域の標準画地を示すもので、地域要因と異なる細項目についてのみ記載する。したがって、

個別的要因が地域要因に具体的に表現されている場合には、「地域要因に同じ」と記載して差し支えない。

また㊺の欄の標準画地は原則として地域内に現実にある具体的な画地を選定し、この標準画地の内部に部分的に標準性に欠ける細項目等があれば標準的なものに補正する。

(エ) ㊹対象地の地域要因及び㊻対象地の個別的要因の記載にあたっては、地域分析及び個別分析（価格形成要因の分析（様式２）、⑧の欄の地域要因、個別的要因）との関連に注意を払うものとする。

8　個別的要因格差率比較表（様式６）

(1) 大規模に開発された分譲地等に係る鑑定評価で、当該分譲地が一団の土地で一つの近隣地域と判断され、かつ当該近隣地域に２以上の対象地の鑑定評価を行う場合に本表を使用する。

この場合２以上の対象地の中から最も標準的と判定される画地を選定し当該画地を標準画地として前項までの手法（様式２～様式５）によって鑑定評価額を決定し、標準画地と選定されなかったその他の対象地についてのみ本表によって評価することができるものとする。

(2) 記載にあたっては前記６要因別格差率一覧表（様式５）の記載の方法を準用する。

9　事例カード等（様式７～９）その他資料

(1) 事例地の位置等は、別途添付される対象地位置図等に表示（図示）するものとする。また図面の縮尺によっては、カード内の付近の目標物、周辺の状態等の記載は省略することができる。

(2) 取引にあたっての事情等事情補正の内容は、前記「建議」に列記されているものを参考として記載する。

(3) 造成事例カードにおける造成工事費等の内訳は、前記「課長通達」を参考として記載する。ただし調査の内容、資料等の実態により適宜項目を付しあるいは統合して算出することができる。

また標準化補正を行う場合は、その理由を併記して算出する。

(4) 造成事例カードにおける減価修正は土地につき造成後の自然的条件等の変化に伴い減価が発生している場合に補正する。

(5) 収益事例カードにおける収益分析において、特約事項、最有効使用でない場

〔3〕国土庁土地局地価調査課長通達

　合等の理由で標準化補正を行うときは、補正の内容、理由等も併記して算出する。
(6)　その他必要に応じて添付すべき資料は次のものとする。
　　図面（対象地位置図、事例地位置図、周辺案内図等）
　　公図（土地台帳付図、実測図等）
　　写真
　　その他必要と認められるもの

以上

資料編

〔4〕技術的助言等

国土利用計画法関係調査の実施等について

$\left(\begin{array}{l}\text{平成12年4月3日}\\ \text{12国土利第141号}\\ \text{12国土地第111号}\end{array}\right)$

　第145回国会において成立した地方分権の推進を図るための関係法律の整備等に関する法律（平成11年法律第87号。以下「地方分権一括法」という。）が平成12年4月1日に施行され、地方自治法（昭和22年法律第67号）第150条（機関委任事務に対する国の指揮監督）の廃止その他の関係法律の規定の改正等がなされました。
　これに伴い、国土利用計画法の事務もそのほとんどが自治事務となったところですが、土地利用動向調査（「土地利用動向調査要領の制定について」（昭和58年6月29日付け58国土利第302号土地局長通達））、土地取引規制実態統計（「土地取引規制実態統計の電子計算機による処理について」（昭和54年6月25日付け54国土利第243号・54国土地第265号土地利用調整課長・地価調査課長通達））、土地取引規制基礎調査概況調査（「土地取引規制基礎調査について」（昭和62年7月30日付け62国土利第188号土地利用調整課長通達））、詳細調査（「詳細調査（注視区域詳細調査及び監視区域詳細調査）及び報告制について」（平成10年9月1日付け10国土利第230号・10国土地第248号土地利用調整課長・地価調査課長通達））及び遊休土地実態調査（「遊休土地実態調査の実施について」（昭和55年3月31日付け55国土利第96号土地利用調整課長通達））については、国土利用計画法の事務の適正な処理に極めて有用であると考えられますので、今後とも各要領に沿って実施されるようよろしくお願いいたします。なかでも、全国的集計を行う意義の大きい、土地取引規制実態統計、土地取引規制基礎調査概況調査、詳細調査及び遊休土地実態調査については、引き続き国土庁へ結果報告をしていただくよう併せてお願いいたします。
　また、都道府県地価調査事業についても、全国的に統一された手法により実施する意義が極めて大きいことから、引き続き「都道府県地価調査事業事務取扱要領」（昭

〔4〕技術的助言等

和60年5月18日付け60国土地第120号土地局長通達)及び「都道府県地価調査事業事務取扱要領運用細則」(昭和60年5月18日付け60国土地第121号地価調査課長通達)に沿った調査の実施及び国土庁への結果報告をしていただくようよろしくお願いいたします。

　なお、届出等の対象となる土地取引の範囲や土地の価格の算定方法等、地方公共団体に発出された通達、通知等において示されている国土利用計画法の解釈に係る部分については、地方分権一括法の施行に伴う条項名や用語の変更を除き、従来からの見解に変更はないことを念のため申し添えます。

資料編

〔5〕国土交通省土地・建設産業局地価調査課事務連絡

「国土利用計画法の施行に伴う土地価格比準表」の見直しについて

（平成28年2月16日　事務連絡）

　土地価格比準表は、国土利用計画法第16条及び国土利用計画法施行令第7条等、土地価格の審査の適切な運用を図るため策定されたものですが、昨今の不動産市場をとりまく環境や国民の不動産に対する意識の変化に鑑み、国土利用計画法の施行に伴う土地価格の評価等について（昭和50年1月20日付け50国土地第4号）の第二の二のアで定める別添一の土地価格比準表、別添三の林地価格比準表及び同三のエで定める別添四の農地価格比準表を別紙1及び別紙2のとおり一部見直しを行いましたのでお知らせします。
　なお、貴管下市町村に必要に応じて周知等お願いします。

土地価格比準表の手引き〔七次改訂〕

昭和51年7月20日	第1版発行
平成6年12月3日	六次改訂1刷発行
平成14年2月5日	六次改訂9刷発行
平成28年6月1日	七次改訂1刷発行
平成29年11月21日	七次改訂2刷発行
令和4年10月26日	七次改訂3刷発行

編　著　地 価 調 査 研 究 会
発行者　馬　場　栄　一
発行所　㈱住 宅 新 報 出 版
〒171-0014　東京都豊島区池袋2-38-1
電話 03-6388-0052
https://www.jssbook.com/

印刷・製本／亜細亜印刷㈱　　　　　　　　　　Printed in Japan
落丁本・乱丁本はお取り替えいたします。　　ISBN978-4-7892-3794-9　C2030